南京保卫战

罗　娟/编著

航空工业出版社
北　京

内容提要

南京保卫战是抗战初期正面战场的重要战役之一。国民政府为保卫南京、捍卫民族尊严，奋勇抗敌，显示了中国军民的抗战决心，但由于敌我力量悬殊，最终以失败告终。本书依托相关档案及资料，结合大量历史图片，全景展现了南京保卫战战事，重温将士英雄事迹，弘扬了爱国主义精神。本书适合广大军事爱好者阅读和学习。

图书在版编目（CIP）数据

南京保卫战 / 罗娟编著. -- 北京：航空工业出版社，2016.7（2021.7重印）
（正面战场抗战启示录）
ISBN 978-7-5165-1053-7

Ⅰ. ①南… Ⅱ. ①罗… Ⅲ. ①南京保卫战(1937)—史料 Ⅳ. ①K265.210.6

中国版本图书馆CIP数据核字(2016)第174491号

南京保卫战
Nanjing Baoweizhan

航空工业出版社出版发行
（北京市朝阳区京顺路5号曙光大厦C座四层 100028）
发行部电话：010-85672663 010-85672683

三河市双升印务有限公司印刷 全国各地新华书店经售
2016年7月第1版 2021年7月第2次印刷
开本：710×1000 1/16 字数：268千字
印张：18.75 定价：45.00元

总序

抗日战争正面战场研究是抗日战争史研究的两大主要内容之一。从20世纪80年代中期开始，国内史学界关于抗战正面战场研究从无到有、从略到详，经过30余年的努力，除整理出版了大批有关历史资料外，还出版发表了大批的专著和论文。总体上看，这段历史已经做到全局展现，史实清楚。有关研究工作正在向评价的客观化、论述的精细化、考据的准确化方向发展。

首先需要特别指出的是，中国人民伟大的抗日战争是中华民族全民族的抗战，全国人民不分党派不分民族，全面投入了神圣的抗日救国战争，与日本侵略者开展了浴血奋战。其中执政的中国国民党及其军队，负责了正面战场上对日军的作战。而中国共产党在政治与战略上指明了抗战的路线与方向，其所领导的八路军、新四军及其他抗日武装担负了敌后战场对日伪军的作战，抗击了全部的伪军及战争后期的大部分日军，发挥了中国抗战中流砥柱的坚强作用。因此，对于全体中国人来说，对日抗战是近百年来中华民族抗击外敌入侵所取得的第一次完全的胜利，具有划时代的历史意义，是中华民族捍卫独立自由、争取民族复兴的开始。抗日战争的胜利是包括国共两党在内的全体中国人的荣光，值得全民族永远纪念与珍惜。历史的经验证明，只有全民族团结一致对外，才能保证我们民族付出巨大牺牲代价而取得的历史性胜利不至受到轻辱，民族根本利益不至因内部矛盾被人利用而受损害，第二次世界大战史上东方主战场的国际地位和应有的历史评价不至丧失。

正面战场的抗战是中国抗日战争史上不可或缺的一页，它是中日两支不同水平层次军队的正式较量，中国军队依靠正确的战略和官兵们惨烈的牺牲，在盟军合作下最后勉力战胜了强大的对手，并为世界反法西斯战争的胜利做出了重要的贡献，其中有许多的历史经验教训值得认真思考总结。从这个意义上来说，将正面战场的抗战结果称之为“惨胜”，是十分生动而贴切的。而就中国抗战的全局而言，抗日战争为中华民族的反侵略历史留下了光辉的一页，抗战的胜利是伟大而光荣的，中国人民在抗日战争中所表现出的精神、智慧、毅力和勇气将万世留芳。

为回顾历史、缅怀先烈，中航出版传媒有限责任公司与本丛书编写组策划撰著了九卷本《正面战场抗战启示录》，依据民国历史档案，体现最新研究成果，全景式再现中国抗战正面战场抵抗日本法西斯侵略的历史过程，以警惕日本军国主义亡灵复活，珍惜维护来之不易的世界和平。

关于正面战场抗战史的全面记载及全新评述，是本套丛书的特点。自1937年到1945年，发生在抗战正面战场的各主要战役，其起因、发展经过与结局，不仅出自敌我双方的军事性战术性因素，而且具有更广泛深刻的战略原因，甚至具有超越军事因素以外的政治、经济、外交、国际战略关系等因素。回顾整个抗战正面战场的作战历史，厘清上述问题是一项很有意义但也很复杂的工作，但也正是本丛书的学术价值所在。

本丛书作者群为抗战史研究领域的档案工作者及史学研究与教学者，对相关历史资料及研究状况较为熟悉，兼具一定研究心得，为本丛书撰著提供了必要的保障。由于本丛书作者均是长期从事于民国档案与民国历史编研教学的专业人士，因专业范围所限，对抗战正面战场作战史较为熟悉，并不涉及对于抗战正面战场与敌后战场关系及两者战略地位的评价。我们坚定地认为中国共产党及其领导的抗日武装是抗日战争的中流砥柱。在肯定正面战场上中国将士英勇奋战牺牲卫国的同时，我们也试图对国民党与国民政府在抗战中从战略到战术指挥中的成功以及失误与弊端进行全面的分析与公允的评价。

丛书由本人担任主编，杨智友任执行主编，袁炜、薛立若任副主编及策划，学术顾问由郭必强担任。丛书共分9册，以发生在抗日战争正面战场上的22次大战役为描述内容，以“会战”与“战役”为专题，分别为“太原会战”“八一三淞沪会战”“南京保卫战”“徐州会战”“武汉会战”“长沙会战”“滇缅会战”“豫湘桂会战”和“湘西会战”，以此构成对抗战正面战场的整体描述。

马振犊

2016年6月30日

目录

重要人物表

蒋介石（1887–1975），是近代中国著名政治人物及军事家，名中正，字介石。祖籍江苏宜兴，生于浙江奉化。国民政府时代其一直居于军政核心，领导中国渡过对日抗战与二次大战，连续担任5任中华民国总统长达27年，但其政治手腕与独裁统治遭受批评。

白崇禧（1893–1966），字健生，广西桂林人，与李宗仁合称“李白”。抗日战争爆发后，二人动员广西的军队抗击日军，合作指挥多场大战，屡有胜果。

张发奎（1896–1980），字向华，广东韶关人。抗日战争期间，先后任集团军总司令、兵团总司令、战区司令长官、方面军司令官等职，率部参加过淞沪、武汉、昆仑关等战役。

李品仙（1890–1987），字鹤龄，广西苍梧人，保定军校毕业，1938年6月下旬，李品仙被任命为第十一集团军总司令，担任大别山及其以南地带的防守任务。1939年5月，李品仙指挥了随（洲）枣（阳）战役，迫使日寇撤退，他由此获得了干城奖章。

薛岳（1896–1998），原名薛仰岳，字伯陵，绰号“老虎仔”，广东省韶关市乐昌市九峰镇小坪石村人，国民革命军将领、军事家，参加过多次重要抗日会战，被认为是“抗战中歼灭日军最多的中国将领”。

王耀武（1904–1968），字佐民，山东泰安人。国民革命军高级将领。抗战期间率部取得万家岭大捷。1945 年 8 月 15 日，日本宣布无条件投降，他任受降主官。

张灵甫（1903–1947），原名张钟麟，字灵甫，陕西省长安县人。国民革命军高级将领，曾多次参加重要抗日会战，是抗日名将。

宋希濂（1907–1993），字荫国，湖南省湘乡市人。有“鹰犬将军”之称，是抗日名将。

商震（1888–1978），字启予，浙江绍兴人。生于河北保定。他是晋绥军早期将领，抗战时期的第二十集团军总司令。

高志航（1907–1937），原名高铭久，字子恒，吉林省通化县人。1920 年投笔从戎，考入东北陆军军官教育班，后到法国学习两年飞机驾驶，回国后在空军任职。是著名的空军抗日英雄、民族英雄。

陈怀民（1916–1938），江苏镇江人。1938 年，时任第四航空大队第二十一中队飞行员的陈怀民在身受重伤、油箱着火的情况下，没有跳伞，而是驾机撞向从后面扑来的敌机，是世界空战史上与敌机对撞的第一人。

郭沫若（1892–1978），字鼎堂，号尚武，笔名沫若，四川乐山人。毕业于日本九州帝国大学，现代文学家、历史学家。武汉会战时任担任国民政府军委会政治部第三厅厅长，期间组织了声势浩大的武汉抗战文化运动。

第一章

1

抗战伊始　首都黑云压城

1937年7月7日，日本华北驻屯军在中国的北平制造卢沟桥事变，开始了蓄谋已久的侵华军事行动，标志着中日之间全面战争的正式爆发。

凭借甲午战争的经验、明治维新50多年精心攒下的家底，加上现代化海陆空军队战备实力做支撑，日本政府企图以其强大的军事和经济力量对中国实施武力征服，迫使南京国民政府如同甲午时期的清朝政府那样，迅速向他们告饶、求和。日本首相近卫文麿曾狂妄地说："把中国人民打得屈膝投降，在于摧毁他们的战斗意志[①]。"

为了达到这一既定战略目标，日本当局很快就将军事打击的重点与进攻的主要矛头指向中华民国的首都——南京，并从海陆空等各方面着手部署立体化"封杀"，战争的黑云日益临近……

国民政府定都南京后的城市建设

南京，别名金陵、石头城等，是享誉海内外的中国历史文化名城与十朝古都[②]，也是中国重要的军事战略要地与区域交通枢纽。南京以其军事战略价值与政治经济意义，在战争年代历来为兵家必争之地，而在和平年代则常为国家建设的重心。在民国的短暂历史之河中，南京更是占有特殊且重要的地位。

国民政府定都南京

1912年1月1日，以孙中山为临时大总统的中华民国临时政府在南京成立，开创了中国民主共和历史的新篇章。孙中山先生不仅是一位伟大的民主革命家，也是一位卓越的城市规划家。他钟爱南京的山水，极为重视

① 章开沅著：《南京大屠杀的历史见证》，第141页，湖北人民出版社，1995年版。
② 自公元3世纪以来，有东吴、东晋、宋、齐、梁、陈、南唐、明、太平天国、中华民国等十代建都南京。

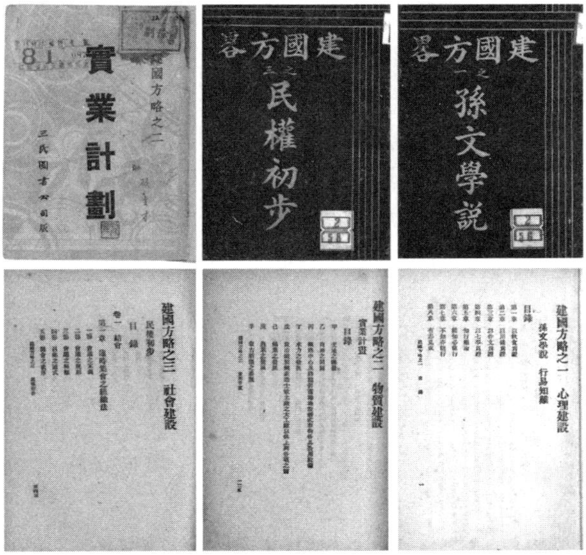

《建国方略》书影

南京的重要战略地位、独特优越的地形条件，以及悠久灿烂的人文历史，十分期待着南京能有一个更为繁荣、美好的未来，也有决心营造出一个理想中的首都南京。他在《建国方略》里这样盛赞南京：

“南京为中国古都，在北平之前，而其位置乃在一美善之地区，其有高山，有深水，有平原，此三种天工，钟毓一处，在世界中之大都市，诚难觅如此佳境也。而又恰居长江下游两岸最丰富区域之中心，虽现在已残破荒凉，人口仍有一百万之四分之一以上。且曾为多种工业之原产地，其中丝绸特著，即在今日，最上等之绫及天鹅绒尚在此制出。当夫长江流域东区富源得有正当开发之时，南京将来之发达，未可限量也[1]。”

在《建国方略》中，孙中山先生为南京描绘的“现代化”“工业化”蓝图令人憧憬。他还以其高瞻远瞩的视野和浪漫主义情怀，提出了南京城市近代化建设的规划，亲自主持制订了《南京新建设计划》，为其后继者

① 孙中山：《建国方略之二——实业计划（物质建设）》，中国第二历史档案馆馆藏（简称二史馆）。

中山陵图

Strassl

一四一 貢院明遠樓

貢院創於明永樂中,有明遠樓,高凡三層,登臨而望,秦淮兩岸,歷歷可覩。今爲市政府所在地。

141. Ming-yüan Lo, To-day the Municipal Government.

This tower, originally belonged to the examination building, which was built in the Yung-lo period (1403-1424), has three stories and commands a fine view over the Chin-huai River. It is now the main entrance to the Municipal Government Offices of Nanking.

南京市政厅所在地“贡院明远楼”。图片引自二史馆馆藏朱　著《金陵古迹名胜影集》一书

国民政府建都南京纪念照

们提供了规划思路和建设模本，随后《南京北城区发展计划》《首都大计划》《首都计划》等纷纷出炉。在《南京新建设计划》中，他特别注重园林绿化、城市建筑等多种元素在内的绿色人文城市风格，甚至给出了具体的园林绿化标准：“大南京每一百三十七人，即占公园一英亩[①]，此数实城市设计家所认为最适宜者也。”这就相当于公园和林荫道占全城面积40%。应该说，这个标准在如今看来仍然不失为科学而规范的城市建设标准。

然而，令人痛惜的是，为了促成南北共和、国家统一，孙中山先生主动“让贤”，使得袁世凯窃取革命果实，民国由此进入了长达15年的北洋军阀统治时期。南京作为中华民国临时政府所在地逐渐淡出政治舞台，《南京新建设计划》也就此搁浅。此后的很长一段时期，南京的近代化建设步伐极为缓慢，城市面貌依旧十分落后。而中山先生也不幸于1925年3月12日积劳成疾，病逝于北京。值得欣慰的是，因为深爱着南京这片土地，孙中山先生在逝世前曾特意嘱咐，要求死后葬于钟山（现紫金山）。1929年，由民国时期著名建筑设计师吕彦直先生设计的中山陵完工。1929年6月1日，“奉安大典”如期举行，“总理”灵柩被运往南京，从此安息于中山陵。

南京再次登上民国政治舞台是在1927年。1927年3月24日，国民革命军北伐攻占南京，以蒋介石为首的国民党右翼势力决定另立国民党中央和国民政府，遵照孙中山先生遗志定都南京。4月17日，蒋介石在南京召开国民党中央政治会议第七十三次会议，决议国民政府于4月18日在南京开始办公。4月24日，南京市政厅成立，地址选在夫子庙贡院明远楼。6月1日，南京市政厅改称为南京市政府。6日，国民政府颁布《南京特别市暂行条例》，明确南京为特别市，直属国民政府。1929年4月，国民政府改南京特别市为首都特别市。1930年7月，国民政府又改首都特别市为

---

① 1英亩 = 4046.86 米^2

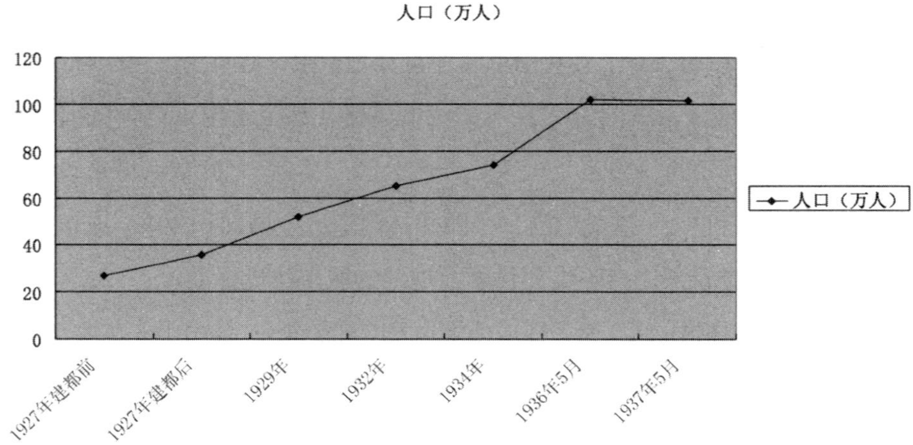

国民政府定都南京后10年内人口变化情况图

南京市，直属行政院。

南京成为中华民国首都后，它在政治、经济、军事、文化等方面的地位日显重要。在城市建设如火如荼展开、社会转型步伐不断加快、现代化建设日新月异的进程中，南京作为政治、经济、文化中心的地位日益凸显，逐渐成为中国经济社会发展的一张名片。各军政机关、社会团体与教育机构迅速增加，各国驻华使领馆与其他外事机构纷纷来到南京选址开馆，全国各级会议选择在南京召开，外国贵宾和友人来南京参观、访问的数量和次数不断增加。首都城市的魅力逐渐彰显，中外人士云集，各方人士大量涌入，随之而来的便是南京人口的迅速增加。

国民政府定都南京后，人口数量呈现稳步且快速增长趋势，到了1936年，全市人口数量已经激增至100万人。具体数据如下：1927年国民政府建都之前南京人口数量不足27万，1927年建市后人口数量为36万人，1929年人口数量为52万人，1932年人口数量为65万人，1934年人口数量增至

74.12万人。据时任南京市市长的马超俊在1936年5月20日的报告中称，南京市城乡各区户总数为“197937户，1019148口”。1937年5月南京人口数量为1016814人，1937年6月南京人口数量为1015450人[①]。

人口数量的持续增加，是加快城市规模扩张的有效支撑，也是推进城市现代化建设的坚实基础。随着城市人口数量的不断增加，国民政府持续加大对首都南京的城市规划、基础设施建设等硬资源的投资力度，而美化城市、改善居住环境、提升医疗卫生、文化教育等软资源水平也已经成为首都发展建设的一项重要内容。

首都南京的现代化建设

国民政府自定都南京后，为适应其首都的地位与功能，以及经济、文化的发展需要，与南京特别市政府认真组织实施孙中山先生的《南京新建设计划》，大力加强市政规划与建设。

1929年1月，国民政府专门设立首都建设委员会，负责南京的市政规划与建设工作。首都建设委员会历时一年的时间，编写出了一部以现代理念为指导的《首都建设规划》。这是南京历史上第一部系统的城市建设规划，也是中国历史上较为系统、先进的城市规划方案，方案在形式和内容上基本贯彻与仿照了欧美等西方国家的城市规划理念与方法。规划方案把南京城市布局的功能区分规划为：中山门外的紫金山麓到明故宫一线为中央行政区，傅厚岗一带为市级行政区，主干道两侧与新街口一带为商业金融中心，长江两岸为工业区，鼓楼一带为文教区，江苏路一带为花园别墅区与外国使领馆区，城南、城北为普通居民区等。1930年初，该部规划方案正式公布施行，得到了社会各界的普遍认可和广泛好评。

① 中央档案馆、二史馆、吉林省社会科学院合编：《日本帝国主义侵华档案资料选编——南京大屠杀》，第1081-1083页，中华书局，1995年版。

新街口道路集中点鸟瞰图

1 | 2
3

1. 国民政府门楼
2. 20 世纪 30 年代的南京新街口广场风貌图
3. 1937 年的原国民党中央党史史料陈列馆

1930 年至 1937 年上半年，首都建设委员会根据既定规划开始了市政建设，至全面抗战爆发前夕，已经完成新街口商业金融区、江苏路花园别墅区、长江北岸的化工工业区，以及国民大会堂、中央美术陈列馆、中央博物馆、中央党史陈列馆①、监察院、考试院、国民政府办公大楼——子超楼②、励志社③、外交部、铁道部、最高法院、中央军校、紫金山天文台、中央体育场、中央医院、明故宫机场、大校场机场、中央商场、中央饭店、首都饭店、福昌饭店等一大批大型现代化建筑及东郊中山陵风景区等，为南京的城市化建设格局定了框架，打下了基础，并有力地推动了南京的地方经济和社

① “中央党史陈列馆”全称为“国民党中央党史史料陈列馆”，现为二史馆馆舍所在地。
② 子超楼是总统府的主要建筑，位于总统府中轴线北端。此楼为国民政府主席林森任上所建，林森，字子超，任国民政府主席时间最长，所以人们习惯称之为子超楼。
③ “励志社”如今为江苏省会议中心所在地，又称钟山宾馆。

会发展。

城市道路交通建设也取得了丰硕成果。最具有代表性的是中山大道，从下关长江边的码头起，经海陵门、山西路广场、鼓楼广场、新街口广场，向东出朝阳门，直到中山陵。道路全长约 12 千米，路宽 40 米，一律以柏油铺路。为了纪念孙中山先生为中国民主革命作出的卓越贡献，大道及其连接的码头、桥梁、城门等，大多都冠以“中山”之名，道路起始的下关码头为中山码头，城内道路则分段取名中山北路、中山路、中山东路，城东朝阳门改称中山门，中山门外的道路称作陵园路。经过多年努力，首都南京逐渐成为一座山川秀美、绿树成荫、历史文化古迹与现代化建筑交相辉映的美丽城市。

与此同时，由于政府的高度重视与大力倡导，南京的近代工业与一些传统手工业都得到了快速发展，教育和文化事业取得了长足进步。

1930 年 7 月，国民政府实业部在南京成立中央工业试验所，坐落南京的工商企业也因身处近水楼台而得到地利人和之便，发展速度明显加快。据 1934 年国民政府经济部资料显示：1927 年至 1934 年期间，南京全市新建各类工厂 567 家，平均每年新建 81 家，1933 年全市工业营业额为 1483 万元，1934 年全市工厂数为 847 家，分布于 21 个行业，资本总额达 1084.7 万元①。另据 1937 年国民政府资源委员会的一份《中国工业调查报告》中对南京地方工业概况资料的不完全统计，在南京全市 16 个行业中，拥有工厂 678 家，工人 9853 人，各种机械设备 1890 台，产品总值达 2344 万元。上述行业不仅包括机械工业、电子工业、化学工业、水泥制造、电力、采矿与炼铁等重工业企业，还包括砖瓦制造、粮食与食品加工、印刷等轻工业企业，以及传统手工业（如云锦业），它们在抗战爆发前夕都得到了

① 南京市人民政府研究室编《南京经济史》（上），第 322 页，中国农业科技出版社，1996 年版。

快速发展。

以机械工业方面制造企业为例，直属军政部兵工署管辖的金陵兵工厂（即晚清的金陵制造局），是中国历史最悠久的兵工军械企业。该厂于1933年经过整顿后，工厂面貌大为改观，生产成本降低，生产效率与产量有很大提高。到1937年，该厂年产马克沁重机枪626挺，八二迫击炮440门，机、步枪弹2802万发，手枪信号弹154280发，迫击炮弹299840发，防毒面具28980具等。所产马克沁重机枪质量上乘，产品品质精良，定名为“宁造24式”。直属铁道部管辖的浦镇机厂以修理铁路机车、客车、货车为主，1933年，工厂拥有资金171万元，机床37台，化铁炉2个，工人913人，年修机车及车辆826辆，总产值125万元[①]。到了1937年，该厂工人人数已达1500人，成为南京地区一家影响较大的工厂，也是当时中国同行业中规模最大的工厂之一。

在推动教育事业发展方面，基于国民政府的高度重视和城市人口的爆发式增长，南京地区的大、中、小学校数量均迅速增加。抗战爆发前夕，南京有包括中央大学、私立金陵大学和私立金陵女子文理学院在内的8所高等院校，是江苏乃至全国高等学校数量最多的城市之一，在办学历史、办学规模、设备条件、师生人数与教学质量等方面，都在全国名列前茅。在教育方面，1936年南京市有小学231所，学生人数为79372人；中等学校32所，学生13000余人；此外，还有师范学校和初级职业学校等[②]。比较为大家所熟知的如晓庄师范学校、国民革命军遗族学校，更有著名的专门培养军政官员的中央军校和中央政校。

在文化事业发展方面，南京自古多藏书名家与书香门第，国民政府建都南京后继承发展了地域文化优良传统，加大对文化事业的投入力度，一

① 郑乐明主编：《南京市志丛书・南京机械工业志》，第14–15页，方志出版社，1998年版。
② 徐承德主编：《南京市志丛书・南京教育志》，第183、373页，方志出版社，1998年版。

战前的南京市面一角

批代表性文化机构相继建成，如国学图书馆、中央图书馆、首都图书馆以及各高校图书馆，藏书之多、藏书之精均为全国之最。其中，建于清朝道光年间的历史悠久的国学图书馆，经1927年扩建馆舍、增添设备、丰富馆藏后，至1937年，馆内已有经史子集与普通书记共3000余种，合计40多万册，其中有大量明刊精印的抄本、历代名臣大儒所校勘的古籍和珍贵字画以及晚清编译的各类教科书，重点收藏了清代江南各公署的档案、清末至民国年间的各种报刊及丛书、地方志等。国学图书馆是当时全国历史最为悠久的公共图书馆，兼具历史档案馆功能，曾经吸引与培养了海内外许多研究国学的人才。此外，南京新建了中央研究院、中央博物院、地质矿产陈列馆、中央党史陈列馆等多家科研与文化机构，收藏了大量的珍贵文物典籍。由于政府机关、学校数量增多，经济和人口快速发展，南京的文化、医疗事业也得到了长足发展，影院、戏院、医院林立。

凭借优越的地理位置与陆海交通枢纽作用，深厚的历史文化沉淀与近代化发展的基础，丰富的物产与多年相对安定的社会环境，以及政府的优先规划、投资和建设，南京在 1927 年 4 月到 1937 年 12 月沦陷前的 10 年时间里，在市政建设、经济发展与文化建设等方面都取得了举世瞩目的成就。在很多人看来，“拥有古老城墙和百万居民的南京，整齐、干净，有许多现代化的建筑，居民举止文明，勤劳努力[①]”。

外国友人对南京在这年期间的现代化快速发展与在政治、经济方面的重要成就十分认可。德国《民族观察报》特约记者沃尔夫森克曾写道：

“南京不仅只是一个首都，南京已成了一种概念。南京曾经是中国出现新制度的概念，南京曾经是聚集中国最优秀力量结晶点的概念。在“南京”这个口号下，一个接一个省挣脱了无政府主义的军阀统治而从属于中央政府领导。南京筑路造桥，南京铺设铁轨，南京建立直通这个巨大国家最遥远部分的航空线，南京建立了一支确保内部和平的军队，南京使商业和交通业、农业和工业进入空前繁荣的时期[②]。”

日本在南京屡次挑起事端

面对以南京为代表的中国区域经济社会的繁荣发展态势，国外势力有赞扬和肯定，也有担忧和恐惧，尤其是与中国隔海相邻的岛国日本，自明治维新以来，受“军国主义”思想与势力的驱使，始终将侵略、占有中国

① 陆束屏汇辑编译：《南京大屠杀——英美人士的目击报道》，第 424 页，红旗出版社，1999 年版。
② 陈谦平等编《德国使领馆文书》，第 38 页，江苏人民出版社，2007 年版。

作为“基本国策”，屡次在中国境内挑起事端。

日本实施“分裂与控制中国”政策

1868年，日本开始进入明治维新时期，综合国力得到迅速崛起。与此同时，日本也开始走上军国主义道路，把“对外扩张、掠夺资源，壮大自己成为东亚乃至世界的霸主”作为国家努力的目标和方向。

中国与日本隔海相望，且地大物博、资源丰富，自然成为日本对外扩张与侵略的首要目标。日本政府为此专门秘密制订了有计划、分步骤蚕食、入侵、分裂、瓜分与控制中国的所谓“大陆政策”。1874年，日本制造“台湾事件”[①]，占据琉球群岛；1895年，迫使清政府签订丧权辱国的《马关条约》；仅仅5年之后，即1900年，包括日本军队在内的八国联军攻入北京，逼迫清政府签署《辛丑条约》；1903年日本出兵中国东北，控制南满地区；1914年，日本出兵霸占胶东地区和胶济铁路，提出灭亡中国的“二十一条”……随着侵华步伐的不断加快，日本在中国多个地区频繁制造各种事端，特别是针对南京实施了一系列公然挑衅，进而向中方施压。

1927年初，国民革命热潮席卷长江流域，北伐军乘胜沿江东下直迫南京、上海，日本等帝国主义列强眼看“南北分治”中国的新阴谋被打破、中国统一政府即将形成，而这将十分不利于他们继续谋划与实施“分裂与控制中国”的企图，于是都纷纷增派军队和军舰来华，集结于上海一带，准备联合武装干涉中国革命。日本将佐世保海军基地的第二十四舰队编入第一外遣舰队，企图与英、美帝国主义“协同”阻止北伐军进入上海。

3月21日，日本海军与英、美海军协同，从军舰上派出小股陆战队，携带枪支弹药和电台设备等潜入南京城中，并到各国驻南京领事馆等处进

① 这是日本对中国发动的一次试探性进攻，以琉球渔民遇难为借口，侵略台湾，对中国进行战争威胁与种种要挟，是为“台湾事件”。

行戒备[①]。3 月 23 日，北伐军攻占南京，直鲁军纷纷向浦口溃退，此时“南京完全是一种紊乱状态，北军毫无约束，总是离间革命军同外人感情，作国民运动的仇敌[②]。”在江右军总指挥程潜入城前秩序未定之际，“城内地痞勾结敌人余孽，乘机蠢动，打家劫舍，全城惶恐，并及外侨[③]。”据查，此事“乃奉军有意所为，希图嫁祸于革命军”者[④]。但英美等帝国主义竟以保护侨民为借口，命令其停泊在下关江面的军舰，乘北伐军“克服南京入城搜索敌人之时，开炮向我轰击，直接予以逆鲁军之帮助，掩护逆部退却，不惜使出最残酷之手段，发炮百余响，杂以机关炮之射击”。一时“死伤狼藉之迹，悲啼号泣之声，遍于市井”。据初步调查，仅下关一带，国民革命军第二军“被外炮击毙特务连长一名，士兵二十三名，重伤七名；老妇死二人，重伤四人，小贩商及居民死十三人，重伤命危者十五人……”

“南京事件”发生后，日本等帝国主义继续向中国增兵，不断向中国挑衅。据统计，各国集结在上海的军队，连同所谓“万国商团”和巡捕等武装力量，人数已达 3 万多人；停泊在上海附近的军舰共有 125 艘。同时，列强们不顾武汉国民政府的抗议，继续在中国各地制造屠杀中国人民的事件，“在上海登陆之外国军队向手无寸铁之民众开枪，英国之飞机复炮轰广东村市，而在重庆之英国水手亦有戕害华人多名之事[⑤]。”

4 月 6 日，日本原外相令其驻华公使，通过外交谈判解决“南京事件”。4 月 11 日，日、英、美、法、意 5 国驻武汉领事反诬是国民革命北伐军造成“南京事件”，向武汉国民政府提出了最后通牒，并提出惩凶道歉、赔偿等无理要求。他们把通牒送给蒋介石，要挟其迅速表示“对于前项条件

① 杨天石主编：《中华民国史》第二编第五卷《北伐战争与北洋军阀的覆灭》，第 342 页，中华书局，1996 年版。
② 国民党中央党部档案，二史馆馆藏档案。
③《江右军总指挥部政治部李世璋报告南京事件电》，1927 年 3 月 15 日，二史馆馆藏档案。
④ 国民党中央党部档案，二史馆馆藏档案。
⑤《中国国民党中央执行委员会告美国民众书》，1927 年 4 月 8 日，二史馆馆藏档案。

之允诺之意”，否则，他们就要“执取认为适当之手段”。经过两年多的谈判，以蒋介石为首的南京国民政府最终从争取外交和平的“大局”出发，向帝国主义列强道歉、赔偿，并答应惩办“骚乱”分子，做出屈辱退让。

“一·二八”事变期间日舰威逼南京

1927 年 4 月南京成为中华民国首都之后，由于其重要的政治、经济、军事地位，日本当局更是将其作为公然挑衅的重点地区。日本驻南京领事馆总领事杉元荒太说：“在日华新关系上，南京所占的重要地位毋庸赘言，不管从何意义上说都是如此[①]。”因此，在抗日战争全面爆发之前，南京地区已经成为中日两国斗争的前哨阵地之一。

1932 年 1 月 28 日，日本在继“九一八”事变之后，又再次挑起事端，在上海制造了“一·二八”淞沪会战，并于 3 月 1 日成立“伪满洲国”傀儡政权。日本此举初步显示其主动加速侵华步伐的野心，日中关系因此变得越发紧张。

事变期间，日本军方为了袭扰淞沪战场的后方，威胁中华民国首都南京，出动“天龙”号巡洋舰等驶入南京的江面，停泊在下关码头附近。为安全起见，南京国民政府迫不得已在 1 月 30 日紧急将首都迁到洛阳，年底才迁回南京。

1932 年 2 月 1 日深夜，日军诬称其停泊在下关江面的“大利丸”号汽船上的警戒士兵突然遭到中国军队的袭击、军舰也遭到中方狮子山炮台的 3 发炮弹的攻击。日舰“天龙”号以此为借口，随即公然炮轰了南京市区、南京各要塞和城内外居民住宅区。日方在事变后所作的报告《关于上海事变发生后中国各地状况》中记载：“警戒停泊中的我军巡洋舰在镇压自卫的基础上给予反击，炮击南京城挹江门外的丘陵平原以及江岸。”

① （日）南京居留民团南京商工会议所编《南京》（日文），1942，南京图书馆馆藏档案。

炮击南京的日军“天龙”号巡洋舰

“天龙”号巡洋舰以日本长野县的天龙川来命名，是日本海军当时的侵略“利器”。“天龙”号航速可达33节，拥有4门140毫米口径的主炮，曾是当时世界航速第一的巡洋舰，这些重炮对南京市平民居住区的炮击，给南京造成了严重的损失。南京城江边的车站、电厂、狮子山、幕府山等地都落下了日军的炮弹，另有下关天光里的房屋，大概中了1发穿甲弹，炮弹连穿3间房屋才爆发，屋内和附近10余家的屋瓦都被火药熏黄，附近的玻璃窗也都被震碎。南京市区中心的清凉山、北极阁等地区也有炮弹落下，有1发炮弹击中了国民政府所在地附近邓府巷的1间茶楼。

日军的炮轰给南京市民造成了很大恐慌。日军在其报告中以侵略者的口气得意地宣称：“2月1日的炮击以来，南京的市民们都极度的不安，纷纷向浦口、镇江、杭州等方向避难，人多得像条长蛇。城内的商店都紧锁大门，到了人影罕见的程度[①]。”中方报刊也对此进行了报道：“下关已几成无人之境”“全市停业、十室九空”“下关江面船只一律停航长江航运全断”“今晨（2日）通至城外之各街，皆是逃难人民……通至杭州之

① 陈月飞：《八十年前今天 南京曾遭炮击》，《新华日报》，2012年2月1日第A6版。

大路中，乘车者、骑牲口者、步行者，络绎不绝，皆欲奔出南京，另觅安全之地，其景象至可痛心。”

2 月 2 日，南京国民政府外交部对日舰炮轰南京各要塞一事，向日方提出强烈抗议。其主要内容是：

“停泊南京下关之日本军舰，突于本月一日下午十一时后陆续发炮八响，用探照灯探照，命中狮子山、下关车站、北极阁、清凉山、幕府山等处，同时发射机关枪、步枪，至十二时后始止……查日本陆战队不顾国联行政院决议及《九国公约》和《非战公约》，进攻上海中国军队，中国人民正愤激之时，乃该舰复在下关无故发炮放枪，实属故意扩大事态。因此挑衅行为所发生之一切责任，应由日本方面完全担负①。”

此后，日本进一步扩大在淞沪地区的事态，并在遭受重创后持续增兵上海，最终，南京国民政府被迫签订《淞沪停战协定》。根据协定，日本实现了在上海地区派驻军队并构筑军事阵地的目的，为 5 年之后的日本全面侵华埋下了隐患。

藏本英明“失踪”事件

1934 年 6 月 8 日，日本驻南京副领事藏本英明外出“失踪”，引发了中日关系的又一场危机。

6 月 8 日晚上，藏本英明参加完公务活动后不见踪影。第二天，日本驻南京领事馆总领事须磨弥吉郎打电话给国民政府，要求帮助寻找失踪的藏本英明。当天下午，日本领事馆正式向中方提出交涉，认定藏本英明失踪是中方所为，要求中方在两天内交人，否则动用武力。

6 月 10 日，日本朝野上下抓住“藏本失踪”事件大做文章，公然断言

① 南京国民政府外交部档案，二史馆馆藏档案。

是中方的特务机关或抗日团体所为，一方面大造舆论，进行恫吓与威胁，另一方面公开表露将不时采取断然行动。日报更是妄加揣测、蓄意制造污蔑舆论。大阪《每日新闻》发文称中国宪兵警察对日本人不友好，暗示藏本英明失踪与中国军方有关，明确要求日本政府对中方的“太无诚意”兴师问罪。该报还声称“藏本失踪”事件是“反日政治阴谋”，威胁中方“应由中国政府负完全责任。如无生还之希望，则日方撤回侨民发动自卫[①]”。东京《朝日新闻》则把“藏本失踪”看作是“日杉山书记[②]被惨杀以来之一大事件[③]”。

6月11日，日本外相广田向驻南京日总领事须磨发出训令：

“（一）在中国首都所发生之外国公使馆职员失踪事件，于经过数小时后，犹未获判明事件真相与责任之所在，洵可谓为近代国家所未有之不祥事。

（二）南京政府若果无调查事件真相之能力，则日政府殊难置信其警察力，而不得不为保护公使馆员生命财产制安全，加以重大考虑。

（三）当向南京政府要求迅速解决此案，设有怠于其调查及搜查情形，则将提示重大的抗议……”

6月12日，日本外务省通告南京政府：

“（一）日政府要求国民政府竭诚调查事件真相，而速谋解决之法。

（二）国民政府若以对此事件处理失当，而至发生不测事件，其责当由华方负之。

（三）日政府得保留其在事件判明后，要求国民政府道歉，处罚责任者，及损害赔偿，并保障将来之权利[④]。”

---

① 经盛鸿著：《南京沦陷八年史》，上册，第47页，社会科学文献出版社，2005年版。
② 日本的杉山书记是1900年义和团运动期间在北平被杀害的日本外交官，此事后来成为八国联军侵华的导火索之一。
③《中华民国史史料长编》第38册，第119页，南京大学出版社，1993年版。
④《国闻周报》第11卷第24期，1934年6月18日。

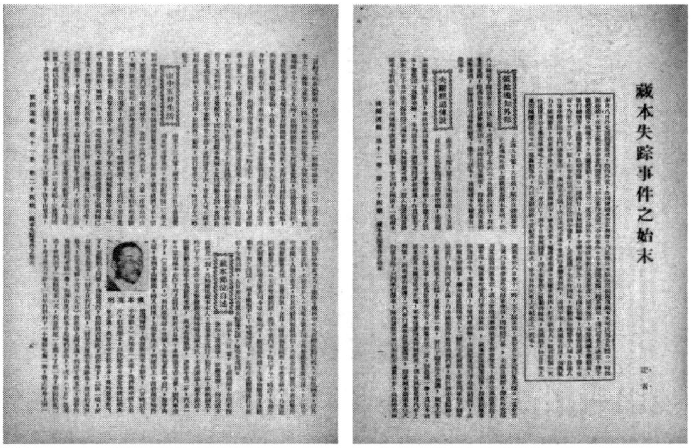
藏本失踪事件之始末

《国闻周报》关于“藏本失踪”事件的报道

此所谓“加以重大考虑”“保障将来之权利”等言论均显示日方将不惜扩大事态发展、并将断然派用武装力量行动的意图。

6月12日，日本海军“苇”号和“对马”号军舰开抵南京江面，意图恐吓。局势变得十分紧张。

当时，蒋介石正在江西指挥“剿共”战事，南京地区的兵力绝大部分也都已经被调用，留驻南京的守军仅仅有三四千人，根本无法应付日本的挑衅。行政院长兼外交部长汪精卫吓得失魂落魄，下令动用一切力量，在南京全城进行了大规模的“拉网”式搜查。

正在南昌指挥剿共战争的蒋介石闻讯也非常着急，他唯恐小事闹大，急忙电召心腹戴笠去南昌，当面指示要他迅速查清藏本英明的下落，活要见人，死要见尸，另外，还要他搞清楚日本人到底想干什么。

戴笠急忙派出特务处会同军警分路查寻，自南京一直查到了苏州、芜湖等地，并提出“一万元找人、五千元找情报”的公开悬赏。首都警察厅侦缉队队长方超奉命在紫金山一带重点搜查，终于在6月13日将下山寻食的藏本英明找到。藏本英明被寻获之后，汪精卫等人如获至宝，对其严加保护，并将其由外交部交还日方。南京政府官员还纷纷前往慰问，表现出对日本挑衅的低调妥协。

日本外交人员监护藏本英明（中）在上海登船

据藏本英明自己的陈述，“失踪”纯粹是个人行为，他是由于仕途失意想要自杀，但是又缺乏勇气，不得不折返，后隐藏于紫金山洞穴。

然而，通过蒋介石安排的军统特务了解到的情报，却远没有藏本英明说得这么简单。这次“藏本失踪”事件是日方的蓄意安排，是日本特务机关的一次阴谋。原来，日本方面是想通过制造外交纠纷，打算派遣海军陆战队闯入国民政府交通部，抢走当年沙俄与清政府签订的有关中东铁路的合同书档案，以便日本甩开中国与苏联单独交涉中东路权问题，为其霸占中东铁路创造有利条件。后来藏本英明被找到了，日本特务的计划自然也没有得逞。但仅仅在8个月后，日本还是以武力控制了中东铁路[①]。日方担心“藏本失踪”事件的真相迟早会败露，于是，藏本英明被中方寻获后，由日本外交部召回，很快就乘船回到日本。

日本暗中谍报从未间断

除了明面上屡次挑起事端、制造矛盾以威吓中国，日本还暗地里秘密搜集情报、开展分化策反活动。早在北洋军阀执政时期以前，日寇就在中

① 章鲁生：《日本曾费尽心机抢中东铁路》，《南京晨报》，2007年11月14日第9C版。

国境内布设了谍报网，着手培训大批精通中国语言的男女青年，“或以经商为名，在我国国内开设商店、洋行，或以搞慈善事业为掩护，设立医院，或通过亲日派分子介绍男女特务到我国某些社团服务”。

这一时期的日本军方加强了在南京地区的情报活动。1923 年，冈村宁次担任日本驻上海总领事馆的谍报武官，统管上海、南京等地的军政情报工作。直至 1927 年，南京地区谍报活动一直在其领导之下。

冈村宁次是日本东京人，1904 年从日本士官学校毕业后，曾留校担任清国学生队的区队长，训练过 3 期共计 156 名由清政府派赴日本学习军事的留学生，这其中包括孙传芳、阎锡山、陈仪等人，这些人后来都成为中国著名的军政要人，无形之中也为冈村宁次与中国军政界上层人物之间建立了密切关系。1913 年，不到 30 岁的冈村宁次从日本陆军大学毕业后，一直从事对中国的情报搜集工作。1924 年 9 月，江浙战争爆发，冈村宁次利用派驻交战双方的情报人员，将这场中国军阀之间的内战设想为一次日本陆军大学的演习，而他便是“总指挥”，实际操纵着战争的转向。

1925 年，孙传芳部已经控制江苏、安徽、浙江、福建、江西五地。冈村宁次利用他与孙传芳的师生关系，应聘担任孙传芳所部军事顾问，来到南京。自此，冈村宁次开始了他在南京地区长达 3 年之久的间谍活动。在这里，他不仅能够更多、更方便地获得各种军政情报，而且通过影响孙传芳，企图促成孙传芳与张作霖、吴佩孚的军事同盟，阻挠南方国民革命军的北伐进程。

1926 年秋，冈村宁次以军事顾问身份，随同孙传芳奔赴江西前线指挥作战，但被打得狼狈不堪。1927 年初，北伐军势力已经势不可挡，占领了长江中下游广大地区。此时，冈村宁次转而积极奔走于南京与上海之间，企图促成孙传芳与国民党的合作，以便继续驾驭与控制中国军政高层势力。

1927 年，日本并未与南京国民政府建立外交关系。而蒋介石为了稳定新政权，急于得到日本的认可和帮助，便主动加强与日本官方高层人员的往来。佐佐木到一在松井石根的引荐下来到了蒋介石身边，成了日本当局伸向中国政坛的又一只黑手。

当年 4 月底，佐佐木到一与蒋介石进行了极为机密的会谈，中心思想是日本政府对中国政局的态度。12 月中旬，他被日本当局正式任命进入日陆军参谋本部，并受聘担任蒋介石的顾问，成为日本陆军参谋本部派驻南京的高级特务。随后的时间里，他利用担任蒋介石军事顾问期间的各种便利，在南京地区从事情报工作，对国民政府军政情况极为熟悉，因此，他被日本军界认为是“国民党通”与“首屈一指的人物”。

由于日本日益显出对中国的侵略野心与蛮横行径，激起了中国人民日益强烈的义愤与全国抗日运动的高涨。加上蒋介石素有亲美联德情结，这使得国民政府开始警惕与疏远日本，并向英、美、德等国靠近。佐佐木到一不得不于 1929 年“含恨”离开南京。

随着日军对中国侵略步伐的加快，中日对抗态势凸显，日本谍报活动也变得更加隐秘。1933 年 5 月《塘沽协定》签订后，日本关东军成立了以号称“中国通”的土肥原贤二为机关长的特务机关，在冀东非军事区及通州、唐山等地部署了大批的特工。他们大肆刺探中国情报，进行分化策反工作，到 1936 年前后，日本特务以当地的租界为掩护，大肆开展情报工作。有了特务机关开展的信息情报工作的得力支撑，日本军事当局在 1936 年开始秘密制订侵华作战计划，计划中就已经有了攻占南京的打算，即以两个军兵力“策应向南京作战，以实现占领和确保上海、杭州、南京三角地带①”。

①《中国事变陆军作战史》，第一卷，第一分册，第 93 页，中华书局，1981 年版。

日本当局不仅开展谍报活动，同时还在中国其他地方频繁唆使在华军队和“浪人”（实际上是秘密特工）到处寻衅闹事，制造冲突纠纷。美国学者西格雷夫《黄金武士》一书里面披露了日本在二战期间侵占中国的种种伎俩。1932 年 1 月 18 日，5 名日本年轻人穿着好战的日莲僧服在上海一条拥挤的大街上游行，唱着歌庆祝在满洲里的胜利，显然这是有意激怒中国人——其实这是日本人精心策划的一个阴谋，善良的中国人不知是计，他们袭击了这 5 个日本人，当场打死了 1 个。这些“和尚”实际上是日本的秘密特工，是在上海的日本特务头目田中吉少佐雇佣的人。田中吉少佐按照日方高层预定好的计划，借此口实，打着“保护”本国侨民的幌子，开始进一步派遣军事力量进驻上海。同时，在上海的日本特务组织，动员在上海的 3 万名日本侨民中的数百名流氓和黑社会的暴徒，这些自称是“浪人”的日本人手持手枪、步枪和刀棒等加入日本海军陆战队对中国军队的挑衅。

日本在华开展的长期的情报搜集和间谍活动，不仅为日本进攻南京做好了扎实的铺垫，也为日本发动侵华战争提供了充分的情报信息储备及战备人才支撑，对其侵华战争的执行起到极大的推动作用。这些经过严格培训的情报人员和间谍人员，通过外交手段和私人交情实现了对中国政府机构和政府人员的逐渐渗透，同时，私底下他们对中国的整体情况、各大城市的地形进行了秘密调研和勘测，搜集整理了各类地貌地形图、机构位置图、矿产资源分布图等，为日本军部制订攻占计划都起到了重要参谋作用。抗日战争全面爆发后，日本当局大量使用具有在华经历和了解中国情况的军官担任各级指挥官、参谋与特务机关负责人等职务，其中参与指挥攻占南京的便有松井石根、佐佐木到一等人。

中日华东地区对抗态势初显

1937 年 7 月 7 日，日本在中国华北地区蓄意制造了卢沟桥事变。7 月 11 日，日本近卫文麿内阁发表《关于派兵华北的声明》，宣称日本已下最大决心，立即增兵华北。日本加快侵略中国的步伐，战火越烧越大。战争爆发伊始，中日在华东地区的对抗态势也日渐明显，首都南京很快成为日本的军事打击重点和进攻的主要矛头。

日本海军蠢蠢欲动

对于中国的华东地区，日本帝国主义已经垂涎已久。然而，由于当时日本侵华战争主要集中在华北地区，同时考虑到可能和苏联发生军事冲突，所以在中日开战初期，日本方面并没有在华东地区作战的具体计划，仅仅考虑了在青岛和上海等地派兵保护日侨的可能。在日本《对华作战计划》中明确表示，在情况不得已时才对青（岛）、沪作战，而其所下达的“兵力编制及任务”，也只限于在平津及青岛附近的部署，尚没有计划向上海派遣正规陆军①。1937 年 7 月 9 日，日军参谋本部在其《处理华北时局要领》的命令中明确规定：“即使抗日行动波及华中华南，陆军仍以不出兵为原则②。”

然而，这一既定安排却因日本海军发生了变化。根据“一·二八”淞沪会战后的协定，上海地区驻有日本海军陆战队 3000 余人。他们以虹口陆战队本部为中心，构筑了 80 多处阵地，并积极储存战备物资，集中海军舰只和陆战队兵力。卢沟桥事变发生后，以长江方面为“警备区域”的日本

① 《日本帝国主义对外侵略史料选编（1931——1945）》，第 204 页，上海人民出版社，1975 年版。
② 《中国事变陆军作战史》，第一卷，第二分册，第 156 页。

海军第三舰队队长谷川清正在台湾指挥演习，听到这个消息后他立即赶到上海，并在7月11日召开了“特别警备会议”，主要议题就是根据日本海军省7月8日下达的紧急训令，讨论海军“保护日侨问题”。会议决定，将驻华海军分成三组特务舰队，上海方面由长谷川清亲自指挥。随后一段时期，由于驻防区域及掩护侨民撤退的缘故，日本海军在我国沿海地区及长江中下游水域异常活跃。

与此同时，7月16日，长谷川清向日本海军司令部提出报告，认为有必要在上海、南京一带发动战争，全力消灭中国海军和空军部队，同时派遣陆军5个师团攻占上海与南京，将中国政府置于死地，以尽快结束战事。“如果局限战域，则有利于地方兵力之集中，深恐将使我方作战困难。为制中国于死命，须以控制上海、南京为最要着[①]”，要求“华中作战应以必要的兵力确保上海和攻占南京为要着[②]”。

日本的军国主义及武士道精神深入每一名日本士兵的精神世界，他们对侵略他国有着极大的激情，“侵略面前人人有份”，谁都不想落后，都想分得一杯羹。华北方面的战争与海军关系甚微，眼看陆军不断受到天皇的赞扬与恩赐，享尽各种美誉和礼遇，日本海军心有不甘，对参与侵华战争蠢蠢欲动。为此，日本海军以青岛及上海两地为据点，开始进行活动。8月2日，日本船只在汇山码头卸下军用汽车100余辆，“必有深入内地企图”，可以预测，“江浙两省公路四达，其前进必势敏捷[③]”。

8月4日，长谷川清又一次请求东京增兵上海。8月7日上午，日本海相（海军大臣）米内光政向陆相（陆军大臣）杉山元送交了准备提交内阁的《请紧急派遣陆军进驻青岛·上海案》[④]。海军方面参与侵华战争的欲望更加迫切。

---

① 《中国现代史大事月表》（1937年7–9月本），二史馆馆藏档案。
② 《中国事变陆军作战史》，第一卷，第一分册，第169页。
③ 《张发奎致蒋介石密电》，1937年8月2日，二史馆馆藏档案。
④ 《中国事变陆军作战史》，第一卷，第二分册，第1页。

日本海军由于急于加入对华战争，其领导机关与下属舰队开始不顾一切地在华东地区积极备战。日本与中国在华东地区的对抗已成剑拔弩张之势。

沿江日侨相继遣返

日军打算在华东、华中地区开展军事大动作。

7 月下旬，中国方面处于战略防备考虑，在中央军校内召开了最高国防秘密会议，会议研究决定了陆海空三军歼灭日军的步骤：

“（1）陆军方面，张治中率领两个师与炮兵保安团从（8 月）11 日星夜兼程进入预定阵。

（2）空军方面，于（8 月）12 日前隐蔽于各地待命。

（3）海军方面，最高当局命令海军第一舰队司令陈季良于（8 月）12 日夜，封锁江阴航道。率 20 余艘军舰，10 余艘商船，待午夜时，沉入 2 千米宽的江面，以此拦截停泊在长江上游，江阴至汉口一带江面上的 70 多艘日本大小兵舰①。”

然而，不知是纯属巧合，还是日军未卜先知，亦或是情报泄露，中国方面还未来得及按照计划做出实际动作，日本海军方面就以“保护日本在华中权益”为幌子，开始采取果断行动，下令迅速遣返沿江各大城市的日本侨民，并且撤离停泊在长江上中游的舰艇、船只等，速度之快，令蒋介石等人始料未及。

7 月 28 日，汉口地区报告南京国民政府，日侨在汉口突然紧急撤退，正在港口装货待发的日本商轮临时卸下货物，装上大量日侨。由于事出紧迫，许多日侨连随身衣物和食物都没有带。8 月 1 日，杭州的日侨基本撤离完毕。在张发奎致蒋介石等人的密电中，称“日侨在杭者仅二人，余均离去②”。

---

① 王晓华、徐霞梅著：《国殇：国民党正面战场空军抗战纪实．第 3 部》，第 11 页，团结出版社，2011 年版。

② 《张发奎致蒋介石、何应钦密电》，1937 年 8 月 1 日，二史馆馆藏档案档案。

8月9日，南京的日侨也踏上了沪宁快车，在日方使馆人员的引导下进入上海虹口日租界，等着返回日本。

短短的10余天时间，汉口、芜湖、湖南、重庆等地的日侨，相继在日本海军第十一战队司令官谷本少将率领的驱逐舰、炮舰及海军陆战队的护卫下，由长江中上游安全驶抵上海。

在日侨安全撤离的同时，停泊在长江上游的舰艇，“日夜兼程遁逸，经江阴出吴淞口扬长而去[①]”。日本海军派出第二舰队、第三舰队开往上海，在吴淞口外马鞍群岛一带海面集结，做好大规模入侵的准备。至8月13日下午2时，吴淞口、浏河口一带及黄浦江上，日本军舰、运输舰等，连日来异常活跃。

而中国海军方面则显得较为被动。因为没有及时接到命令，对日军连日来的一连串“非常举动”竟毫无防备。8月11日、12日两天，日本的军舰不断地向下游行驶，它们通过江阴要塞时，日舰的炮衣穿得好好的，炮手都离开炮位，在舰尾甲板上站着，没有丝毫的战斗气氛。按照要塞的惯例，敌舰或友舰，无论是上驶，还是下驶，应立即电报参谋本部，下驶一舰即电报一次。但对于日舰为什么连续下驶，关于其原因中方工作人员“当时是不知道的”，他们所做的仅仅是例行公事地做好上报和登记工作。

蒋介石低估了日军。狡猾的日军绝不会坐以待毙，滞留在长江里等着中弹。于是，中国海军还未来得及封锁江阴航道，日本方面就已经将停在长江各口岸的舰船全部撤退至上海。蒋介石闻讯后，还急忙派船搜寻滞留的日本军舰，并要求见到一个炸沉一个，然而此时已经悔之晚矣。命令经过层层下达，还是晚了一大步。

随着局势的持续恶化，日本当局开始重视上海方面的兵力部署。8月9

① 唐生智、刘斐等：《南京保卫战》，第62页，中国文史出版社，2013年版。

日，上海“虹桥事件”发生后，趁中日外交方面交涉之际，日本海军开始向上海增兵，进行赤裸裸地军事威胁。“司令长官决心增强海军兵力，命令在佐世保待机的部队进入上海①”。日本驻沪海军陆战队的兵力从原来的3000余人猛增至12000万余人，从长江开入黄浦江的日舰也达29艘。陆军方面也开始参与华东方面战事。“在10日的阁议上……答应了准备派遣陆军部队②”。同时，日本利用外交谈判拖延时间，从各地调派了3个师团的陆军赶运上海。

此时，日军的部署已经远远超出了单纯的保护在华侨民的范畴，而是基本具备了“具有给中国方面以沉重打击的意义”。

日酋叫嚣“打到南京去”

日本在制造卢沟桥事变并侵占平津后，为减轻华北作战部队的压力，决定对上海发动进攻。但这次进攻在一开始仅仅是威慑性和试探性的，而不是实质上的。毕竟在中国的地盘上打中国，战线不宜短期内拉得过长，国力方面也消耗不起。而且，考虑到日苏危机，为了防备更为强大的敌人——苏联，也不便过久地拖延与扩大对华作战。因此，日本最初的想法是想通过军事进攻，对南京的国民政府施加压力，以“行使必要的实力来收拾事态”，通过逼降中国政府，促使其坐到谈判桌前，实现“全面地打开重建日华关系新局面”的目的。

8月14日，日军陆军和海军做出大规模进攻上海的态势，空军也到上海协同作战。张治中也下令对日军发动全线反击，出动空军轰炸了驻在虹口的日本海军陆战队司令部。中日之间的这场战争由此升级。

由于中国军队在华北地区的奋起反击，以及在“八一三”淞沪会战结

①《中国事变陆军作战史》，第一卷，第二分册，第2页。
②《中国事变陆军作战史》，第一卷，第二分册，第20页。

束后中方外交坚持的强硬立场和不妥协态度，原本不准备加大争端的日本海军大臣米内光政大怒，极力主张向中国华东派兵，并下令日本海军航空兵轰炸中国主要机场和重要城市。在 8 月 14 日晚上的内阁会议上，米内光政叫嚣道："事态不扩大主义已经死亡了！我们要打到南京去[①]！"

原本还在犹豫不决的日本陆军总参谋部采纳了他的意见，并立即向上海派遣了 2 个师团，同时召回了退役的攻坚战专家松井石根大将担任上海派遣军司令官。松井石根是强烈要求攻占南京以征服中国的强硬派代表人物。松井石根在南京待过几年，对南京极为熟悉。"当松井被任命为上海军司令长官离东京赴战地时，他已经想好了在预定的占领上海后就进兵南京……因为他早就对上海和南京附近的地形作过调查，所以他对进攻南京作了足够的准备[②]"。松井石根认为，要进一步扩大战争，目前在华东的部队是远远不够的，于是，他在离开东京时，要求给上海派遣军 5 个师团。他向海军大臣米内光政和陆军大臣杉山元表示，如果再给他 5 个师团，他就一定能够打到南京去。

8 月 17 日，松井石根在被裕仁天皇召见时，陈述了他率军到上海后的军事计划与战略目标："别无他途，只有拿下南京，打垮蒋介石政权，这就是我必须完成的使命[③]。" 8 月 19 日，即将离开东京赶赴上海前线的松井石根在东京车站，向前往车站送行的陆相杉山元再次表露了他这次出征不仅要拿下上海，而且要攻占首都南京的计划，他表示："无论如何要攻打南京，使国民政府屈服，这是膺惩支那的特殊使命决定的[④]。"

9 月 5 日，远在东京的日本首相近卫文 在日本第七十二届（临时）议会发表施政演说，凶相毕露，杀气腾腾地宣称要以武力彻底征服中国，他说：

---

① 方明：《国殇 . 第 6 部 . 抗战时期国民政府大撤退秘录》，第 3 页，团结出版社，2013 年版。
② 张效林译：《远东国际军事法庭判决书》，第 342 页，群众出版社，1986 年版。
③ （美）戴维 • 贝尔加米尼著，张震久、周郑、何高济、杨品泉、郝镇华、王绍坊译：《日本天皇的阴谋》上册，第 54 页，商务印书馆，1984 年版。
④ 经盛鸿：《战时中国新闻传媒与南京大屠杀》，第 711 页。

“中国方面利用帝国之忍让，侮日抗日之势愈加高涨，战局终于波及华中。至此，政府认为采取从来消极、局部之手段已不能收拾局面，终于不得不积极全面对中国军断然给予一大打击。今日帝国可能采取之手段，只有彻底打击中国军，使之丧失战斗意志。倘中国方面仍不反省，继续顽抗，即使进行长期作战，帝国也在所不辞[①]。”

9月8日，日本当局悍然宣布放弃卢沟桥事变发生之初宣称的“不扩大”方针，全面转入战时体制，“举国圣战”，发出战争恐怖威胁，急剧迈向扩大侵华战争之路。从地理位置上来讲，南京紧靠上海，淞沪会战打响后，战争的硝烟将会迅速向南京扩散，“打到南京”将会很快演变为现实。

11月12日，日本占领上海后，松井石根更加积极地要求乘胜追击，迅速攻占南京。他对从东京来的日陆军参谋本部战略指导课课长河边虎四郎说：“我意已决，非打下南京来给你们看看！”11月15日，他又对参谋本部谋略课课长影佐祯昭与陆军省军务课课长柴山兼四郎面呈“进攻南京的必要[②]”。

国际支援日渐衰微

蒋介石寄系“国际裁决”

1931年9月18日，日本发动“九一八”事变，突袭沈阳北大营，次日便攻入沈阳城。日本以武力侵略东三省，对中国实行赤裸裸的吞并。中华民族堪忧，而这个时期的国民政府最高统帅蒋介石，依旧摇摆于“剿共”与“抗日”的天平两端，还没有找到平衡。他一方面认为必须首先反共，

① 经盛鸿：《战时中国新闻传媒与南京大屠杀》，第718–719页。
② （日）吉田裕：《天皇的军队与南京事件》，东京青木书店，第67页，1985年版。

另一方面因抗日准备的不足与后方基地的缺乏，认为目前一旦对日作战，必将在很短时期内归于失败，“虽欲不屈服而可得[①]”。在这种思想认识的主导下，蒋介石的对日方针必然是消极的、妥协的，甚至是奴性的。最终，面对日本的武装侵略，南京国民政府抱定不抵抗主义，严令东北军不准抵抗，要求国人“避免扩大战争”“暂取逆来顺受态度，以待国际公理之判断”。

1932 年 1 月 11 日，蒋介石发表了一篇《东北问题与对日方针》的重要演讲，他说：“‘九一八’以来，政府对于外交早有一定之方针，即一方坚持不屈服，不订损失领土国权之条约，并尽力抵抗自卫，一方则诉之国联，请其根据国联之盟约，为公正道义之处置，以保障‘世界之和平’[②]。”蒋介石希望听任“国际裁决”来制裁日本，结果使东三省迅速沦陷。

1935 年，日本威胁平津及整个华北，狼子野心日益昭显。这个时期，作为国民政府最高统帅的蒋介石及其幕僚们，依旧妄想依靠国际组织及《九国公约》等来干涉、制约日本侵华行为，灭灭日本的嚣张气焰。

时任国民政府外国军事顾问团团长法肯豪森将军头脑十分清醒，劝蒋介石赶紧断了这种念头。他在呈报给蒋介石的《关于应付时局对策之建议》的计划书中提到：“国际政局此时亦有研究之必要。目前异常紧张。列强一时无联合或单独干涉的可能。华盛顿之九国公约，实际早成废纸。中国苟不自卫，无人能出而拔刀相助[③]。”唯一的是“中国应竭尽所能，保全国图而自卫，或有遇外援之可能”“万不可不战而放弃寸土”。法肯豪森将军一语中的，道出了国际支援衰微、中国必须做好孤军奋战准备的实情。

时针指向 1937 年，北平发生了“七七”卢沟桥事变，在日本的步步紧逼下，中国的局势已经到了“最后的关头”。对当时的中国来说，国际上有靠得住的朋友或是盟友吗？蒋介石与美国的关系是不错的，蒋夫人宋美

① 蒋介石：《东北问题与对日方针》，载中国国民党党史会编《革命文献》，第三十五辑，第 1291 页。
② 《民国日报》，1932 年 1 月 1 日。
③ 《总顾问法肯豪森关于应付时局对策之建议》，二史馆馆藏档案。

龄在美国也是很受欢迎的，中国的国际支援会有一个美好的未来吗？这一切似乎都要打上一个大大的“问号”。

国民党最高领导集团一直对“国际裁决”“国际公理”等抱有幻想，对于英美苏等对中日冲突进行干涉的力量和作用寄予厚望，而对自身的对日国防战略缺乏应有自信和沉着应对。有学者对 1936 年和 1937 年的国民政府国防作战计划进行了分析，得出以下结论：从国民政府国防作战计划中可以看出，国民政府对日作战计划均将最后胜利希望寄托于“国际形势的变化”，即苏美等国对日的干涉、牵制，甚至宣战。其“不得已”发动抗战是为了“等待国际间之变化”，收复失地则更有待于日苏在“西伯利亚酣战[①]”。

而现实情况是，当时的英美等国家“隔岸观火”，依旧保持“中立主义”立场，所谓的对日抗议和谴责也只是“隔靴搔痒”。德意日是法西斯共同体，三者之间因为利益相关做抱团状，德意对日不断妥协。而国际联盟也力不从心，《九国公约》已经形同虚设。

美英隔岸观火

美国一直以“世界警察”自称，此时却对远东战事“隔岸观火”“世界警察”已经徒有其名。

1937 年 7 月 19 日，美国纽约《时代周刊》以《新台风？》为题，首次报道“七七”卢沟桥事变，放在“远东”部分，注意到南京国民政府前所未有的对日本的强硬态度，指出：“华北已经成为远东麻烦的‘新台风’的中心。”7 月 25 日，蒋介石召见美国驻华大使詹森，指出：“东亚局势已至最后关头，望告其政府，作转危为安之计[②]。”

① 马振犊：《惨胜：抗战正面战场大写意》，第 45 页，九州出版社，2011 年版。
② 经盛鸿：《战时中国新闻传媒与南京大屠杀》，第 699 页。

8月至9月期间，日本对南京实施频繁空袭，严重影响到南京地区美国人的利益和安全。随着空袭的日益加剧，在南京的美国人选择陆续离开，大使馆的全部人员都逃离了南京城区，在大使詹森的率领下，向炮艇转移，登上停在南京下关长江中的美国炮舰“吕宋”号避难。

美国国内媒体开始对日本的侵略行径进行诘问和发难。9月23日，美国《纽约先驱论坛报》刊登记者奥布拉音发自华盛顿的报道《美国向日本抗议，称攻击南京违反人道主义——美国发出强硬通牒，谴责东京战争政策将美国人和全体平民置于危险》。《纽约镜报》也刊登报道《警告日本鬼子——赫尔抗议：轰炸南京是威胁》，细看报道内容，才知道，原来是日本轰炸南京时“炸弹不长眼睛”，威胁了在南京的美国人的利益。而美国媒体如此发话，也纯粹是为美国人伸张正义。随后，载着美国人的舰艇、船只也陆续撤出南京江面。

10月5日，时任美国总统的罗斯福在芝加哥发表“防疫隔离”的政策演说，把侵略国家比喻成传染病的蔓延，指出“为了保卫国际社会的健康应当加以隔离”，此举是美国第一次公开宣布要放弃“孤立主义”与“中立主义”政策，转而支持集体安全原则。在所谓“芝加哥防疫隔离演说”的第二天，时任美国国务卿的赫尔在华盛顿发表正式声明，谴责“日本的行动违反了国际关系所遵守的准则，同《九国公约》和《不战条约》相抵触”。显而易见，此时的美国仅仅停留在口头文章上，在一定程度上还是对日本为非作歹的默许。

但这一信号却让蒋介石一时间似乎看到了希望或转机，他在1937年10月7日的日记中激动地记录了这一刻：“此皆于我精神助力甚大，惟以军事局势不能转入主动地位为可虑耳[①]。”他以为，中国以“八一三”淞沪会

① （日）笠原十九司著，苑书义，伊敏摘译：《日本学者论南京保卫战》，《河北师院学报》（社会科学版），1995年第2期。

战所付出的巨大代价终于有了回报，以美国为首的国际联盟和“国际公正人士”终于认清日本侵略的本质，并开始要付出实际行动了。

然而，美国政局的内部也有了不同意见。他们依旧坚定地认为，从保护自身利益和安全考虑，并不同意罗斯福总统的“防疫隔离”观点。最终，美国选择了仅仅是道义上站在中国一边，并没有采取限制性措施给予日本侵略行为以打击。作为战略物资的石油和钢铁依旧在源源不断地向日本出口，直到1940年9月才开始对日本禁运废钢铁，1941年8月开始实施包括石油在内的全面禁运。没有一定的经济或军事制裁手段，徒有抗议和谴责对侵略成性的日本来说是徒劳的。

在欧洲，德国法西斯主义已经蠢蠢欲动，以希特勒为首的纳粹政府野心勃勃，打算一雪德国在一战后《凡尔赛和约》的耻辱，扩军备战已经公开化。英国在提心吊胆中已经自顾不暇，对远东的中日战事更是毫无兴趣，只要自己的直接利益不受损失即可。中国出资向英国购买战斗机，英国却慑于日本的压力，只敢卖给中国不带机枪的战斗机，还需要中国自行组装。中国从英国购买了3架运输机，却被告知必须把飞机改装成救护机，才能卖给中国。美国偷偷把波音飞机部件运到澳大利亚，装成整机准备卖给中国，可澳大利亚却又不允许整机出境。美国赶紧向日本方面做出保证：决不用美国船只把美制飞机运往中国①。

在狂妄自大的日本面前，英美甚至选择了“忍气吞声”“息事宁人”。日本炸伤了英国大使②，炸毁了美国军舰，英美两家都表示出了极大的宽容，仅仅发出“谴责”并“要求停止轰炸”。日本飞机在长江炸坏了英国轮船“德和”号、“大通”号，袭击了英国军舰“瓢虫”号，还炸坏了美国军舰“巴纳”号，炸死5人，50余人落水……面对日本如此放肆行径，英美居然令人难

① 张洪涛著：《国殇：国民党正面战场抗战纪实》，第275页，团结出版社，2005年版。

② 1937年8月26日，英驻华大使许阁森等外交官分乘两辆插有英国国旗的使馆汽车，自南京赴上海。下午2时，在无锡附近遭到两架日机扫射袭击，许阁森负重伤。

希特勒与孔祥熙合影

以置信地依然选择“宽大为怀”。归根结底，还是为了保护自己的眼前利益。

德意对日妥协

一战后战败的德国，军事工业的发展受到《凡尔赛和约》的限制和列强的窥伺，需要通过对外输出资本、技术保持军事工业发展，为此，德国主动加强与中国在军工领域的合作，与南京国民政府保持着友好合作关系。南京国民政府成立后，庞大的德国军事顾问团一直在支持、辅佐蒋介石的剿共计划和国防建设，同时为中国培养训练了一批德式部队，包括精英部队“教导总队”。德国还供给中国政府大量的武器弹药，以换取钨砂、桐油等战略原料。两国首脑蒋介石和希特勒之间也是惺惺相惜，两国之间政府要员也频繁往来。

可惜的是，德国与中国之间的“蜜月期”是极为短暂的。纳粹德国是日本法西斯的盟国，德国有吞并苏联的企图，日本有征服中国的妄想。1936 年 11 月 25 日，德国与日本缔结了一份《反共产国际协定》，进一步勾结日本反华。1937 年中日战争的爆发曾使纳粹德国处于两面为难的境地。他们一方面希望日本对中国的侵略可以得利即止，应该集中力量准备配合其大规模进攻苏联，另一方面，针对中国呼吁国际力量调解中日战争的请求，配合日本的外交行动，抵制英美各国干涉中日战争的各种计划①。所谓“两难”，实为“一难”，德国并不想为中国而得罪他的同盟国——日本，它所要做的是尽力安抚好日本。

因此，为了配合日本的外交行动，德国甘愿被日本利用，出面“调解”中日争端。1937 年 10 月 30 日，德国驻华大使陶德曼奉德国政府之命在南京会见了国民政府外交部次长陈介，正式转达了德国政府愿意为中日直接谈判进行斡旋的意向。他希望中国不要对《九国公约》会议抱有幻想，不要指望这个会议的一纸决议就能使日本从中国退兵，对中国来说，应立即改变其联合苏联对抗日本的外交策略，而是通过与日本开始直接谈判的方式来结束中日之间的冲突。随后的十几天内，陶德曼和国民政府德国军事顾问团团长亚历山大·冯·法肯豪森等人，根据德国政府的意愿，开始在南京政府军政界要员中进行广泛活动，散布“和谈”舆论。法肯豪森向孔祥熙、白崇禧等“指出战局的严重”，提醒他们注意“如果战争拖延下去，中国的经济崩溃”“共产主义就会在中国发生”等②。然而所谓的“陶德曼调停”，不过是个“烟雾弹”。日本引诱国民政府和谈，只不过是日本的缓兵之计，借诱降之计麻痹中国的抗战意志，影响中方作战部署，同时节节推进战事，实际上是其实现灭华的另一种手段。

一场轰轰烈烈的“陶德曼调停”风波，最终无果而终。纳粹德国的插

① 马振犊：《惨胜：抗战正面战场大写意》，第 120 页。
② 施子愉译：《抗战初期德日法西斯诱降的阴谋》（1937 年 10 月 –1938 年 1 月），《近代史资料》，1957 年第 3 期。

手不仅在政治和外交上给国民政府抗日决策造成了极为负面的影响，给中国当局者制造了思想上的混乱，勾起了一丝无谓的“和平”幻想，而且直接干扰了抗日战场我军的对敌作战计划与行动，延误了有利战机，导致前线指挥陷入混乱状态。可以预见，随着中日战事的急剧发展，迫于日本的压力，德国从中国撤走军事顾问和断绝军火往来也是迟早的事了。

意大利与日本同为同盟国，其狼狈为奸行径昭然若揭。1936 年 11 月 25 日，意大利参加日德签订的《反共产国际协定》，法西斯轴心正式形成。这也表明，德意日从此成为利益攸关的命运共同体。1937 年 11 月 29 日，意大利宣布承认伪满洲国。12 月 1 日，墨索里尼与日本访意大利使节接触后，在报端发表文章，劝中国向日本求和。

《九国公约》形同虚设

除了利用个人影响力在各个国家之间积极奔走，蒋介石一如既往，寄希望于官方渠道的国际联盟与《九国公约》来约束日本。

9 月 9 日，中国国民政府代表顾维钧来到日内瓦，向国联申诉日本侵略中国。9 月 10 日，国联理事会召开例会，顾维钧作为中国代表团首席代表发表演讲，控诉日本侵华战争。国联接受了中国政府的请求，决定将日本侵略中国、违反国联盟约的行为交付国联咨询委员会讨论。

9 月 27 日，国联咨询委员会通过两项决议：

“（1）确定日本的军事行动违背《九国公约》及《巴黎非战公约》。

（2）中日冲突与一切国家均有若干关系，应由九国公约会议解决[①]。”

细细琢磨不难发现，这是英美等国不甘心日本独霸中国而谴责其侵略行径的一个信号。但这两项决议还是给了蒋介石一丝信心。一方面，这两

① 《抗战文献》，二史馆馆藏档案。

项决议明确了日本的军事行动不合理；另一方面，指出了“中日冲突与一切国家关系由《九国公约》会议解决”。蒋介石及其国民政府期盼已久的“国际裁决”“国际公理”终于有了进展。而日本政府也深知，即将召开的《九国公约》会议对它不会有什么好结果，日本必将成为被告在会上遭受谴责。与其被动挨骂，不如避而不见。因此，日本决定不参加会议，并怂恿其利益共同体轴心国德国、意大利也不参加会议。

《九国公约》会议于 11 月 3 日至 11 月 15 日在比利时首都布鲁塞尔如期举行，但会议并没有传来所期待的好消息。11 月 3 日，会议一开场，苏联提出的集体制裁日本的方案便被否决了。德国和日本都没有参会，意大利代表日本发言，声称“由中日之间自行解决”，蒋介石抱以最大期望的美英两国，借口“不介入战争”，绝然没有了决议时的“公正”姿态。15 日，《九国公约》会议结束，发了一份无关紧要的会议宣言：“与会各国代表，现仍相信如中日两国允予停止敌对行动，俾给予试行斡旋之机会，则成功未始无望。”这一宣言着实给寄希望于国际支援的国民政府泼了冷水。

此时，日本在中国的军事行为正加快推进，多国不顾日本侵略中国的事实，采取了罔顾事实、双方问责的做法。蒋介石满心希望英美两国出面调停，但两国不愿开罪日本，最终做出“不介入战争”的决定。

当时，唯一表示将给予中国军事援助的是从自身利益考虑的苏联。11 月 20 日，中国军事代表团张冲一行访问苏联，受到时任苏联国防人员（相当于国防部长）的伏罗希洛夫元帅的接见。在宴别会上，伏罗希洛夫元帅请张冲回国后转告蒋介石，在中国抗战达到生死关头时，苏联定当出兵，绝不坐视不管。这给了蒋介石很大鼓舞，极大增强了他坚持抗战的决心与信心。基于苏联能够出兵相助的战略判断，11 月中下旬，蒋介石初步做出防守南京的决定。

11月30日，蒋介石致电伏罗希洛夫元帅及斯大林，对伏元帅之前的“盛言”表示感谢，并告知首都南京危急，中国抗战已经到达生死关头，希望苏联实践诺言，出兵相助，“中国今为民族生存与国际义务已竭尽其最后、最大之力量矣，且已不得已退守南京，惟持友邦苏俄实力之应援，甚望先生当机立断，仗义兴师[①]”。

然而，中苏两国对“中国危急”的标准并不相同，“是否危急”的标准是由苏联界定的。12月5日，日军已经攻到南京城下，蒋介石此时方才收到苏联方面的回电，然而这个回电让蒋介石大失所望。斯大林、伏罗希洛夫在回电中称，时机未至，苏联不便对日出兵。必须在《九国公约》签字国或其中大部分国家同意“共同应付日本侵略时”，苏联才可以出兵，同时还必须经过最高苏维埃会议的批准。这里所说的最高苏维埃会议要在一个半月或两个月后才能举行。苏联方面决定以技术援助中国[②]。蒋介石需要的是“出兵相助”，技术援助对于扭转南京战局没有实质性意义。时至此时，蒋介石等待苏俄出兵已经无望，但他仍然再次致电斯大林，表示“尚望贵国苏维埃能予中国以实力援助[③]”。最终，蒋介石国际支援梦还是以破灭告终。

中国在没有真正意义上盟国支持的不利条件下，对抗日本侵略，必须做好持久抗战的战略准备。

---

① 《蒋委员长致蒋廷黻、杨杰请伏元帅转斯大林先生》（1937年11月30日），《革命文献·对苏外交》，《蒋中正总统档案》，藏台北“国史馆”。转引自：经盛鸿著：《南京沦陷八年史》，第119页。

② 《斯大林、伏罗希洛夫致蒋委员长电》（日期不详），《革命文献·对苏外交》，《蒋中正总统档案》，藏台北“国史馆”。转引自：经盛鸿著：《南京沦陷八年史》，第119页。

③ 秦孝仪主编：《中华民国重要史料初编——对日抗战时期》，第三编，《战时外交》（二），中国国民党中央委员会党史委员会（台北），第340页，1981年版。

空袭南京的日本海军飞机

从 8 月 15 日起，日军开始空袭南京，日本海军航空队首次越洋轰炸南京

日军频繁空袭南京

卢沟桥事变发生以后，中国全面抗战的局面已经到来。日本凭借着飞机大炮的武器装备优势，叫嚣三个月内占领中国。日本参谋本部制订的在华中作战陆海军行动计划，主要目标之一便是消灭中国空军。

7 月 11 日，日本陆军参谋本部和海军军令部订立了《陆海军航空协定》，其主要内容是：在开战之初，就要一举急袭歼灭中国空军实力，夺取制空权，同时策应地面部队和舰艇作战。进攻华北以陆军航空队为主，入侵华南以海军航空队为主，华中由陆、海军航空队协同作战。陆军计划首先投入的兵力为 28 个中队，飞机 240 架，海军准备使用的兵力为航空战队、联合航空队各 2 个、独立航空队 3 个，加上部分舰载机，共有飞机 220 架①。

8 月 4 日，日本军令部次长向在华的第三航空队司令部发出了战斗指令，要求他们立即制订攻击南昌、南京、句容、蚌埠、广德和杭州的空袭计划。

① 王晓华、徐霞梅著：《国殇：国民党正面战场空军抗战纪实．第 3 部》，第 8 页。

敌机轰炸后的南京城

敌机轰空袭后的南京难民炸后的南京城

南京一老汉怀抱着被日军飞机炸死的孩子

被日军飞机轰炸后的南京市区

日军飞机在中山陵上空盘旋

日军除使用舰载轰炸机以外，还调集其最精锐的鹿屋和木更津等海军航空队，进驻台湾及青州岛，越洋攻击首都南京及其主要机场，以期一举摧毁中国空军，切断国民政府空战的后路。

日军实施空袭计划

上海的中日大战刚刚拉开序幕，日军的飞机就将目标直指尽在咫尺的国民政府首都南京。8 月 14 日早上，日本第三舰队司令官长谷川清命令驻台北的鹿屋航空队和驻千叶县的木更津航空队，以及 3 艘航空母舰上的航空部队，待天气好转后轰炸中国杭州、广德和南京机场[1]。首次攻击南京的

① 王晓华、徐霞梅著：《国殇：国民党正面战场空军抗战纪实．第 3 部》，第 20 页。

是第一联合航队的木更津航空队。

8月15日开始，日军飞机60余架分批轰炸南京、杭州、嘉兴、曹娥等机场。其中，有27架飞机首次参与空袭南京，在光华门机场、中华路、雨花路、健康路、三山街、新街口、鼓楼等闹市区上空来回低空扫射、投掷炸弹。空袭过后，南京市区到处都是燃烧起来的建筑物，犹如一片火海。多处商店、房屋被烧成废墟，断墙残壁，扇扇颓垣，令人触目惊心。废墟里，大街上，无辜老百姓被炸死、炸伤的不计其数，哭喊声、哀叫声、咒骂声不绝于耳，繁华的首都瞬间变成人间炼狱。

一个名叫中佐阿信夫的人在他的《支那事变战记·海军航空战》一书中描写了日军首次袭击南京时的场景与心境。其中，对轰炸南京闹市区的轰炸情况是这样描述的：

“第一回渡洋爆击南京

（1937年）8月14日以来，开始了我海之荒鹫的渡洋爆击行动。当天目标有杭州和广德。翌日扩大到杭州、南昌、南京等地。

在此行动中，空袭中国首都和军事中枢南京，不仅在军事上，而且在精神上也取得了极大的效果。

这天上午9时半许，我海之荒鹫越海长驱，令人难以置信地出现在南京上空。南京城在暴风雨中摇摇欲摧。这里，并非晴天霹雳，而是在大雨中突然听到雷霆。许多炸弹从云中落下，敌军狼狈不堪，南京市民惊愕不已，实在难以用言语表达，这也不奇怪。

我海之荒鹫穿破密云急速俯冲，一机又一机，一队又一队，在南京城头穿梭一般掠飞，坚决对准敌人的重要军事设施，进行果敢猛烈的轰炸。下边警报汽笛大作！从紫金山开始，然后是从围绕着南京城的防空阵地上，中国兵用枪炮向我低空飞行的海之荒鹫胡乱地射击，炮声和炮弹爆炸声在暴雨中混成一片。

……我机队对南京城内外敌航空基地的飞机库实施轰炸，炸毁了3栋飞机库及其指挥所，还有库外的飞机8架以上。

这一天，在南京及苏州上空的空战中，确实击坠敌机9架。

这第一回空袭南京行动，无论是在我国的航空史上，还是在世界航空史上都具有划时代意义，是一大历史壮举①。”

书中还记录了一名参加此次空袭的荒鹫队员所谈的战斗情形：

“我机队Y分队的飞机轰炸了明故宫机场，I分队轰炸了大校场机场，炸毁了许多飞机库及在停机坪上的敌机，在明确战果后，它们返航了。

下关、紫金山及机场等处防空炮台上的高射炮和机枪对空中进行了猛烈射击。

我位于分队的首架飞机上。轰炸过后，正与敌5架战斗机遭遇。经过一番空战，击坠了2架敌机。我分队的第4号飞机发动机好像中弹了，渐渐同机队拉开了距离，终于被敌机集中进攻，起火落地。

……司令说：“对南京的第一回轰炸，由于天气恶劣，云层低，又都是实施低空袭击，因此对敌人打击很大。然而，我们也遭到了损失。报仇之举就是对南京第二回轰炸，这样大家可以出出气了。”

8月16日，日机准备再次对南京发起空袭，但是由于海上台风的缘故，日本军机临时改为轰炸苏州机场。两天下来，日本飞机损失很大，担任空袭南京的木更津航空队由20架飞机减少到了8架。损失数量如此之多，自然也对日军心理打击很大，“由于牺牲的增加，使对渡洋轰击产生不安情绪”。于是，日本大本营调整空袭战术，尽量少用本土上的军机进行越洋袭击和

① 何建明著：《南京大屠杀全纪实》，第20–21页，江苏凤凰教育出版社，2014年版。

低空轰炸，改用驻台湾机场的军用飞机飞抵大陆进行袭击和轰炸。

8 月 19 日，形势开始急转直下。日本海军成功破译了中国空军的部分密码，能够毫不费力地迅速而准确地获知中国空军战机的移动和集中情况。当天下午，日军开始轰炸南京城里的火药库，随后又在黄昏时轰炸了军官学校和兵工厂，同时还袭击了国民政府参谋本部。

日空队长平本如此描述了“第二次轰炸南京”的战斗情形：

“……一切我们都报复了。这是 4 天之后的事情。

天气已经晴朗了。我们准备在日落不久之后轰炸南京，我们从容地就飞到了。正和我们第一次轰炸南京一样，我们环绕着这个城市飞行了许多次，仔细地选择了目标。从紫金山上，从城墙上，以及从城内，所有的高射炮都对准我们开起来了。夜空中突然间布满了从高角度的高射炮和机关枪中放出来的子弹，死亡整个地控制了这个古老的城市……红的、蓝的、橘色的火焰在不停爆炸着，布满了南京的夜空。

8 时过了一点，我们找到了南京中央军校的一丛建筑，于是请它吃了 10 颗炸弹。所有这些建筑，一时间都化为灰烬。然后，我们由转向参谋本部的建筑，也请它吃了 10 颗炸弹。在又做了几件轻松的工作以后，我们飞向家乡了[①]。”

除了阴雨天和台风天之外，日机频繁对南京实施大规模空袭，企图逐步摧毁中国军民的抗战信心。根据经盛鸿在《战时中国新闻传媒与南京大屠杀》一书中的数据统计，“8 月 16 日，日机先后 5 次空袭南京。8 月 18 日，日机 18 架空袭南京。8 月 19 日空袭 2 次，8 月 20 日空袭 2 次”。8 月底到 9 月中旬，日军海军航空队忙于上海作战，同时等待陆上机场修建完成，减弱了对南京城区的大规模空袭。到了 9 月 19 日，日机又恢复了对南京的

① 何建明著：《南京大屠杀全纪实》，第 23 页。

空袭，并且加大了空袭力度和频次。

9 月 19 日，日本第三舰队司令官长谷川清下令对南京实地进行“无差别级”轰炸。图为长谷清川（右）为空袭南京的飞行队队长送行。

9 月 19 日，是日军空中攻击南京的战略转折点。为报复中国空军的多次顽强“抵抗”，这一天，日军出动三菱九六式舰载战斗机 22 架次、舰载轰炸机 28 架次，水上侦察机 27 架次，共 77 架次，以三菱九六式舰载战斗机打前锋，分上、下午两批大举空袭南京。中央广播电台、首都警备司令部和一部分居民区，均遭到了狂轰滥炸。

在实施规模性空袭的同时，日本还玩起了欺诈伎俩。8 月 19 日，为进一步威慑国民政府首都，驻扎在上海的日本第三舰队司令官长谷川清，向各国驻沪领事发出一份充满讹诈语言的“通告”，宣称将于 9 月 21 日正午以后，对南京城内及附近的中国军队及军事设施采取轰炸与其他手段，要求各国驻南京使馆人员与侨民撤离南京，各国舰船撤离南京江面[①]。8

長谷川要脅
首都外僑撤退
通知駐京各國使館
限今午以前完全撤退
美使館人員竟然照辦

通知外侨撤退的新闻

---

① 《申报》，1937 年 9 月 21 日。

南京中央医院遭受日军轰炸后的情形

中央大学遭日军飞机轰炸

月 20 日，日军提前开始了轰炸计划。日方出动飞机 80 架次，从上午 10 点到下午 1 点，对位于南京市中心的国民政府、参谋本部和居民住宅区进行了大规模的轰炸。8 月 22 日，日本海军航空队纠集战斗机 11 架、轰炸机 30 架、攻击机 6 架、水上侦察机 14 架，分三批对航空委员会、中央党部、南京市政府、下关火车站等处进行了再次狂轰滥炸。

8 月 25 日，先后有 96 架次日机，分 5 次空袭南京，投下炸弹 500 枚。此次日机轰炸对象多为南京的文教卫生等机关，如中央大学、中央通讯社、中央医院、广东医院、下关电厂、首都电灯公司、首都自来水公司、下关难民所等，以及江东门、三条巷、边营、中山东路等居民住宅区。南京居民伤亡人数达 600 人。这是日机轰炸南京的高峰，也是最为血腥的一天。据英国路透社记者史密斯报道："轰炸结束后，我来到（下关）难民收容所，其情形真是惨不忍睹。现场到处是死者被炸碎的遗体。许多难民居住的小屋因轰炸而起火，现在仍然在燃烧着。巨大的烟柱在空中升起，从几英里外的地方就能看到[①]。"一家旅馆被日机扔下的炸弹全部炸毁，旅馆老板向

① 经盛鸿：《战时中国新闻传媒与南京大屠杀》，第 730 页。

行政院呈交了一份控诉书，对日机的疯狂行为进行了斥责："所住之地址，并不临近军事建筑区，又是非战人员，而敌机毫不顾忌，任意肆虐，此种丧心病狂之行动，实堪痛恨。"

不仅是中国各机关，各外国使领馆及大使们也惨遭日本空袭的毒手。美国《纽约时报》刊登电讯《炸弹震撼南京美国大使馆》《大使们谴责轰炸南京，外交官请求东京当局停止空袭》[①]。《中央日报》和《申报》报道了英驻华大使许阁森乘坐插有英国国旗的使馆汽车自南京赴上海，途径无锡附近遭到两架日机扫射袭击，许阁森负重伤，被送往上海宏恩医院医治[②]。

8月29日，欧美等5国驻南京使节对日本轰炸南京提出抗议，要求停止轰炸。远在日本东京的美国驻日本大使也要求日本停止轰炸南京及不设防城市。但日本对此一律置若罔闻，依旧我行我素。9月20日，上海租界《华美晚报》报道，日本海军当局通过发言人声称："各国虽向东京提出抗议，但轰炸南京之计划，决不终止。"日本政府违反国际法规，不顾各界舆论谴责，从9月19日至26日短短的8天时间里，对南京"进行了11次空袭，出动各式飞机299架次，投弹355枚，计320.3吨[③]"。南京的政治、经济、军事、文化、教育设施遭到了严重破坏。

随着淞沪战事的推进，日本对南京的空袭愈发猛烈和频繁。从8月中旬至南京弃守的4个月时间里，南京的防空警报时时拉响，日军投下的炸弹扰乱了机关的日常办公、冲击着首都军民的心理防线和日常生活。蒋介石和宋美龄也不例外。那时，南京的日本特务多如牛毛，特务的通风报信，使日本的指挥机关对蒋介石的行踪了如指掌。所以日本的飞机常常是紧紧跟随着蒋介石的行踪轰炸，蒋介石每天东躲西藏，轮换着在清凉山、中山陵四方城、中华门城堡等处办公、休息，不得安生。委员长夫人宋美龄也不例外。据时

---

① 经盛鸿：《战时中国新闻传媒与南京大屠杀》，第716页。
② 《中央日报》1937年8月27日。
③ 王晓华、徐霞梅著：《国殇：国民党正面战场空军抗战纪实.第3部》，第69页。

中国空军空中杀敌

任南京市长马超俊回忆，有一次，他带着警察及组织的民众服务队在白鹭洲工作，遇到蒋夫人宋美龄，这时飞机来了，他拉着蒋夫人跑进附近的防空洞。“她胆量很大，毫无畏惧之色，站在洞口，看日本飞机滥施轰炸”。当第一批飞机过后，第二批飞机到达时，一个炸弹刚好将洞口炸垮，蒋夫人从“浓黑的烟雾中冲了出去，一口气跑回陵园①”。

日军对南京的空袭是有计划但无规律的，轰炸的重点不仅局限在破坏文化机关、毁坏文物设施等方面，对人口密集的居民住宅区、无辜平民也毫不留情。南京市长马超俊在一份致行政院的呈文中写道：“我后方不设防城市，迭遭敌机肆意轰炸，凶狠残毒，漫无目的。京市为首都所在，敌人谋我更属无所不用其极，计自 8 月 15 日起至 10 月 25 日止两个月中，共遭空袭 65 次，骚扰破坏无时或已，我无辜民众惨死敌弹之下者，先后达 300 余人，他如文化组织、慈善团体以及医药机关等，亦莫不遭其摧毁。每一弹落，墙圮壁颓，血肉横飞。似此违反公理、灭绝人道之暴行，实为历史所罕见，举世所共愤②。”

中国空军英勇抗击

中国空军在抗战伊始具备一定的战斗力，针对日军飞机的挑衅、骚扰，国民政府制订了一系列首都防空计划，积极采取措施，与日本空军展开了英勇战斗，取得了不俗战绩。

① 彤新春编：《抗日正面战场：国民党参战将士口述全纪录》，第 247 页。
② 《马超俊致行政院呈文》，1937 年 11 月 4 日，二史馆馆藏档案。

空军战斗英雄高志航

抗日战争全面爆发后，中国空军在杭州、曹娥、南京等重要机场上空开展了积极的空中对抗。航空委员会相继下达了“空军作战命令第一号”和“第二号”令，中方防空力量的坚决反击，对日本侵略者给予了沉重打击。

8月15日，日军木更津航空队对南京实施空袭，遭到负责保卫南京、驻守句容的中国空军第三大队第十七中队空军将士的迎头痛击，当场被击落敌机3架，其中1架坠毁在机场附近。此次空战后，航空委员会秘书长宋美龄亲自到句容机场慰问有功人员。在保卫南京的空战中，在江苏句容南天王寺附近击落敌机的有功人员有旅美华侨飞行员黄新瑞和陈瑞钿、黄泮扬以及广东航校第六期飞行员岑泽鎏、黄居谷、马庭槐、邓政熙等人[①]。同日，中国空军第九大队在曹娥上空击落日军九四式轰炸机4架，第四大队在杭州上空击落日军九四式轰炸机16架，并协同第三、第五大队及航校暂编部队在南京上空击落敌机14架。中国军机除了出击迎战外，也向日本在上海的部队驻地发起主动攻击。

8月14日，中国空军得到情报，日军驻台湾的木更津航空队从新竹机场起飞了，正向上海方向增援。13架飞机快到杭州湾后低空飞行，寻觅轰炸目标。中国空军第四大队队长高志航驾着N-1号飞机，带着27架飞机，从杭州笕桥机场起飞应战。高志航首发命中，士气大振，中国空军越战越勇，越打越猛，整个杭州上空都是机声、炮声和枪声。15点10分开战，

① 王晓华、徐霞梅著：《国殇：国民党正面战场空军抗战纪实．第3部》，第24-25页。

15 点 40 分空战结束，中国空军以 6：0 的纪录赢得了这场战争。第一次空战就取得辉煌大捷，胜利的喜讯传开，世界各大报纸、通讯社发出消息报道：中国空军高志航大队建奇功。高志航也受到了航空委员会秘书长宋美龄的接见与表扬。为了纪念这次空战大捷，由宋美龄提议，把每年的 8 月 14 日定为国民党的空军节。

8 月 16 日，面对日军分发各地的轰炸机，中国空军第三、第四、第五大队，在杭州、句容、嘉兴、南京、扬州上空截击，共击落敌机 8 架。日军的木更津与鹿屋二联队，经过此次战斗，几乎被中国空军消灭殆尽，这是日本方面所始料未及的。而相对处于劣势地位的中国空军能够取得如此辉煌的战果，也得到了中外媒体的一致赞扬。

8 月 19 日，日军飞机又两度袭击南京，分赴广德及首都企图轰炸，中国空军早有准备，日机未得逞，“两地被我击落轰炸机 6 架①”。8 月 20 日，日军动用了 20 多架九六式轰炸机，从台湾的新竹机场飞临南京上空。30 多架中国飞机从光华门机场起飞应战。第五大队第二十四中队的中尉刘粹刚，击毁了日本木更津联队飞行员秋山义允的座机。其他飞行员也一样，用沉着和智勇，与敌机周旋搏斗，战斗持续了半个小时，中国军队共击落敌机 17 架。

9 月初，日军木更津联队连续两天偷袭南京城边的句容，被中国空军第三大队击落 13 架。在 9 月 19 日与日本空军的激烈空战中，我军以驻南京、句容之队驱逐敌机 21 架，由队长毛瀛初、萌壮如、黄新瑞，分率“霍克”Ⅲ型战斗机及波音 P-26 战斗机迎击，格斗拼冲，“击落敌机一架，创敌机四架”。在此次空战中，中国空军队员也付出了沉痛代价，“是役我队员刘兰清、戴广进阵亡，刘依均、刘宗武、杨吉恩、吴鼎臣均负伤②”。

---

① 《中央日报》，1937 年 8 月 19 日。

② 彤新春编：《抗日正面战场：国民党参战将士口述全纪录》，第 247 页。

9月22日，日军飞机14架分三批空袭首都多处机关所在地，刘粹刚率领10架“霍克”Ⅲ型战斗机从大校场起飞拦截，第十七中队的两架波音P-26也升空参战。11点30分，庞大的敌机群在南京上空4500米高度出现，守候在5800米高空的刘粹刚立即率领僚机袁葆康俯冲而下，直接杀进日军轰炸机群中，待日军战斗机有所反应时，刘粹刚和袁葆康已各击落敌机一架。在这次空战中，中国空军击落敌机2架，击伤2架，我方受伤5架。

红武士刘粹刚

傅啸宇

9月26日，日军再次出动61架次分三批空袭我南京，在空袭时担任掩护的1架日本海军九六式舰载战斗机被中国空军击伤后迫降江苏太仓境内，该机驾驶员被俘。驾驶员是大名鼎鼎的山下七郎，是第十三航空队战斗机第二分队大尉分队长，是唯一被中国军队捕获的日本海军“四大天王”之中的一个，后因在关押期间搜集中国军事情报和组织越狱罪被判处死刑。

9月28日，在江苏句容上空发生激战。中国空军第五大队飞行员傅啸宇机毁人伤，后不治身亡[①]。

10月12日下午，日本三菱式重轰炸机9架，三菱式驱逐机6架，配以水上侦察机，到南京

① 王晓华、徐霞梅著：《国殇：国民党正面战场空军抗战纪实．第3部》，第69页。

再行空袭。大队长高志航、队长刘粹刚在高空，与日机鏖战。曹芳震在此次战斗中壮烈牺牲，时年仅 24 岁。曹芳震，1913 年出生，湖南湘乡人，亦名芳镇。学生时代的曹芳震，喜欢打球，爱好音乐，擅长美术，多才多艺。1933 年 7 月，曹芳震高中毕业并顺利考入湖南航空处航空机械班。1934 年 7 月，曹芳震进入南京中央航校空军入伍生营，1935 年 2 月，去杭州笕桥中央航校第六期学习飞行，1936 年 10 月毕业后任空军第五大队第二十四队少尉本级队员。“八一三”淞沪会战爆发后，跟随队长刘粹刚出击淞沪地区敌兵营、阵地、仓库、军舰，并与敌机在上海、扬州、南京、句容等地激战。8 月下旬，曹芳震被调驻南京。他在写给亲人的信中表示，想到年老祖母的惦念，肝胆寸断，“然我以身许国，亦不能辜负国家民族的付托”“忠孝难得两全”。10 月 12 日下午，曹芳震随大队长高志航、队长刘粹刚一起，升空与敌机作战，身中 17 弹，壮烈牺牲在笆斗山北麓，后追赠中尉。

抗战初期，中国战机的数量、性能、航速等方面都远不如日本飞机。在这种情况下，为保卫南京，年轻的中国空军们仍以满腔的保家卫国热情、奋不顾身的英勇精神，与日机展开了殊死搏斗。高志航、刘粹刚、陈怀民等许多飞行员创造了击落多架日机的奇迹。高志航被封为“空军军神”，成了举国皆知的战斗英雄。刘粹刚被誉为“中国的红武士”，陈怀民被誉为“空军勇士”。

在与日军的对空战斗中，由于中国处于被动轰炸的一方，地面损失比较大，中国空军也付出了巨大代价。我方损失了近百架战机，其中，战斗英雄、“空军军神”高志航大队长、“中国的红武士”刘粹刚队长、空军英雄乐以琴等数百名飞行员均血洒长空。英雄为国英勇献身，举国悲悼，大江南北血泪滂沱。

中国空军的英勇抗敌显示了中国人民同仇敌忾、万难不屈的民族精神，大大消弱了日本空军有生力量，打破了日本军国主义“三个月灭亡中国”的妄想。他们以自己的实际行动，鼓励和推动了华夏子孙坚定决心，为保卫民族生存，站到民族斗争的最前线。

民众空防秩序井然

为应对日军的空中袭击，蒋介石除了在战略部署上把防空列入战争防备外，还专门制定了《防空法》，并于 1937 年 9 月 7 日签发了防空密令，全文如下：

“市政府、警备司令部并转警备司令防空司令：霆密。现值抗战期中，敌机不时来袭，各该长官均负有维护地方治安，保障民众安全之职责。关于各该省市及所属各地方之一切防空设备应即切实规划，认真赶办，尤应指导并协助民众掘筑六尺深、二尺宽之简易防空壕沟，上盖木板，厚填土层，随地构筑，愈多愈好。即便闻警趋避，尤属费省易举，安定人心关系甚大。务仰督率民众切实履行并应加重各县县长之职责，一体遵办，毋稍敷衍。倘有玩忽因循或遇敌机来袭时地方长官自行畏避贻误空防，致纷乱秩序，加重地方民众之损害者，一经查出，当按军法惩处。仰即遵照，并分别转饬所属一体遵照为要。中正①。”

在政府防空机构的组织和动员下，南京军民的空防经验日渐丰富，对日军空袭也得以逐渐适应。他们从开始的恐慌惧怕、无所适从，到后来的规避应对、有条不紊，逐步表现出了从容沉稳、无所畏惧的大无畏气概和牺牲精神。

8 月 26 日，位于北极阁大石桥畔的中央大学实验学校被日机炸毁，校

① 《蒋介石签发防空密令》，1937 年 9 月 7 日，二史馆馆藏档案。

长罗家伦指着被毁的校舍说：“敌能毁之，吾能复之！”并迅速组织实验学校师生西迁到屯溪复校。

9月20日的《华美晚报》刊载了国防部记者《中国空军威力底一瞥》的报道，指出“防空秩序之完好，在内地确是少见的”，避难所的民众“确信首都的防空网是很密的，所以虽然站在生死线上，还有着无限的兴奋和无限的勇敢，实在的，首都的民众，都受有相当的防空训练，就是面对着这最凶暴最狰狞的现实，没有丝毫惶恐之色，这不能不算是中国的进步[①]”。

46岁的郭沫若先生在1937年9月下旬来南京时，目睹了南京遭遇日军空袭后的惨状和中国军民英勇抗争的气概，并为此专门写了一篇文章，题目是《在轰炸中来去》。文中对中国打掉日机的情形进行了细致描述，字里行间难掩兴奋之情：

25日的南京特别晴朗。一大清早起来便有人在说，今天恐怕有敌机来袭。果然，在九点钟左右……警报来了。这警报在我半聋的耳里，实在什么也没有听见……

据我所看见的说，开始是有11架敌机飞来，由南转向东城去预备散开，四处埋伏的高射炮一时震天响亮，炮烟在敌机的队中穿插。烟云和机影密接着，不易辨别清楚。

忽然有一声炮响得特别着实，敌机队中的第10架带着一股黑烟，像彗星一样坠落了。

——打得好，真打得好！敌机坠落了一架。友海高兴地向壕里报告。

敌机被打中了一架之后，其余的散开了，高射炮烟和它们角逐了一会，它们又各自逃窜了……

不一会又有一队敌机飞来了。这次是15架，依然是由南而来，却转向

① 何建明著：《南京大屠杀全纪实》，第27–28页。

城西北去散开。高射炮烟更加肩摩踵接地和它们角逐。忽然又是一声特别着实的炮响，敌机中的一架发出一朵红光，红光上冒着黑烟，又像一颗彗星一样，坠下了。

打得好！真打得好！敌机又打落了一架！友海跳起来了，比刚才更加高兴地向壕里报告。

……被打落的敌机落在城西北区，还冒起了一阵火烟。其他的敌机慌慌忙忙地乱飞了一阵，又逃窜了。

——真是痛快，到了一次南京，亲眼看见我们的空中战，并亲眼看见我们的高射炮打落了两架敌机，真是痛快。我自己对友海述怀着。

——高射炮打中飞机是不容易的事，我也是今天才亲眼看见。

——怎么不看见我们的飞机来呢?

——我们的飞机是在城外和敌作战，堵截敌机。如敌机窜入了城空，使用高射炮射击。在城空作战，弄得流弹横飞，对于市民是相当危险的。

据说，这次的敌机来袭，我机在城外和它堵截了好一会，窜进了城空的，只是其中的一部分。

又说我们的高射炮，在浦口一炮连中了三机。怎么连中了呢？是因为一炮打中了敌机的炸弹，炸弹爆炸了，自行打伤了两架，一并坠落了下来。

一炮中三机！这在将来恐怕要成为谚语。这比旧时的“一箭射双雕”更来得摩登而可纪念。

敌人宣言，要把南京化为灰烬。

我却亲眼看见，敌人在南京化为了灰烬①。

1937 年 10 月 23 日英文报《大美晚报》上一篇外国记者文章《南京在空袭下》，经徐志霖翻译后，内容如下：

① 郭沫若著：《革命春秋》，第 458–488 页，人民文学出版社，1979 年版。

南京的居民，现在是那么的习惯于日本飞机的空袭了，几乎是每天，当四周响起了防空警号时，他们便都满不在乎地躲入防空壕和地窟去，毫无慌张之象。

上海战事刚开始的那几个星期，日本飞机差不多天天光顾这里，有时一天来上个四五趟，那时候，当他们避入了地下室后，极其惊恐战栗，走出来时并窃窃私议着不知是否危险袭来。但是现在一听警号响起，都那样谈笑自若地走入地窟中，互相估计被击落的日机的数目。

每当日本飞机刚露出一点影子于云霄时，警号就急速地响起，居民可以有充分的时间避入公共的或私人的地窟中。公共的地窟满街皆是，像是和别的城市里的公厕一样的多和普遍。警号响起以后，担任防空的军队和警察立即驱除路上的行人进入屋内或避入地窟，街上再无人行走，等日本飞机已经离开，解除了警报的声音又响起，极短的时间内一切都恢复了常态。

日机夜间来袭时，警报一响所有的灯火即刻完全熄灭。防空部队在各条街上来去巡逻，查看在第一次警号与紧急警号之举，是否还有灯火未熄，事实上居民都非常遵守纪律，绝无留有光亮的。巡逻者还有一项责任是仔细的侦察，是否有汉奸在放信号给日机。

在这样的情形下，日机要达到他们的“炸毁南京”的目的，那真是谈何容易。

当记者在南京时，曾遇到一次空袭，在那3架日机尚未出现前好久，警号就响起了，路上即刻成为无人行走的死街，路人即避入了地窟中，没有中国飞机升入天空，高射炮正在发挥着效能。

在历次遭空袭时秩序都能这么的好，居民能这么的沉着镇静，这都是要归功于从前一次的防空实习的。

虽然日机是不绝的来轰炸，这里的一切却平静一如往昔。政府机关方面，下至警察所，上至五院及各部，都照常办公，职员绝无弃职南京的，并因“非常时期”工作只有紧张而时间延长，商店也均照常营业，只有夫子庙那一带的茶楼酒馆和其他娱乐场所都关了门，因为这些场合，现在是再无问津者了。

南京虽然时时有炸弹袭来，然而南京的居民，却镇定得如同住在上海租界上的人一样[①]。

中国军队的沉着应对、主动出击，也给予了日本空军一定的威慑力。最初日本空军选择实施夜间空袭，以威吓政府、扰乱民心。然而，因损失较大，不敢再行冒险。中国记者陶镜寰在1937年10月19日的《辛报》上发表了一篇《首都空袭中的形形色色》，文中提及：“首都首次遭受敌机空袭为八月十五日，遭受敌机夜袭为八月二十五日……敌机赴首都夜袭，仅八二五一次，嗣后即未敢冒险牺牲[②]。”

首都民众似乎逐渐适应了日军敌机频繁来袭的生活。然而，空袭仅仅是噩梦的开始，战争的脚步、更大的灾难正在日益逼近南京。

① 何建明著：《南京大屠杀全纪实》，第28–29页。
② 何建明著：《南京大屠杀全纪实》，第30页。

第二章

淞沪失利 日军直逼南京

2

早在1931年“九一八”事变爆发以后，国民政府已经深知日本侵吞全中国的野心，预知中日之间必将全面开战。而对于国家统治中心宁沪地区，地处沿海，势必成为日军入侵要道。因此，国民政府当局对包括南京在内的京沪防御给予了高度重视，从制订防卫计划、构筑国防工事、补充装备力量、加强训练演习等多方面进行积极备战。然而，随着淞沪战役失利，由于国民政府战略犹疑、部署失当，战前精心布设的沪宁沿线防卫设施被接连攻破，各道防线并未发挥应有防卫功效，导致日军乘淞沪战役胜利余威一路直扑南京。

沪宁沿线节节失利

蒋介石主张对日国防重点区域应在长江流域而不是在华北。他认为，一旦中日开战，必要时可以放弃华北而集中全部力量保卫长江流域。因此，国民政府在制订《1935年国防计划》时，规定“在江浙方面：驻江南部队应集结于京沪线及首都附近，一面任淞沪方面之增援，并相机扑灭上海之敌势力，一面防止长江内敌舰之侵扰，以维护首都[1]”。

制订南京防卫计划

鉴于日本吞并中国的野心与日俱增，在南京国民政府任职的德国军事顾问法肯豪森于1934年建议蒋介石尽快制订一个保卫南京的军事计划。蒋介石认为建议可取，随即责令南京警备司令谷正伦负责制订初步方案。

1934年8月17日，法肯豪森对谷正伦的方案给予了充分肯定，并补充

① 《1935年国防作战计划》，二史馆馆藏档案。

日军由上海向南京进犯

提出了自己的见解。他对于“掘一长濠并积土筑一高墙于雨花台周围及天堡城至太平门外公路”的主张完全赞成，同时指出，为防止敌人侵袭首都，建议“构筑新式而有效之防御工事”“采用加坚之野战工事（步兵支撑点，机关枪阵地，观测所等项），于可能范围内构筑或准备铁条及他种障碍物，如氾滥、蹈发地雷、触发地雷等，尽量向纵深地区逐渐增加[①]”……

有了德国军事顾问的建议和对初步方案的肯定，国民政府军事参谋本部随之在 1934 年出台了第一个《南京防守计划》。这个计划从“敌情判断”“防守方针”“指导要领”“兵力部署”“水雷阻塞”“防空”“交通”以及“通信”八个方面进行了规划安排。

1935 年 8 月 20 日，法肯豪森精心拟写了《关于应付时局对策之建议书》上报南京国民政府。在《建议书》中，法肯豪森根据其以往多年驻日经验，以及对日本陆军的深入研究，对未来的中日战争走向进行了较为科学的分析预测，为国民政府随后的国防计划制订工作提供了一定的参考和依据。在《建议书》中，法肯豪森提出了“抗战初期利用黄河、长江两道屏障，阻击日本人”“在长江入口处的江阴沉船，堵塞航道，不让日本军舰进入长江”等具体设想[②]。

① 何建明著：《南京大屠杀全纪实》，第 18 页。
②《法肯豪森关于应付时局对策之建议书》，1935 年 8 月 20 日，二史馆馆藏档案。

法肯豪森肖像

在此期间，国民政府军事委员会执行部认真拟订了上海、南京防御作战计划，并得到蒋介石的核准。其主要内容为："以上海、杭州湾为第一线，昆山、无锡、苏州、杭州一带为第二线，江阴、镇江为第三线，南京、京杭公路（宁杭公路）为第四线"，同时，"各线部队应该预先有准备，假如上海的部队打了一个时期要撤退时，则第一线上海、杭州湾的部队撤到浙江以西、皖南一带，整理补充，并在那里准备阵地。以后各线则陆续往后方调动，以作长期抗日、拖死日本人的准备[①]"。

汉斯·冯·塞克特将军肖像

布设沪宁沿线防卫

国民政府从1931年起，就开始在沪宁杭一带加强国防战备设施建设，前后花了100多万元的资金，修成了三道国防线：上海至杭州、吴江至福山（苏福线）、无锡至澄江（锡澄线）。到1937年，全部工程已经基本完成。毫无疑问，这些战备设施都是为了对付日军攻打首都南京。

1934年4月，被尊称为德国"国防军之父"的著名军事家汉斯·冯·塞克特将军出任蒋介石军事顾问团总顾问一职。塞克特按照蒋介石的要求，设计了从上海到南京的江南国防工事图，这条被称为"中国的兴登堡防线"后来成为中国抗日国防的重要工程之一[②]。"兴登堡"防线需要用一

① 唐生智、刘斐等：《南京保卫战》，第3-4页。
② 杨智友：《蒋介石最器重的德军顾问——塞克特将军》，《档案春秋》，2010年第11期。

连串的钢筋水泥碉堡与坚强的防御阵地组成。经蒋介石精挑细选，最后修建“兴登堡防线”的任务落到俞大维和张治中身上，分别负责筹集钢筋水泥和组织工程设计。张治中时任中央军校教育长，就以该身份作为掩护，在学校以“高级教官室”名义，后转移到苏州留园时以“绿化办公室”名义秘密进行勘测，不到两个月便秘密完成了“兴登堡防线”的草图设计，随即开始施工。

随后，在1934至1936年期间，国民政府军事委员会便调用数师兵力，秘密在吴福线上构筑国防工事。1935年10月，军事委员会执行部城塞组报告，苏杭三道现代化工事已建成[①]。工事建造完成后，战备也随即得到了大量补充。据资料显示，1937年中国全面抗战爆发前的两三年时间里，中国从德国购买的进口军火、兵工及重工业设备，不下2亿马克，其中军火装备占多数。

“八一三”淞沪会战爆发后，战火随时都会向南京蔓延。国民政府军事委员会更加紧了对沪宁沿线永久工事的巩固和野战工事的构筑工作。9月2日，蒋介石致电军政部部长何应钦，要求“首都附近各线阵地，应即编成招募民夫，由教导总队派兵指导赶筑工事”“完成日期与工事计划，详报为要[②]”。同时，蒋介石还担心人手不够用，电令第五十三师、第七十七师、第一二一师迅速开往南京，归南京警备司令部谷正伦指挥，加强首都附近工事。并分配任务如下：第七十七师负责常州、宜兴、长兴一带，第五十三师负责浦镇、滁州一带，一二一师负责句容、天王寺一带。

9月10日，蒋介石电令冯玉祥、副司令长官顾祝同并转第六十六军军长叶肇，强调“查吴福阵地，应增强之步兵工事，急须构筑完成”，命令第六十六军，以一师负责湘城镇经常熟至福山镇阵地的守备与步兵工事构

① 李吉荪:《国民革命军一级上将唐生智》，第150页，中国旅游出版社，1993年版。
② 二史馆编:《抗日战争正面战场》（上），第395页。

筑工作；教导旅担任福山镇以西、以北各据点的守备与步兵工事构筑工作。蒋介石明确规定：“其部署及步兵工事，限于9月20日以前完成，具报为要”“所有吴福阵地未完成之永久、半永久工事，著由城塞组会同该军长迅速完成[①]”。

10月，为加快吴福线工事构筑的进度，军事委员会训练总监部总监唐生智与顾祝同又抽调两个师的兵力和两万民工，赶筑工事。具体安排如下：由第三十三师的第三个团，附民工7000人，负责常熟至苏州间的工事构筑，要求9月27日开工，10月10日前完工。唐、顾两人特意召集会议决定并密电蒋介石：“工事进行程序，先完成吴福线本阵地，次及前进阵地及伪工事，尤为注意常福段及各公路线两侧，特别加强提前完成[②]。”9月25日，蒋介石复电唐、顾两人，紧急指示：“吴福线除已成阵地、工事加强添筑外，应在其前方和后方，以相当距离，再筑数道永久工事[③]。”

吴福线防卫设施建设后期，因为战乱导致民众已经大批疏散，大量征集民工已经十分困难，且构筑的工事经常受到敌机狂轰滥炸，因此，吴福线工事的进一步构筑完善工作进行得并不理想。但总体而言，有前期大量人力和物力的投入作为基础支撑，吴福国防线理应成为阻挡日军快速西进的屏障。

吴福、锡澄防线失灵

淞沪战役自1937年8月13日打响，到11月初已开始转入被动防御阶段。11月5日，日军柳川平助的第十军突然在金山卫登陆，与上海以北的谷寿夫率领的第六师团形成对上海两翼包围的态势。当淞沪战役战事情况急剧

① 《蒋介石致冯玉祥等密电稿》，1937年9月10日，二史馆馆藏档案。
② 《唐生智、顾祝同致蒋介石密电》，1937年9月24日，二史馆馆藏档案。
③ 《蒋介石致唐生智、顾祝同电》，1937年9月25日，台湾“总统府”机要档案。

恶化时，蒋介石问他的得力外国军事顾问们有何“良方妙计”来保卫首都南京时，法肯豪森将军建议发挥“兴登堡防线”的作用，以堵截西进的敌人。

从淞沪战场向南京方面撤退的第一站，便是早期构筑的吴福国防线。此线南起苏州，北迄福山，横亘铁路、公路与运河之间，充分利用了江南地区湖沼如网、河流纵横，兼有山丘的地形特点，是阻止敌人西进的理想区域。然而，现实是，此时的吴福线、锡澄线已经难以充分发挥其应有的防御功能。

原来，随着上海战况的持续恶化，蒋介石方寸错乱、顾此失彼。淞沪战役爆发，蒋介石把原来防守吴福、锡澄国防线的 12 个师全部调往上海作战，只留少数部队留守。经过上海一战，这 12 个师损失严重，战斗力大减。“屋漏偏逢连夜雨”，这些工事全部积满了水，已经无法正常用于御敌。

鉴于淞沪战役的形势进一步恶化，国民政府正式考虑西撤事宜，并于 11 月 8 日，由第三战区正式颁发了撤退令。根据命令要求，左、右两翼军队分别向吴福线和乍平嘉线撤退。左翼军所辖部队有第十五、第十九、第二十一集团军，总司令为薛岳。11 月 10 日，薛岳向所属部队发出“作命第 001 号”命令：“本翼军奉命向吴福线阵地转进。”

但是，值此危急时刻，由于蒋介石的等待观望和犹豫不决，使部队失去了最佳的撤退时机。在上有空袭、后有追兵的情况下，撤退部队像没头苍蝇，推搡拥挤、秩序混乱，指挥非常不易掌握。

11 月 13 日，日军一部在白茆江、浒浦镇一带登陆，配合陆上部队，攻击吴福线。11 月 14 日，日方面军“决定占领常熟、苏州、嘉兴一线”，上海派遣军“应占领福山、常熟、苏州一线”。

11 月 15 日，中国第三战区左翼军薛岳部完成对吴福线的占领。同日，日本第十军司令官柳川平助主持召开幕僚会议，决定以第十军的主力部队“独自果断”地向南京追击。11 月 16 日，昆山失守。

11 月 17 日上午，蒋介石命令：“苏州、常州、福山之线应固守，非有命令不得撤退。”左翼军总司令薛岳于当日下午 1 时命令所属各部，除抽调萧之楚部及第六十师另有任务外，“应在原阵地线上固守，非有委座命令不得撤退[①]”。

然而在上海沦陷后，因为中方撤退部队仓促败退、士气沮丧，难以组织有效的抵抗，在到达吴福线国防工事时，由于既无守备部队，又无指示文件，各部很难找到工事构筑，即使找到了也又无法打开工事大门。情况极为混乱，各路部队纷纷打电话到大本营汇报情况，要求提供钥匙，侍从室赶紧派人到处找工兵指挥，蒋介石闻讯也气得跳脚大骂。但战事混乱至此，一时也无法扭转[②]。

日军方面已经依次突破昆山、苏州间各既设阵地，11 月 18 日抵达苏州城郊。自此，吴福线已难以坚守。薛岳于当日发出自吴福线撤退的命令：“本翼军决放弃固守吴福阵地之计划，逐段撤退，以掩护锡澄阵地的占领[③]。”11 月 19 日，苏州、常熟继福山之后相继失陷。至此，首都南京东面的第一道防线，已被日军攻破，中国部队越过吴福线，继续向锡澄防线撤退，战火越发迫近首都南京。蒋介石一方面下令死守锡澄线，另一方面开始部署南京政府各部撤离及首都城防工作。

锡澄线，与吴福线同时构筑，北起长江边江阴（澄江）要塞，南至沪宁线上的无锡。事实上，从无锡再向南，绕太湖东南，直至南浔、吴兴，仍筑有大量永久工事，以封锁外敌利用太湖水面西进。

随着淞沪战役的激烈进行，国民政府当局曾于 9 月 3 日进一步加紧了

① 《第十五集团军关于东线战场沪常及苏皖转进诸役战斗详报》，二史馆馆藏档案。
② 居亦侨：《跟随蒋介石十二年》，第 146 页，湖南人民出版社，1988 年版。
③《第十五集团军关于东线战场沪常及苏皖转进诸役战斗详报》，二史馆馆藏档案。

锡澄线国防工事的临战施工和完善。蒋介石致电顾祝同，命令由冯玉祥、顾祝同指派部队，限 9 月 20 日前完成该线的工事补充构筑，“在工事区域各县征集民夫，协助工作[①]”。

日军占领无锡后，锡澄线几乎没有发挥任何防御作用。中国军队在溃退之中再次弃守锡澄线，退向常州、宜兴以及宣城以西。接着，江阴要塞以及浙江的嘉善、平望、嘉兴、南浔等地也相继失守，乍平嘉国防线同样被日军突破。在日军的猛烈追击之下，吴兴、广德也相继沦陷，日军第十军主力部队沿郎溪一路向北进逼中华民国首都南京。

对于拱卫南京来说，苏杭三道国防工事线至此都被日军轻易突破，用“形同虚设”形容实不为过。

江阴要塞岌岌可危

江阴，是通往长江中上游的门户，它位于南京下游 200 多千米，距离长江入海口约 100 千米，地处宁沪之间，与北岸靖江隔水相望。长江下游江面一般宽约 4 千米，到了江阴便逐渐狭窄，主航道最窄处仅有 2 千米左右，素有“长江咽喉”之称。

江阴是一座江防古城，南岸山陵起伏，地势险要，所在的黄山属群山之冠。黄山位于距城区 2.5 千米的长江边上，是长江的狭隘处，素有“江海门户”“锁航要塞”之称。清康熙三年（1664 年）正式在黄山、巫山及夏港等处设置炮台，并驻军把守。1912 年，孙中山任中华民国临时政府大总统时，曾亲自率领文武官员到此视察。江阴要塞各处炮台上的大炮可以

① 《蒋介石致顾祝同等密电》，1937 年 9 月 3 日，二史馆馆藏档案。

控制整个江面。自1932年“一·二八”事变签订《淞沪停战协定》以来，江阴要塞已经成为长江的大门，是扼守苏州至常熟、福山之线的要冲，地位非常重要。

海军部奉命沉船封江

“七七”卢沟桥事变发生后，随着中日对抗事态的发展，国民政府积极着手策划江阴地区抗敌的准备。在《民国二十六年度作战计划》（甲案）中的“作战指导要领”一项提出了“对杭州湾、江阴之江面，实行封锁，阻绝敌舰之侵入①”的要求。为防止日舰溯江西犯，国民政府最高国防会议做出决定，由海军在地处长江下游的咽喉要地江阴实施封锁，全力保障南京的安全。

海军部长（司令）陈绍宽按照命令，负责在江阴长江江心，凿毁旧军舰若干艘，载石沉没江底，筑成封锁线，以阻遏日本海军舰艇沿江西上威胁首都南京及沿江城市的安全，并断绝长江上游日军军舰的退路。在日军舰队遁逃下游后，海军开始奉命执行封江防守任务。8月13日，将“通济”“大同”“自强”“德胜”“威胜”“武胜”“理胜”7艘旧军舰沉没江底，形成封锁线。接着，又夜以继日地从长江上游拖来满载石头的木船沉没在封锁线上，借以加强这道水上封锁线。经过数日努力，江阴封锁线终于大体完成。同时，指派海军次长陈季良率领“宁海”“平海”“海容”“海筹”“应瑞”“逸仙”6舰日夜把守封锁线②。另据台湾《民国大事日志》记载，8月13日封闭长江江阴下游长山港江面，军事机关征用招商局轮船7艘，民营轮船16艘，海运舰艇及埠趸船28艘，一并沉入江底。

据记载，江阴水道共沉没大小舰船43艘，约6.4万吨；另沉民船、盐

① 二史馆编：《抗日战争正面战场》（上），第3-23页。
② 唐生智、刘斐等著：《南京保卫战》，第62页。

船 185 艘及大量石料，用以填补空隙。其中，盐船都是从民众中征用来的。这些船的运载量，最大的可载运几千吨，最小的也能载运 500 吨；其长度，大的有 7 个舱，小的有 3 个舱，从造价来看，大的需要两三万元，小的至少也要几千元。征用的时候并未明确说明用途，只是说将装运军用品，请他们在抗日救国的大义下，一致协助。“有的船上住着船主的全家，妇女小孩一大伙，船就是他们的全部财产。他们的顾虑很大，实际问题也的确不少。”“但都激于爱国热情，最后仍一致同意应征[①]。”然而，民众到最后才得知，他们的船都陆陆续续开往龙潭装了水泥和石子，成为构筑工事的材料。

江阴地区因有长江封锁线作屏障，日军未敢贸然进犯。整个淞沪战役期间，由于江阴海军方面的配合，日本海军在长江水路一直没有轻易出动军舰作战。中国海军在江阴的阻塞作战对于迟滞日军的进攻速度，掩护南京国民政府及其人员、物资的安全转移，做出了重要的贡献。

海军电雷学校主动出击

“八一三”淞沪战役伊始，江阴地区的防御工作便提上日程。国民政府军事委员会在命令海军部队凿船沉船，筑起一道长江封锁线的同时，正式成立江防军司令部，由刘兴担任总司令，统率长江防务，下辖江阴要塞、江阴区[②]江防司令部（即电雷学校所属舰艇，司令由该校教育长欧阳格兼任），陈季良任司令的海军第一舰队，曾以鼎任司令的海军第二舰队，以及镇江要塞和陆军、炮兵等部，并指挥固守江阴。

8 月中旬，蒋介石签署《国军作战指导计划训令》，针对开战后实情规定海军的作战任务：“以闭塞吴淞口。击灭在吴淞口以内之敌舰，并绝对

① 唐生智、刘斐等著：《南京保卫战》，第 80 页。
② 也有地方写作“江防区”，见唐生智、刘斐等著：《南京保卫战》，第 77 页。

防止其通过江阴以西为主。并以一部分协力于要塞及陆地部队之作战。”并指出“纵有牺牲，亦在所不辞”。中国海军方面除了按照命令实施阻截日舰及沉船封江等行动，在淞沪战役期间还积极展开了对日海军的袭击斗争。电雷学校的鱼雷快艇是一个例证。

电雷学校的鱼雷快艇，是国民党部队中一支新组建的防御式海军部队，该部队自1935年开始陆续从英国和德国购入进口快艇，在江阴黄山港开河、打山洞、建码头、工厂、营房等基地。截至抗战全面爆发开始，鱼雷快艇已拥有13艘快艇，其中英国制造10艘、德国制造3艘，编组为一个快艇大队，下分4个中队，分别命名为文天祥中队、史可法中队、岳飞中队和颜杲卿中队，分别拥有快艇4艘、4艘、3艘和2艘。此外，国民政府还向德国订造了一艘6000吨级的“谭伦”号母舰，因未交货尚未回国，另一艘从英国订造的“戚继光”号母舰则已经驶达香港，还没能赶回长江防线。

8月14日，快艇大队派出史可法中队102号、文天祥中队171号2艘快艇，伪装掩护，从江阴黄泥港出发，经太湖、松江，从黄浦江上游。8月16日深夜，史可法中队102号快艇出其不意地偷袭了日本海军第三舰队旗舰、万吨级重的“出云”号巡洋舰，致使“出云”号艉部受创。这让日本方面大为吃惊。日方评价“这是中国海军唯一的一次积极性攻击①”。

8月22日，日方派出12架飞机飞抵江阴，目标直指电雷学校，进行了报复性的轰炸。

由该校第三期学生队组成的高射炮队，被分派在黄山东南麓的九个高射机枪阵地上，担负对空作战任务。8月22日下午，空袭警报拉响后，学生们迅速进入阵地。日本飞机飞抵江阴上空后，因学校内有混进去的汉奸做内应，点燃木料堆，熊熊大火冲天而起，日本飞机随即对电雷学校进行

① 原话引于日本濑名尧彦著《扬子江上的战斗》，载《世界的舰船》，1983年4月出版。本处引自：唐生智、刘斐等：《南京保卫战》，第74页。

了狂轰滥炸，其中 6 架驱逐机在高空盘旋，掩护其余 6 架轻轰炸机依次向营房校舍俯冲投弹。江阴要塞防区的所有阵地上的高射机枪，停泊在港内的鱼雷快艇和江面上的舰艇，以及附近的炮八团，所有的高射火力，一齐向日机开火。其中，学生队组成的高射炮队击落日机 1 架。这是中国海军在抗战中击落的第一架飞机，是日本九四式轰炸机，机号为 154。为此，江阴区江防司令欧阳格特地授予第三期学生队一面绣有“铅刀小试”字样的奖旗，以示嘉勉。

自淞沪战役开始，日本每日出动飞机轰炸江阴，中国海军损失惨重。日方变本加厉，于 9 月下旬连日出动飞机百余架次，轮番轰炸驻守在长江北岸八圩港的中国海军舰队，“宁海”号、“平海”号相继沉没；驻守长江南岸的黄山港的电雷学校舰艇及黄山炮台，也惨遭荼毒，损失很大。9 月底，史可法中队 34 号艇被 4 架日机追踪，轮番轰炸，后着火燃烧，沉于夏港江面，艇长姜翔翱和全艇官兵无一生还。史可法中队 181 号艇也在南通附近阻止日舰时候遭到破坏。

11 月初，鱼雷快艇文天祥中队奉命返回黄山港，继而深夜开赴南京，参加南京保卫战。

江阴要塞增加防御战备

鉴于江阴要塞的战略重要性，国民政府在江阴地区加强防御战备，所设江防司令部也被授予更大的指挥权限，除了负责两岸共 8 个炮台的锁江炮火群，同时下辖缪激流的第五十七军，包括第一一一师、第一一二师及何知重任师长的第一〇三师，分别守卫长江岸边的不同要地作为守备部队。江阴的防御战备也陆续到位，包括国民政府斥巨资从德国买进的 12 门火炮和十几艘战舰。

江阴要塞的战备，从外表上是不容易看出来的。构筑江阴要塞的工程处是由参谋本部城塞组派出的。在“八一三”淞沪会战之前，军政部兵工署突然运来 8 门从德国新买来的 80 毫米口径两用半自动火炮，4 门 150 毫米加农炮，弹药和观测、通信器材齐全。这种高平两用火炮和加农炮都是当时最为先进的火炮，分别命名为“甲炮”和“丙炮”。其中，“甲炮”高射射程可达 9000 米，平射可达 14500 米，算是世界上的先进武器了。甲炮和丙炮的官兵，都是由陆军炮兵学校要塞科负责的要塞炮兵干部训练班组织训练，并由德国负责技术的人员指导训练，训练完毕后即编属江阴要塞司令部。

江阴要塞司令部下辖东山、西山、黄山、肖山、鹅山等八个炮台，共有大小口径火炮 33 门，另有一个配备 4 门 150 毫米榴弹炮的重炮连、工兵一连、通信兵一连、守备营两个，第二营只有两个连，这两个营全部是步兵，只能担任要塞区通路哨所的警卫。这样，江阴要塞就增强了抗战的人员和装备力量。

当时，中国的海军与日本海军无论在人员方面还是装备方面均相差悬殊。中国海军作战能力与日本海军相去甚远，几乎不堪与日本的新式巨型舰只抗衡。但中国全体海军官兵为保卫国家斗志昂扬，誓与敌人作殊死战斗。江阴要塞的司令许康，经常教育官兵，有几句感人至深的悲壮口号：“江阴要塞是我们的家！”“江阴要塞是我们的坟墓！”“我们一定要与江阴要塞共存亡①！”每次总理纪念周，许康司令一定会带领官兵高呼这几句口号，凡是有点血性的男儿，都为这些口号所激励，决心守卫在长江大门前。

陆上守备部队方面，第五十七军下辖的第一一一师和第一一二师，早在江阴外围杨舍、后塍之线，第一一一师为总预备队在江北靖江地区；第

① 唐生智、刘斐等著：《南京保卫战》，第 82 页。

一〇三师本是淞沪战役开始后由湖北麻城出发，奉令开赴上海、南通附近抗战，掩护上海主力作战之左侧背，随着战事的推进，该师随后奉命向江阴转移，部署在长山以北亘江边之线，担任防守黄山、君山、巫山、稷山、定山之线，阻止由无锡方面来攻的日军。师长何知重，副师长戴之奇。11月中旬，军政部接连发来电报，要求“固守”“死守”江阴。11月22日晚，江阴要塞接到紧急情报：大场我军阵地已被日军突破，我军战线已经转移到苏州河一带。这样，江阴要塞的作战准备，更加紧迫了。江防军总司令刘兴坐镇江阴，指挥战斗。

11月23日，日军沿京沪线（沪宁线）进犯南京。江防司令部将第一一二师调到锡澄公路的祝塘、青阳之线。第一〇三师仍在原地区，与第一一二师作为要塞的守备部队。

日军海陆空攻克江阴

时至11月下旬，江阴战事日趋紧张。随着沪宁沿线防卫相继失守，江阴要塞陷入日军从三面猛烈进攻的危局。

11月25日，无锡失守，日军开始由锡澄公路向江阴要塞的背后进攻要塞，并向江阴城关附近的君山进行试射，当天下午，日军火炮进入阵地。

11月26日，日军炮兵向黄山要塞炮台射击，并使用升空气球进行方位交会法向我要塞射击。11月27日，日舰协同地面军配合，进攻江阴要塞。

11月28日上午，日军变换阵地，向步兵阵地射击，并在无锡方向升起气球，因我军火炮“丙炮”最大射程只有22千米，无法破坏敌人气球，请求南京飞机来协助也没有回音。日军炮兵阵地后裔，把火力转向我军前沿阵地，步兵受敌炮火压制，伤亡较大，且距离较远无法请求要塞炮兵的支援。

日本海军冲过江阴封锁线冲向南京

11月29日，日军向江阴要塞炮击，中国守军第一〇三师发炮还击，“打沉敌舰三艘，伤一艘”。日军再由陆路进攻，首先向六一三团阵地进犯，我军以强烈的火力阻击，并展开近距离战斗，血拼肉搏，日军没有得逞；接着，日军向第六一八团进攻，战车疯疯狂地向阵地一路前进，但不知道，我军已经挖好了又宽又深的壕沟，战车戛然而落，进去却不能出来，到了晚上，两军相持不下。第六一八团组织挑选了一班人成立了敢死队，敢死队员乘夜冒死爬上日军战车的车顶上，向“瞭望孔”投下炸弹，炸死驾驶兵，同时用集束手榴弹[①]放置在战车履带下面引爆，战车随即被炸毁，日军攻势受挫。11月30日上午，日军重火器有所增加，轻型坦克也在前沿阵地出现。战斗甚为激烈。

12月1日下午6时，江防军总司令刘兴召集各军、师长及要塞司令开会，讨论对付战局之策，第一一二师师长霍守义提出：“我们步兵与敌人激烈战斗了一个星期，伤亡很重，既无部队来接替，又无部队补充，要求撤走。”第一〇三师师长何知重也有同样要求，电雷学校教育长欧阳格表示“走也可，守也可”，只有江阴要塞司令许康表示“坚决不走”。会上，正当“是走、是守”争论不下时，部队接到上级命令，要求撤出江阴要塞。海军陆战队随江阴守军一同西撤。“激战五日，终因援绝，于12月1日被攻陷[②]。”

① 集束手榴弹，就是把“十个手榴弹用铁丝捆成一束”。
② 唐生智、刘斐等著：《南京保卫战》，第19页。

江阴遂告失陷。

川军苦战泗安、广德

“八一三”淞沪战役爆发后，国民政府拟调四川陆军 14 个师出川抗战，编为第二路预备军，任命刘湘为第二预备军总司令，邓锡侯为副总司令兼第一纵队司令。第二十一军作为出川抗战的首批部队，与第二十三军的 5 个师及独立十三旅、独立十四旅编为第二纵队，由唐式遵、潘文华分别担任司令和副司令。

10 月 15 日，第二十一军与第二十三军被编为第二十三集团军，刘湘兼任该集团军总司令，唐式遵、潘文华任副总司令。10 月下旬，为保卫首都南京，国民政府军事委员会将原属第三战区的苏南、浙北和皖南东部划为第七战区，以刘湘为司令长官，陈诚为副司令长官。战区直辖第二十三、第二十九和第三十集团军。

巴川子弟兵出川抗日

川军一直因打内战而闻名。在全民族抗战的大背景下，因“守土抗战，御敌救亡”人人有责，川军爱国官兵纷纷请缨杀敌，出川奔赴抗日第一线，分别在晋东、鲁南、豫南、皖南、苏浙赣、湘鄂等地组织对日作战，谱写了川军历史的新篇章。

“七七”卢沟桥事变后，“川军王”刘湘于 7 月 10 日主动致电蒋介石，表示愿意带兵出川抗战，并且通电全国，一致抗日，他向蒋介石表示“于委座整个计划之下，同德一心，共同御侮”。在8月1日南京召开的最高国防会议上，刘湘慷慨表示“四川可以出兵三十万，提供壮丁五百万，供给粮食若千万石”。在接受媒体采访时他指出“现时军队整理业已就绪，人力财力物力无一不可贡献于国家”，一再表示了他本人以及四川军队出川抗战的决心和勇气。

当时，刘湘所属部队由第二十一军、第二十三军、第四十四军3个军组成，下辖9个师，还有2个独立师，7个独立旅。其中，第二十一军作为出川抗战的先头部队，与第二十三军的5个师及独立十三旅、独立十四旅编为第二纵队，由唐式遵、潘文华分别担任司令和副司令。

9月5日，在四川各界民众欢送川军出川的抗战大会上，第二十一军军长唐式遵表示：“式遵宣誓出川抗战，失土不复，誓不返川[①]！”并且，他还在会上当众朗诵了自创的诗文：“男儿立志出夔关，不灭倭奴誓不还。埋骨何须桑梓地，人生处处有青山[②]。”表达了将领出川抗战的决心与豪情。

以第二十一军为例，最初拟定的出川抗战的第二十一军所属部队为：

第二十一军军长　唐式遵

参谋长　刘熙鉴

第一四五师师长　饶国华

参谋长　曾南飞

第四三六旅旅长　孟浩然

第四三七旅旅长　佟毅

第一四六师师长　刘兆藜

参谋长　张六师

① 段渝：《抗战时期的四川》，第159页，巴蜀书社，2005年版。
② 《成都文史资料》第29辑，第27页，成都出版社，1996年版。

第四三八旅旅长　梁泽民

第四三九旅旅长　廖静安

独立十三旅旅长　田冠伍

独立十四旅旅长　周绍轩

第一六二师师长　彭诚孚率部留守后方。

川军出川抗战，是川军历史上的一大创举，受到了四川各界乃至全国人民的广泛称赞。但川军出川也遇到了极大的困难。

一是经费问题。由于历史的原因，四川地区长期为军阀割据，常年混战，经济落后，民不聊生，部队军费严重不足，装备极为简陋，每个士兵仅有粗布单衣2件，绑腿1双，单被1条，小单席1张，草鞋2双，斗笠1顶，所用步枪80%系川造，品质差[①]。此次川军出川，各部开拔作战费用多由中央补助，但是，由于中央经济困难，“故刘主任商承中央及行营，于万分困难中，另筹四百万元……这是与其他省出征部队有异的地方[②]”。

二是交通问题。西南地区自古就有“蜀道难，难于上青天”的说法。虽然近代开始，西南地区也陆陆续续修建了一些道路，特别是蒋介石相中西南作为大后方后，对西南地区的道路交通建设也是下了一番功夫。陆上交通有川鄂、川湘、川陕等公路，水上交通都在沿江各口，但早就由中央政府行营统制，而且专门“以供运输中央驻川各部出川之用，无有剩余[③]”。如此庞大的队伍在短时间内出川，陆上交通和水上交通都无法满足。如上所述，最终只有少数部队乘船出川，东路与北路军都是步行。

三是部队战斗力问题。川军大多并未受过正规训练，很多都是被剿灭的土匪直接编入部队，战斗力低下。卢沟桥事变爆发前，国民政府派何应钦在

① 四川省档案馆编：《川魂——四川抗战档案史料选编》，第217页，西南交通大学出版社，2005年版。
② 四川省档案馆编：《川魂——四川抗战档案史料选编》，第221页，西南交通大学出版社，2005年版。
③《中华民国史事纪要（初稿）》（1937年7月至12月），第500页。

四川召开整军会议，组织缩编军队，如今整军还没完成，就被匆忙抽调出川。

第二十一军由川鄂大道出发，向宜昌集结，准备增援平汉铁路前线。9月1日独立十三旅作为先头部队，乘长江轮船出川，其余部队则到重庆、万县搭乘轮船出川。由于种种原因，部队直到10月底11月初才到达汉口，刘湘也于11月出川抗战。川军奔赴抗日第一线后，太湖、泗安、广德一战，便是川军初出茅庐的第一战。

川军急行军抢夺战机

日军占领上海后，随即分兵数路进攻南京。其中一路自太湖、长兴，绕道广德、宣城、芜湖抄袭南京。蒋介石根据日军向西追击的动态，经与刘湘商讨，紧急命令第七战区所辖的川军第二十三集团军所属各部开往宜兴、长兴、广德一带布防，拦截由上海追击的以及由金山卫登陆的日军，以确保南京、芜湖侧背的安全，并掩护淞沪杭一线部队的撤退。第七战区司令长官刘湘随即遵照蒋介石命令作了部署，其中，第二纵队行动部署为：

“以一个师担任长兴，一个旅担任宜兴附近湖岸之警戒，并于（11月）23日完全到达”；“以两个师集结于五里店、广德、七里店、十八里店地区间，并推进一部至泗安镇附近警戒，（11月）22日前须到达一个师”；“以一师半集结于溧阳张渚镇、戴埠镇地区间，限（11月）22日全部到达”；直属部队行动部署为：“独立十三旅集结于清水河附近（芜湖以东20千米），独立十四旅集结于芜湖，宪兵营驻南京[①]。”

当时，部队来不及转运，大部分还在行军途中，集团军司令部只能以先头部队的第一四四师、第一四五师一部分别防守广德、泗安两地。集团军主力第一四六师、第一四八师和独立第十三旅、第十四旅随后跟进。各

① 二史馆编：《抗日战争正面战场》（上），第398-399页。

部奉命后，分别赶赴指定地区布防，连夜构筑工事，掩护十余万上海部队和由前线向后方逃难的数十万难民撤退。

为了避免受到日军飞机的轰炸，部队全部都是选择在夜间急行军。但四川部队官兵大多穿着草鞋，“从南京出发时，天下大雨，道路泥泞，且以新筑公路，概是碎石路面，草鞋穿烂，脚也走破”。第一四六师在芜湖登陆后，连夜急行军，奔赴前线增援。当时正是初冬时节，然而川军官兵仍旧穿着夏装，脚上蹬着草鞋，在崎岖的山路上急行军。加之连日阴雨，“草鞋磨穿而没有更换，不少官兵脚裂出血[①]”。他们利用休息的间隙，用麻线将裂开的地方重新缝合，再继续赶路。连日战斗后，“附近村庄人已跑光，军队拿钱也买不到粮食”，上级“也无弹药送来，给养也无指示[②]”，条件极为艰苦，处境十分恶劣。

郭勋祺率领的第一四四师到太湖西岸布防，负责阻击从吴兴急进的日军，同时防止日军由吴江越过太湖。面对日军飞机、坦克和大炮的猛烈进攻，第一四四师全体官兵“不遗余力，沉着应战，使阵地始终保持，未被攻破”。11 月 25 日，该师一部在太湖西岸夹浦、金村一带和日军第六师团遭遇，激战两日，11 月 27 日将数百名日军包围在朱砂岭的夹沟中。师长郭勋祺听到这个消息非常高兴，他说：“打了几天，没有见着日本兵什么样子，我今天非去活捉几个日本兵来看看不可！”随后，郭师长便带着几个士兵冲出指挥所，但在越过公路爬山的时候，就遇到太湖边上埋伏的日军，郭勋祺被日军的三八式枪打中了左腿，只好由参谋长林华钧代理师长职务。28 日，该部奉命撤退，并将防线移交友邻部队，此时，郭勋祺腿部的伤口已经化脓溃烂，不得已送去后方救治。

---

① 唐生智、刘斐等著：《南京保卫战》，第 142 页。
② 唐生智、刘斐等著：《南京保卫战》，第 124 页。

饶国华率领的第一四五师负责布防在泗安一带。泗安镇属于浙江省，地势十分平坦，仅南北有浅山，全镇分为上泗安、中泗安、下泗安，位于芜湖至杭州的公路上，距离长兴四五十里[①]，距离安徽东部的广德有60里，地形决定了日军想要攻取南京则无法绕开泗安。泗安成为日军进攻南京的必经之地。所以，日军必然会集中兵力攻打泗安。11月26日，日军出动装甲车、坦克向泗安进攻，“因川军官兵没有看过装甲车和坦克车，当即向公路两侧溃逃”，于是整个泗安落入日军手中。师长饶国华立即向唐式遵报告泗安失守经过。唐立即命令饶去收复，否则“提头来见”。

在第一四五师与日军激战的同时，潘文华告知刘湘，担心该师支持不住。刘湘立即电令“田冠伍（钟毅）独立旅从右翼，第一四六师刘兆藜从左翼，包围泗安敌人”。总部也要求各师、旅除以一部扼守原阵地外，其余分道向下泗安攻击前进。独立第十四旅旅长命令刘克用团长组成敢死队，卫兵连长胡荣程、排长赵学贵等带着手榴弹，跳上日军坦克。其余人员与步兵展开搏斗。据时任南京卫戍司令长官部参谋处第一科科长谭道平的回忆，“川军饶国华师曾于11月27日，于广德、泗安间击毁日军装甲车12辆[②]”。11月28日午后，中、下泗安得以收复。连长胡荣程、排长赵学贵及全连士兵，全部光荣牺牲。另据第一四四师参谋长林华钧和第一四六师第四八三旅中校参谋骆周能等回忆，第一四六师曾于11月26日晚出其不意对敌人猛烈袭击，在11月27日拂晓前，将上中下泗安一度夺回。

松井石根得知情况后，气愤之极，连发3次命令给第十八师团，要求他们在11月29日前必须夺回泗安，否则撤销部队番号，所有官兵一律处决。第十八师团在如此强大的压力下，集中了3个旅团，在飞机、坦克的掩护下，

---

① 1里＝500米。

② 唐生智、刘斐等著：《南京保卫战》，第20页。

轮番向中、下泗安攻击。第一四五师官兵虽竭尽全力扼守，但终因众寡悬殊，不得不且战且退，到11月29日午后2时，上、中、下泗安又再次被日军占领。师长饶国华指挥所部退至界牌一线部署死守，与日军相持到黄昏，日军才退回泗安。

“布衣将军”血洒泗安

11月29日，泗安被日军占领后，唐式遵电令第一四五师在30日占领中、下泗安。饶国华感到压力巨大，日军有飞机、坦克的帮助，且兵力雄厚，而自己所率领的部队经过连日血战，伤亡极为惨重，仅靠第一四五师的兵力是难以完成占领泗安的任务的。饶国华连夜乘车去总部请求支援。然而，唐式遵不容其诉苦，反而还有所责怪。饶国华见增援无望，只好回来给全师官兵做思想动员工作。晚上，他把大家召集在一起，他说：“国家养兵是为了保国卫民。人谁不死，死有重于泰山，轻如鸿毛。今天是我报国之时，阵地在我在，阵地亡我亡。望我官兵不惜一切努力报国，恪尽职守①。”

11月30日黎明，川军各师阵地都展开了激战，饶国华指挥第四三三旅一部在广德前方约60里的泗安占领阵地，与日军展开激烈战斗。此时宣城至广德的公路线由于侧翼国军溃退，被日军控制。饶国华心急如焚，他深知广德素为兵家必争之地，于是亲自率领一四五师余部官兵奔向广德前方的界牌，顽强阻击进犯的日军，一时间，界牌方向的战斗最为激烈，枪炮声如电闪雷鸣。饶国华率领手枪兵20余人，在前线督战，日军借助飞机的狂轰滥炸，进攻态势十分凶猛，饶国华所部工事被日军炸得残破不全。大敌当前，攻势迅猛，部分属下军心已有所动摇，阵地陆续丢失。左翼佟毅旅一部已经退出界牌，纷纷向侧翼撤退。右翼军心随之也有了一丝动摇，

① 唐生智、刘斐等著：《南京保卫战》，第137页。

饶国华为国捐躯

孟浩然旅长也随同后撤。饶国华立即喊住他说："浩然，此刻是本师存亡关头，决不能再退，应拼命抵抗，我即到祠山岗，饬佟旅扼守，以待求援，万不可仓皇溃退，导致全军覆没。"

孟浩然奉命指挥曾、胡两团长拼命扼守。无奈日军如泰山压顶而来，两团随即被压迫到大道南面一带。日军步兵和炮兵在飞机掩护下，如潮水般分路铺天盖地向祠山岗涌来。而负责奉命退守祠山岗要隘的戴传薪团，部署还没完成，就被迫向侧面山地转移。饶国华赶到，见此情景，连声嗟叹，并立即乘卫士的自行车回到广德城附近的后方师部，给唐式遵总司令、刘湘司令长官和家属写信。然后，他带着一个卫兵连向广德飞机场走去，命令士兵向飞机场各仓库内的油桶发射，仓库陆续起火烧毁。黄昏时分，他又回到广德城东门外，嘱咐卫士铺好卧毯，饶国华盘腿坐于卧毯中间，面对日军方向，大声呼喊着："威廉第二[①]如此强盛都要灭亡，何况你小小日本，将来亦必灭亡！"言毕，饶国华向日军方向怒目而视，拔出所佩手枪自戕成仁，时年 43 岁。左右士兵见之，无不落泪。

饶国华在给第二十三集团军总司令刘湘、副总司令唐式遵的遗书中写道："本部扼守广德，掩护友军后撤集中，已达成任务。我官兵均不惜牺牲为党国效力，忠勇可嘉，深以为慰。广德地处要冲，余不忍视陷于敌手，故决与城共存亡……今后深望我部官兵奋勇杀敌，驱寇出境，还我国魂，完成我未竟之志，余死无恨矣[②]。"

饶国华，四川资阳人，时任第一四五师师长，因衣着单薄简陋，被称为"布

① 威廉第二，指德意志第二帝国的最后一任皇帝威廉二世，大肆宣传德意志民族至上理论。
② 周开庆：《民国川事抗战纪要》（下册），第 32 页，（台湾）四川文献月刊社，1974 年版。

衣将军”。他于 1937 年 9 月奉令出川抗日，11 月中旬，奉命率部镇守泗安、广德阵地。当初奉令出川抗日时，他曾表示不驱逐倭寇誓不还乡，不成想一语成谶。饶国华是南京保卫战中牺牲最早、职务最高的将军。他的殉国壮举在全国引起了强烈的反响。许多地方举行了公祭大会。毛泽东曾高度评价饶国华，他在 1938 年 3 月 12 日“延安各界纪念孙中山逝世 13 周年及追悼抗敌阵亡将士大会”上发表讲话说：“几百万军队与无数人民都加入了火线……从郝梦麟[①]、佟麟阁[②]、赵登禹[③]、饶国华……诸将领到每一个战士，无不给了全中国人以崇高伟大的模范！”

日军占领泗安后，除留有一部扼守泗安要点外，其主力部队继续向广德推进，加强对广德的攻势。“川军王”刘湘病倒后，由副司令长官陈诚暂时代理第七战区司令官，指挥川军继续战斗。本来负责指挥此战役的应是唐式遵、潘文华两人，但陈诚接替刘湘职务后，似乎是为显示自己的指挥能力高超，他秉承蒋介石的旨意，直接指挥一切。据时任第一四六师第四三八旅中校参谋的骆周能回忆，“他的命令一日数改，一时手令，一时电令，并且不通过军、师长，直接下达到旅、团长手里”“由于部队运转不及，到一旅用一旅，到一团用一团，常常造成军、师长不知自己的部队在哪里[④]”。大家都知道陈诚是蒋介石的亲信、宠将，无奈只能有苦难言。

在指挥失当，加之日军军力强于我军，不久后，广德被日军占领，大批日军开始涌向南京城郊。

① 郝梦麟，1937 年 10 月 16 日在忻口会战中阵亡，年仅 40 岁，是抗战时期阵亡殉国的第二位军长。

② 佟麟阁，第 29 军副军长，1937 年 7 月 28 日在卢沟桥事变中阵亡南苑，年仅 46 岁，他是抗战时期阵亡的第一位军长。国民政府追赠陆军二级上将。

③ 赵登禹，第 29 军第 132 师师长，1937 年 7 月 28 日在卢沟桥事变中阵亡南苑，年仅 39 岁。他是抗日殉国的第一位师长。

④ 唐生智、刘斐等著：《南京保卫战》，第 142 页。

第三章

攻守布阵　敌我蓄势待发

3

自“七七”卢沟桥事变发生后，中国进入了全面抗战时期，首都南京遂成为指挥全国抗战的神经中枢，一次次军事会议在这里召开，一道道战斗命令从这里发往全国各地。随着沪宁沿线节节失利，首都南京告急!

国民政府迁都重庆

首都，是一个国家的政治、经济、军事、文化、外交和社会活动中心，是一国政府首脑机关的所在地。这就要求一国之都不但要具备优于全国其他地方的地理环境、交通运输、军事位置等自然优势，而且应该拥有良好的经济状况、社会基础和人文环境，即所谓的地利、人和兼有。

未雨绸缪战时迁都

孙中山先生在成立中华民国临时政府时，便指定了有山、有水、有平原的南京作为未来中华民国的国都。但同时，他也客观地指出，“南京一经国际战争不是一座持久战的国都”，为此，他曾提出“一个海都、一个陆都”的主张，要在“西北的山西或甘肃，建立个陆都[①]”。而历史的事实也确实证明，南京作为中华民国首都，在对外战争过程中的确容易受到直接威胁，极易处于危险、被动的不利境地。

早在1932年1月28日，日本在上海发动“一·二八”事变时，国民政府便已经意识到日本此举“系对于首都加以直接危害与威胁[②]”。南京与上海相距仅300多千米，且道路畅通、交通便利，为了安全起见，也为了粉碎日本帝国主义的阴谋，保证政府独立与自由地行使职权，南京国民政

① 公安部档案馆编注:《在蒋介石身边八年——侍从室高级幕僚唐纵日记》，第9页，群众出版社，1991年版。
②《外交部对淞沪事变宣言》(1932年1月29日)，在《中央周报》第191期。

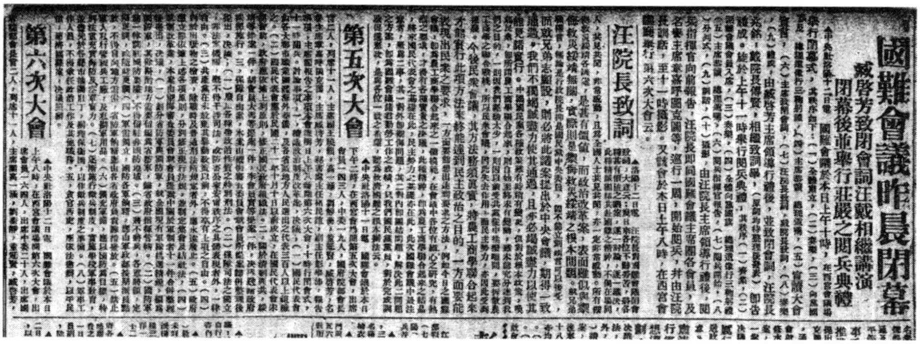

1932 年 4 月 12 日《中央日报》关于国难会议的报道

府于事变后的第三天即 1 月 30 日便发布《国民政府移驻洛阳办公宣言》，随后迁都洛阳近一年之久。对此，时任行政院院长汪精卫曾称：“因为日本一方面以海陆空军猛攻上海，一面派大批军舰开到南京，其目的在威逼政府签字于丧权辱国的条约。当时事机是非常危急，如果错过了，则将至挽救不及，所以我们即日开紧急会议，决定迁都洛阳，把中央党部、国民政府放在安全的地位，以便自由行使职权[①]。”

“一·二八”事变以日方迫使中方签订《淞沪停战协定》并达到了进一步派遣军事力量进驻上海的目的，这也让国民政府参谋本部进一步确定并得出“一旦中日战争再度在上海爆发，日军必将在优势海空力量的掩护下，以精锐部队沿京沪铁路并溯长江向南京进攻”的共识。如果国民政府不想与敌人作城下之盟，不想在对外战争中屈辱求和，那么迁都及设置陪都等工作就势在必行且刻不容缓。于是，蒋介石及其国民政府不得不进行全盘谋划，考虑一旦战事紧急首都何去何从的问题。

1932 年 3 月 6 日，国民党四届二中全会在洛阳召开，会议将“我们今后是否仍然以南京为首都，抑或应该在洛阳要有相当的时间，或者我们更

① 荣孟源主编：《中国国民党历次代表大会及中央全会资料》（下），第 142 页，光明日报出版社，1985 年版。

要另找一个适宜的京都”作为一个“重大问题”正式提上了议事日程，并将此作为此次会议的“第一要义”。会议讨论通过了《以洛阳为行都以长安为西京》的提议案并做出了“①以长安为陪都，定名为西京；②以洛阳为行都；③关于陪都之筹备事宜，应组织筹备委员会，交政治会议决定”的重要决议[①]。会议决议显示了一旦战事扩大，国民政府将退守西北，把西北作为国家最后的长期根据地的意图。4 月 9 日，汪精卫在“国难会议”上致辞说：“要根据着西北，作长期的抵抗……用西北做最后的抵抗根据[②]。”

但是，这只是南京国民政府在日本的突然袭击之下匆忙做出的战略选择，也是国民政府尚未在全国建立起真正统治时所作的一种迫不得已的抉择。在当时的历史条件与政治环境下，面对日本帝国主义的步步紧逼，中国东北、华北、华东、华南等沿海地区显然是不能作为中国战时定都选择的区域，而西南诸省自民国成立以来一直处于各个大小军阀的混战与割据之中，与国民政府的关系也很不稳定。能够为国民政府控制的只有中原和西北地区。然而，西北地区土地贫瘠，民众穷困，经济落后，地方势力强大，加上紧邻晋绥，在国防地理上也并不具备优势。虽然国民政府也准备开发西北地区并开始对陪都西安进行筹划与营建，但是经济建设并非一日之功，所以当形势有所缓和后，国民政府于同年年底又迁回南京。

1935 年，蒋介石利用亲自督率中央军追剿红军的机会，携其高级幕僚陈诚、顾祝同等人进入西南几省，开始了长达半年之久的考察。他赞叹四川、云南、贵州等省地域广大，山川险峻，人口繁庶，经济文化潜力深厚，尤其对具有“天府之国”美誉的四川给予了特别重视，称赞四川“天然是复兴民族最好的根据地[③]”。随后，蒋介石指示南京国民政府立即着手加强对西南各省的统制与“统一化”工作，首先撤销了四川省内由地方大小军

① 荣孟源主编：《中国国民党历次代表大会及中央全会资料》（下），第 142、156 页。
② “国难会议”秘书处编：《国难会议记录》，第 26 页，二史馆馆藏档案。
③ 《峨嵋训练集选辑》，第 79 页，黄埔出版社编印。

阀各霸一方的“防区制”，并在党、政、军各方面进行渗透，迫使四川省当局逐步交出权力，以巩固南京国民政府在四川的统治基础，并着手建设抗日“最后根据地”的工作。1935 年 2 月 10 日，南京国民政府直属管辖下的四川省政府在重庆成立，结束了川境长期分裂的局面。南京方面派遣了以贺国光为首的庞大的“参谋团”和以康泽为首的“军事委员会别动队”共计 2000 余人进入四川，实际掌控了四川政治和军事的双重要害。同年 3 月，蒋介石亲自飞到重庆，将参谋团改组为“军事委员会委员长重庆行营”，同时又在庐山组训川军军官，缩编川军队伍，接管金融财政。这样，四川在抗战初期已经逐步归蒋介石全盘掌握。1936 年发生“两广事变”和“西安事变”时，四川方面都没有发生任何异动。在国民政府 1936 年初制定的《民国二十五年度国防计划大纲草案》中，在有关“作战指导要领[①]”中确定“以四川为作战总根据地”。1937 年 6 月，蒋介石指派何应钦到四川，以“缩编军队”“军民分治”为目的召开“川军整军会议”，会议顺利达到了“缩编川军五分之一”，控制“用人”“发饷”大权的预期目的。自此，四川基本被蒋介石控制[②]，完成了稳定根据地的重要一步。

迁都地点定为重庆

卢沟桥事变发生后，国民政府军事机关主要长官、幕僚及有关人员逐日在军政部部长何应钦官邸举行会报，会议由何应钦主持，从 7 月 11 日至 8 月 12 日淞沪战役爆发前，共进行 33 次。会议一般是每晚 9 点开始，30 多位部长、总长、主席、总监、厅长、署长和主任、委员围桌而坐，认真听取战况报告，预测形势发展，并讨论各种战略部署、研究对策。在这些会报中，国民政府当局在积极组织对日本侵略者进行军事防御的同时，也

---

① 《民国二十五年度国防计划大纲草案》，二史馆馆藏档案。

② 邓汉祥：《四川省政府及重庆行营成立经过》、《刘湘与蒋介石的勾心斗角》，载《文史资料选辑》第五辑、第三十三辑。

将中央政府及所属各部会的安全列为重要议事日程，并开始着手部署迁址办公的各项工作。

7月17日，军事委员会举行卢沟桥事变第7次会报时，即决定各部院会可“另觅小房屋，为机密办公处①”。7月19日，军事委员会举行卢沟桥事变第9次会报时，又决定各机关的“重要文件另易地保存②”。7月下旬，为保证政府机关办公环境的安全，蒋介石手令南京国民政府“各院部会实施动员演习及准备迁地办公并限三日具报”。7月27日，军事委员会举行卢沟桥事变第17次会报时，就“迁地办公”问题做出决定：

“（1）第一步各机关办公地点疏开，即假定敌机轰炸或敌舰开炮时，各机关在城内或外，准备民房秘密办公。并先登记负责人和电话号码等，以资联络。（2）万不得已时，则迁移他处办公（如衡阳）。凡须永久保存之重要文件，先行迁地保管，至各机关之实行迁移，则须候命实施③。”

随着平津等重要城市的相继沦陷与华东局势的日趋危急，国民政府当局越来越重视战时政府所在地的问题。8月4日，军事委员会召开第25次会报，主持会议的何应钦部长“谕示”各部“战时政府所在地，应加研究”，并提出“是否以武汉为宜”的想法④。“八一三”淞沪战役爆发后，四川省政府主席刘湘面陈蒋介石提出“建议中央迁川”的意见，蒋介石“甚表嘉许⑤”。不久，蒋介石又明确告知国民政府的一些高级幕僚“我们将迁都四川重庆”，并嘱咐何廉“以此为基础计划同各部开会商议⑥”。“迁都四川”也得到了

① 丁恩泽编选：《芦沟桥事变后国民党政府军事机关长官会报第一至十五次会议记录》，第9页，《民国档案》，1987年第2期。
② 丁恩泽编选：《芦沟桥事变后国民党政府军事机关长官会报第十六至卅三次会议记录》，第12页，《民国档案》，1987年第3期。
③ 丁恩泽编选：《芦沟桥事变后国民党政府军事机关长官会报第十六至卅三次会议记录》，第5页。
④ 丁恩泽编选：《芦沟桥事变后国民党政府军事机关长官会报第十六至卅三次会议记录》，第11页。
⑤ 刘航琛口述，章君毅执笔：《戎幕半生》，《新闻天地》（台湾），1967年第22期。
⑥《何廉回忆录》，第129页，中国文史出版社，1988年版。

国民党元老、时任国民政府主席林森的认可。

率领文武百官西迁之国民政府主席林森

时至10月，淞沪战役接连失利的消息不断传来，国民政府各机关人心惶惶。蒋介石召集政府工作人员召开了一次迁都动员会。10月29日，蒋介石召开国防最高会议并发表了《国府迁渝与抗战前途》的讲话，明确宣布："为坚持长期抗战，国民政府将迁都重庆，以四川为抗敌大后方。"随后发表宣言且致电前方将士："政府决迁都重庆，继续抗战，以争取最后胜利[①]。"

11月15日，国防最高会议决定："国民政府及中央党部迁重庆，军事委员会迁移地点，由委员长酌定；其他各机关或迁重庆，或随军委会设办事处，或设于长沙以南之地点[②]。"

11月16日，国民政府下令中央党、政各机关与南京市政府各机构、南京各国营工厂以及各大、中学校撤离南京。其中，中央党政机关分别向汉口、长沙、重庆转移，财政、内政各部及金融机关向汉口，交通、实业两部向长沙，其余各部向重庆转移。

11月16日夜，林森率国民政府文官、参军、主计三处的官员，登上"永丰"舰。第二天一早，"永丰"舰启碇西上，11月19日安全抵达汉口，11月23日抵达宜昌，换乘民生公司"民风"轮，继续上驶，11月26日抵达重庆。第一批迁都工作顺利完成。

国民政府通过国民党中央通讯社公开发表了《国民政府移驻重庆的宣

① 刘绍唐主编：《民国大事日志》，第一分册，第572页，台湾传记文学出版社，1979年版。
② 中央研究院近代史研究所编：《王世杰日记》第一册，第149页，1990年版。

言》，表达了国民政府迁都重庆以持久战斗的决心："国民政府兹为适应战况，统筹全局，长期抗战起见，本日移驻重庆，此后将以最广大之规模，从事更持久之战斗[①]。"

迁都事宜全面展开

在《1936年国防计划》中，国民政府就重要的工矿企业、学校、机关内迁等提出了积极的设想。计划中规定，"各重要工厂、学校均应设法迁移于根据地或总根据地[②]"。依照这一计划，在1937年抗日战争全面爆发前后的短时期内，国民政府组织了极大的人力、物力和财力，将东部沿海的大部分高等学校和大量战略物资、工矿企业抢运到了云南、贵州、四川等地，在中国大地上上演了现代史上一幕宏壮的工矿企业、重要学校机关大规模西迁传奇。有史学家将此次大规模西迁称作为"东方的敦克尔刻大撤退"，它对于保护国家经济、教育、科研命脉，坚持抗战及维持大后方物资的供给起到了重要作用。

国民政府对东部沿海地区各重要都市居民及政府机关职员眷属的迁移疏散问题作出指示，军政部长何应钦在给军事委员会刘光密的电报中提及"沿江各重镇居民，应逐渐疏散，南京市百余万人口，战时甚感不便，必要时，可先将妇孺迁移他处，各机关职员之眷属，亦宜有秘密移动之准备"。在不使民众感到恐慌的前提下，何应钦要求军委会召集各院部会"开秘密会商讨，妥拟方案[③]"。此时，淞沪战役并未开战，但是，国民政府已经考虑到应该先将机关职员的眷属安顿好，以保证政府职员安心工作。同时考虑到民众密集地区应该及早疏散，以便安排国防部署等事宜。

10月底，蒋介石发表了《国府迁渝与抗战前途》的讲话。11月中旬，

① 《国民公报》（重庆），1937年11月21日。
② 《1936年度国防设施纲要草案》，二史馆馆藏档案。
③ 二史馆编：《抗日战争正面战场》，第394页，江苏古籍出版社，1987年版。

国民政府落定党政军机关的迁移问题，并发布了首都南京地区的机构内迁、民众疏散的公告。按照计划，撤退的顺序是先党政军机关，后工厂、学校、商店等。自此，南京的机关、工厂、学校以及大量市民在战火中开始了悲壮的大迁移。

中央大学校长罗家伦

迁移工作是一项规模空前的宏大工程。虽然国民政府早有计划，但迁移工作实施过程中还是遇到了许多困难挑战。一方面，淞沪战场吃紧，政府机关也已是人心惶惶，政府的组织工作做得不够充分，搬迁整体看起来显得极为匆忙、仓促；另一方面，要迁走的东西太多，而运输工具却不够周转，受财力所限，搬迁工作难以统筹兼顾。因此，政府只能将迁移的重点对象依次放在政府机关、国营工厂和国立学校等，而对私营工厂、私营学校以及广大市民的迁移和疏散工作则显得力不从心。

金陵兵工厂是元老级大型军工企业，在国民政府建都南京初期及抗战前夕获得了快速发展。11 月 16 日，工厂接到西迁的命令。当局规定，由政府组织拆迁设备、机器和材料，而员工则每人领路费 10 元，自行设法去汉口集中。全厂员工奋发努力，用了约半个月时间，将 4300 余吨设备、机器、材料，装船并沿长江运往重庆，随即投入生产，为抗战时期国民政府兵力战备源源不断补充给养。

著名的中央大学，因早有预见，早做准备，西迁较为顺利。政府西迁的命令一下达，时任中央大学校长的罗家伦立即组织全校师生将学校的图书、资料、仪器、设备等全部装入早就造好的大木箱内，送上民生公司的轮船，顺长江水路撤往重庆。其中，包括航空机械系用于教学的 3 架飞机，医学院用于教学解剖用的 24 具尸体，以及农学院的部分教学用动物。尤其是这些教学用动物，有马、牛、羊、猪等，都是家禽家畜的优良品种，有的是学校师生耗尽多年心血培育出来的，有的是国家花巨资从荷兰、美国、英国、澳大利亚等国家引进来的优良品种，因为数量繁多，每一品种只能迁走一对动物……全校师生搬到重庆后迅速复课，成为全国西迁最好、损失最小的高校。

各国驻南京的外交使节也在 11 月下旬陆续撤离南京，迁往汉口等后方。至 11 月下旬，南京城已全面进入战时状态。政府各机关纷纷西迁，南京市政府也已撤走。大行宫、花牌楼、太平路一带繁荣街道都变得十分冷落，入夜后车辆行人稀少，只有少数几家商店在应市。陵园新村国民党要人的公馆基本都已腾空了，城内北京路、山西路一带政府要人的住宅也大都人去楼空，军政人员的家眷逐渐疏散。

对于大部分的工厂工作人员和普通民众而言，则只能自行想办法解决迁移问题，迁移过程充满坎坷。自南京宣布进入战时状态后，轮船票就已经很难买了。逃难者蜂拥逃离南京，一张船票比原来的价格高出四五倍，辗转过手的黑市票，甚至高出十几倍。由于轮船都是停泊在江心，不敢靠岸，即使买到了票，也必须再雇个小木船登轮，而小木船也是漫天要价。小船挤满了人和行李，江面上，落水呼救的也不少，拼了命强行上船的事情也是时有发生。

在实际迁移过程中，有的官员甚至利用职权之便，假公济私，夹带私有财产抢先出逃，直接导致疏散秩序的混乱与迁移效率的低下，并造成了很多不必要的损失。

《大公报》的著名记者范长江恰好在这个时期路过南京，耳闻目睹之下，写了《感慨过金陵》一文，描写了西迁的慌乱情景：

“似乎敌人军队明天就要到南京，许多重要官吏先行‘轻装就道’，吩咐些下级官员收拾公物，设法运往指定地点。每一个机关的仓促装和运输，集南京如许多文武机关，同时动作，于是整个南京成了‘搬家’世界，车水马龙地拼命向下关码头和江南车站集中。一般民众莫明其中究竟，看到这种严重现象，听到些加甚其词的谣传，于是便岌岌不可终日，也不自主的逃奔，车票船票早已买不到，于是挤到车站码头再说。集结下关的逃难官民，为了抢登太古公司长沙轮，冒着大雨，乘无顶铁驳到江中专候终日者，不下一千余人①！”

结果，南京的许多机关、工厂、学校因撤退仓促，未能做到“坚壁清野”，损失惨重；而大量的贫寒市民则因无力、无钱内迁，不得不滞留在南京危城中，为逃避战火而东躲西藏，“城北的百姓往城南搬，城南的百姓往玄武湖搬。玄武湖的百姓往乡下搬，乡下的百姓往城里搬。搬来移去，好像他们离开原来地方就可以得到无上安全保障似的②”。滞留在危城中无法撤离的南京市民以及从上海、苏南各地逃来的难民。留在南京的是守军部队、比较贫困的家庭以及不愿离开南京的老人。

在此次组织西迁工作中，时任南京市长马超俊等文职官员表现出了可贵的民族气节。当南京城已经大部迁移完毕，他依旧日夜坚守岗位，做着安抚民众、指挥抗战后勤的各项事务。11 月 30 日，马市长还立下遗书，表达了他不愿退守的决心。在遗书中，他这样写道：

“淞沪抗战军兴，四月京市日遭轰炸，同胞罹难者惨不忍见，惨不忍闻，

① 张宪文主编《南京大屠杀史料集》第 64 册，马振犊等编《民国出版物中记载的日军暴行》，第 70 页，江苏人民出版社，2010 年版。
②《我们钢铁般的国都》，《时事半月刊》（上海版）第 1 卷第 3 期，1937 年。

时任南京市长马超俊

惨不忍言。苏、锡相继沦陷，近复强寇压境，行将合围。文天祥、史可法二公之遗风，夙为生平所服膺，余纵无二公之才，而深慕二公之节。此间总理陵寝在望，余誓死生相依，岂忍远离？况守土有责，义无苟免，故余愿先市民而死，不愿先市民而退，耿耿天日，此志不渝。”

写好遗书后，马超俊再三催促其夫人赶快携带儿女离开南京。但沈夫人执意不肯，坚决与丈夫一道留下，打算同生死共患难。市长夫妇的坚定意志感动和鼓舞了许多市府官员与民众，直到南京城破前一日，接到蒋介石严令立即撤离的电报后，马超俊夫妇才被其副官以“服从命令为军人天职”为由，劝离南京[①]。

还有部分单位因为维护城市基础设施的需要，按照要求必须留人待命。例如，为保证通信畅通，首都电话局奉令成立“留守工程团”，负责维持首都军事通信工作，并划归南京卫戍司令长官部节制指挥。同样，为满足南京守军的军事用电需要，首都电厂接到命令必须留人坚持发电。任务艰巨，电厂员工争相报名要求留守。以副工程师徐士英为首的84名员工奉命留守工厂。他们顶着日机的轰炸，修复被日机炸坏的机器和设备，坚持发电，直到城陷。

12月1日，重庆国民政府在简陋的新址正式开始办公。短短两周后，首都南京没于血泊之中。

综观这次规模空前的西迁工程，虽然准备仓促，存在许多不足和问题，

① 孙中山纪念馆编著：《民国名人与中山陵》，第158页，凤凰出版社，2004年版。

导致了严重的损失，但却是一次成功的战略大转移——不仅各党政机关与南京市政府各机构都及时迁往目的地，重新开展工作，而且许多工厂、学校大都安全撤出南京，保存了设备与人才，为大后方的建设和中国的持久抗战做出了不可磨灭的历史贡献。

蒋介石确定“短期固守”方针

1937 年 11 月，上海的战事急转直下，蒋介石秘密筹建多年的吴福线、锡澄线等国防工事，丝毫没有起到阻止日军前进的作用，相继失守。首都南京已经暴露在日军面前。由于在上海战场屡遭重创，日军杀气腾腾地“以全力向南京追击”，并很快形成围攻之势。南京保卫战一触即发，形势十分危急。

首都南京的弃守之争

日军近在咫尺，首都南京要不要守？怎么守？一时间成为摆在国民党各位将帅面前最大也是最迫切的问题。

蒋介石在 11 月 26 日的日记中写道：“南京孤城不能守，然不能不守，对上、对下、对国、对民，殊难为怀也[①]。”在他看来，一方面，一枪不发就将首都拱手相让，不仅影响自己的国际形象，也没法向民众交待；另一方面，根据德籍军事顾问法肯豪森在《关于应付时局对策之建议》中的阐述，“敌如沿长江而上，迅速占领中国最重要的中心点武汉，将中国一分为二，切断国民政府西退重庆之长江水路，抗战大局将无法收拾”。因此“必

① 秦孝仪主编，中国国民党中央委员会党史委员会编印，《总统蒋公大事长编初稿》第四卷上册，第 145 页，“中央”文物供应社（台湾），1978 年版。

刘斐

李宗仁

张群

须在上海、南京等地作坚决抵抗，迟滞敌军沿长江直达武汉”。而“南京作为首都，必须固守，除了已有的江防要塞外，还要增筑东正面及东南正面工事”。外国军事顾问的看法，正是蒋介石心里最重要的砝码，如果狡猾的日军发现南京是座空城，就必然在军事战略上引起怀疑与警惕，进而影响到其在长江流域的进军。而日军一旦停止前进，重新考虑集结主力在北方战场，势必将完全破坏中国方面引诱日军主力南下的战略计划，对抗战全局造成非常不利的影响。所以，尽管蒋介石心里非常清楚并决定最终将放弃首都南京，但“为了进一步将日军主力吸引到南京和长江下游地区，而故意表明决心死守南京，此为疑兵之计①”。为了达成这一战略目的，他必须要作出一些牺牲，把南京守城部队作为进一步引诱日军沿江西进的诱饵……

但是，国民党领导层思想并不统一，主张不守的思想占了上风。为了解决这个议题，11 月中旬，蒋介石在他的陵园官邸连续召开了三次高级幕

① 王俯民：《蒋介石传》，第 169 页，经济日报社出版社，1989 年版。

唐生智

保定陆军军官学校读书时期的唐生智

僚军事会议，商讨作战方案。

第一次高级幕僚会议在 11 月 13 日、14 日召开，出席会议的只有军政部长何应钦、大本营副参谋总长白崇禧、军事委员会办公厅主任徐永昌、国民政府军令部第一厅（作战）厅长刘斐等。刘斐首先发言，他认为，“应坚持持久消耗战略原则，不应该在一城一地的得失上争胜负，而要从全盘着眼，同敌人展开全面而持久的战争”，对于南京的防守问题，他指出，“守是守不住的”，并分析了“日军利用上海会战后的有利形势，沿长江和沪宁、京杭国道（宁杭公路）等有利的水陆文通线前进，江面用海军封锁和炮击南京，陆上由芜湖截断我后方交通线，以优势的海陆空军和重装备，协同攻击，南京必将处于立体包围的形势下[①]”，而我军“在上海会战中损失太大，又经过混乱的长途退却，已无战斗力，非在远后方经过长时期的补充整训不能恢复战斗能力。”刘斐的观点明确，论据充分，得到了白崇禧的支持，何应钦和徐永昌随即附和。本来开会人员就不多，现在倾向弃城的意见又是一边倒。蒋介石看会议也是没有必要开下去了，便表示刘斐的看法很对，但他又认为南京是国际观瞻所系，守是应该守一下的，至于如何守法，值得再加考虑，没有作出明确表态。

① 唐生智，刘斐等：《南京保卫战》，第 11、12 页。

11 月 15 日，第二次高级幕僚会议召开，出席会议的人员除了第一次会议的四人外，增加了李宗仁、唐生智、谷正伦等人。

会上，刘斐首先报告了抗战以来的形势和目前敌我军事状况，主张对南京不宜实行固守，“只用十二至十八个团的兵力，作象征性的防守”后主动后撤。

蒋介石没表态，转头问李宗仁：“敌人很快就要进攻南京了，德邻[①]兄对南京守城有什么意见？”

李宗仁回答说：“我不主张死守南京。在战术上说南京是个绝地，敌人可以三面合围，而北面又阻于长江，无路可退。以新受挫折的部队来坐困孤城，实难望久守。而敌人则夺标在望，士气正盛，南京必被攻破，与其如此，倒不如我们自已宣布南京为一不设防城市，而我们将大军撤往长江西岸，一面可以阻止敌人向津浦线北进，同时可以拒止敌人的西上，让他徒得南京，对战争大局无关宏旨[②]。”他的这一意见得到了白崇禧等人及德国顾问的支持。

另一国民党元老张群也认为：当前南京不具备防守的条件。他还持有一种“非战”见解，即：“如果我军自动退出南京，日军不是以武力攻占的，万一将来和谈时，它就不能以战胜者自居而对我进行要挟[③]。”

唐生智却持反对意见且态度坚决，认为“应当守南京，掩护前方部队的休整和后方部队的集中，以阻止和延缓敌人的进攻。”他说：“南京是我国首都，为国际观瞻所系，又是孙总理陵墓所在，如果放弃南京，将何以对总理在天之灵？因此非死守不可[④]。”蒋介石在这次会上也没有做肯定的决定，也没有改变以前的部署，只说：“孟潇[⑤]的意见很对，值得考虑，

---

① 李宗仁，字德邻。
② 《李宗仁回忆录》（下），第 697 页，广西壮族自治区政协文史资料委员会，1980 年版。
③ 宋希濂：《鹰犬将军》，第 125 页，中国文史出版社，1986 年版。
④ 唐生智、刘斐等：《南京保卫战》，第 12 页。
⑤ 唐生智，号孟潇。

我们再研究研究罢！”但显而易见的是他很高兴，在南京防守问题上，他终于有了一个“志同道合者”。

第三次会议在 18 日晚上召开，蒋介石开门见山就说：“南京是我国的首都，又是国府所在地，经过十年缔造，为国际观瞻之所系，又为国父陵寝所在，断不能不战而退，拱手让敌，这样对国内外都说不过去，应当死守。”何应钦、徐永昌赶紧附和，表示支持蒋介石的意见。

从军事意义上来讲，南京本身没有纵深和持久的防守可能，因此撤出南京的计划其实在蒋介石心中早已有后备方案，但是作为一国之都，不保卫南京，显然无法向国人交待，更有损“国体”与“国威”，况且，蒋介石也是希望以坚持抗战的决心和行动来赢得国际的支援，他的内心一直幻想“坚持下去，国际形势就会起变化”，所以蒋介石在“保卫南京”的问题上调子很高。他对防守南京的方针是“短期固守”，具体就是：“南京守城，非守与不守之问题，而是固守之时间问题。在敌军火力优势，长江得自由航行之情势下，欲期保持，颇属难能，故只可希望较短时间之防守”，“既作短时间守城之望，则不必将全部之基干部队，全部牺牲，须预为撤退之掩护。”“若是至不得已放弃南京时，各防守部队撤退，得有掩护[①]。”

唐生智临危受命

蒋介石在逐步形成了短期固守南京的方针之后，还面临着另一个主要问题，那就是：由谁来负责守卫南京呢?

从召开的多次幕僚会议来看，唐生智与蒋介石的观点是基本一致的，即力主保卫首都。蒋介石需要的一名既有资历又有能力的人来替他守一守南京。在众幕僚中，唐生智资历够老，级别够高，既“身经百战、智勇兼备”，

---

① 第三战区长官司令部编制：《抗战记实》，二史馆馆藏档案。

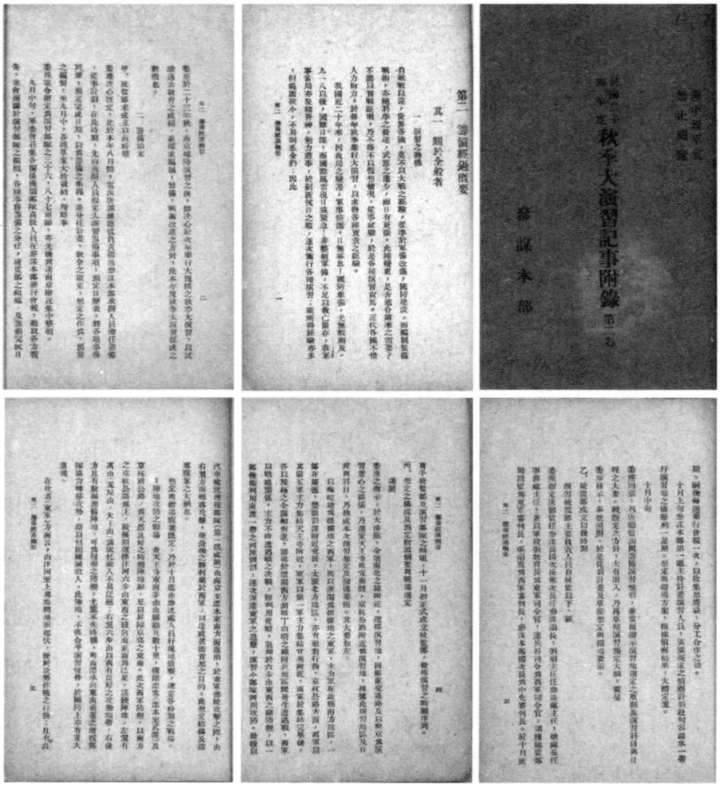
民國二十四年度秋季大演習記事附錄 第二卷

參謀本部

参谋本部编印的《民国二十四年度秋季大演习记事附录》

又“主张抗日、固守南京”，无疑是守卫首都的最佳人选。

唐生智，1890 年出生于湖南省东安县一个官宦世家、名门望族。青少年时，他深受爱国思潮影响，参加了辛亥革命、护法运动。1914 年，唐生智从保定陆军军官学校毕业后进入湖南陆军，开始了平步青云的军旅生涯，从一名见习军官做起，历任代理排长、代理连长和营长等职，短短 10 年，到 1923 年便已经升任师长。国民大革命时期，唐生智在北伐战争中立下赫赫战功，为消灭军阀、统一中国做出了积极贡献。

1931 年“九一八”事变后，面对外敌入侵，唐生智声称“应以国家民族利益为重”，不愿“同室操戈，同归于尽”，在他的力促下，宁粤实现统一、一致对外。随后，唐生智遵守约定，进入南京国民政府任职，再次成为蒋介石麾下，先后担任军事参议院院长、军事委员会训练总监部总监及执行部主任等职。这个时期的唐生智兢兢业业，经常和同在国民政府任职的蒋百里及一些朋友谈论抗日问题，讨论抗战之策。在此期间，他还牵头制订了一些国防作战计划，并组织加强江浙沿海地区特别是长江下游宁杭沪地区的国防工事构筑及军事训练任务。

唐生智深知国民党军队与日本军队抗衡难免，为了抵抗外敌入侵储备有生力量，也为了进一步提高国民党部队的战斗力，他精心制定军事训练方案并组织实战演习。演习的目的，一方面在于提高各级指挥官的指挥能力，以及各兵种的协同作战能力，另一方面可以发现国军装备和训练方面的不足，并进行针对性的改进。1935 年 12 月，由蒋介石担任演习统监部统监，唐生智担任演习参谋长的“民国二十四年度秋季大演习”付诸实施，此次演习动员部队 4 万余人，规模空前。

1937 年 7 月，“七七”卢沟桥事变爆发，中国进入全民族抗战阶段。在对待抗日问题上，唐生智可以说是有识之士。他对抗日的主张，是持久消耗，而不是短期硬拼。卢沟桥事变之后，国民党政府军政机关长官、幕僚人员逐日在军政部长何应钦官邸举行汇报、会谈及各种专题会议。唐生智在 1937 年 7 月 20 日参加会议时发言指出，“应依目前状况最低限，赤裸裸说我是弱国，故抗战须持久。凡一重要城池非流血不放弃，但以大兵力白白牺牲则不可”“故大本营幕僚须注意弱国之作战，故全国动员最为重要，即以持久战消耗敌人为目的，以此决心应付此局面，一切事体顾虑现实状况，一切事就实际取办法”。这是国军将领中较早提出以长线消耗、持久抗战的主张。

如今，城防缺将，当蒋介石在会议上问及由谁来负责防守南京的时候，没有人响应。蒋介石说：“如果没有人守，我自己守。”唐生智则建议“派一个军长或总司令，带几个师或几个军就行了。从前方派下来的人中间派一个人守，或者要南京警备司令谷正伦守都可以。”蒋介石则以“他们资历太浅”为由搁置了会议。后来，蒋介石电召唐生智，并与其一起到南京城外复廓一带查看阵地，蒋一句“关于守南京的问题，要就是我留下，要就是你留下”，硬生生地当头“将”了唐一军。终于，唐生智决定答应担当起守卫南京的重任。他回答说,“你怎能留下呢？与其是你,不如是我吧！”接着，他又补充道：“军人以身许国，当此为难之际，何能畏难以求苟安？我愿意勉为其难，一定坚决死守，与南京城共存亡！”

参加南京保卫战的教导总队队长桂永清在参加了一次军事会议后，对属下说：“在会上，校长问大家谁愿意担任守卫首都的总指挥时，连问三四次，都无人做声。后来由校长亲自到唐生智家里劝说，唐生智才勉强答应担任守卫南京总指挥的任务。”也印证了这一说法。

直到最后召开的“表态”会议上，唐生智还在做着激烈的思想斗争。参会人员并不知道蒋介石和唐生智私底下有过“密谈”，只是看到会议上唐生智“不是坐在椅子上，而是蹲在座椅上”，又“一会儿跳下来，马上又蹲上去”，显得“不太正常”。

当蒋介石问到“谁负责固守南京为好”时，会场是可怕的寂静。与会者个个心知肚明，守卫南京是个吃力不讨好且十分危险的差事，搞不好不仅丢了命，还得背上历史骂名。唐生智打破沉寂，说道：“委员长，若没

（第一張） 中華民國二十六年十一月二十八日 大公報

無錫我軍陣地變更
敵犯江陰受創而退
江蘇省府暫遷江北某地辦公
唐生智表示誓與首都共存亡

滬南市仍時起火
敵圖接收郵局電局

新任湘主席
張治中就職
對記者談今後湘政
使能合乎戰時要求

張氏談話

《大公报》1937 年 11 月 28 日刊登唐生智
发表谈话内容

有别人负责，我愿意勉为其难，我一定坚决死守，与南京城共存亡！”蒋介石听了非常高兴，说：“很好，就由孟潇负责。”他问大家的意见，军政部长何应钦说：“孟潇兄愿意担任是最适当没有的了。”蒋介石随即对何应钦说：“就这么办，有什么要准备的，马上办，可让孟潇先行视事，命令随即发表。”

蒋介石于 11 月 19 日手令，特派唐生智为南京卫戍司令长官。11 月 20 日，唐生智正式出任南京城防司令长官，并随即将自己执掌的军事委员会执行部改组为卫戍司令长官部，负责部署南京城防任务。11 月 24 日，国民政府正式任命唐生智为南京卫戍司令长官的公告发布。

唐生智临危受命，承担起保卫南京的重任，并向蒋介石保证做到“临危不乱，临难不苟，没有你的命令，我决不撤退”。而此时的唐生智是以带病之躯来守卫南京的。

自西安事变后，唐生智患上重病，这时身体还没有完全恢复。1937 年上海战事刚一开始，蒋介石问过唐生智的身体情况，那时候，唐生智自言“精神还是不好”。白崇禧在其回忆录中也提到，他在陪同唐生智侦察南京城内外地形时，“两天之视察……发现唐身体衰弱不堪，身着重裘，至平地犹可下车看看，爬高山，便委托我代为侦察，寒风白雪之中，我见他虚弱之身体，不禁为南京之防守担心，为他自己担心”。

11 月 27 日，晚 6 时，就任新职的首都卫戍司令长官唐生智在中英文化协会向驻南京中外记者与留守南京的外侨代表发表谈话，表明了誓死守卫南京的决心。他说：

“中国为一爱好和平之民族，从不侵略他国，讵‘九一八’之后，日本以数十年之准备，大举进犯中国国土。中国在物质上虽乏准备，但精神上则具无上之抵御决心。自卢沟桥事变以来，我军在各地多遭挫败，但吾人将屡败屡战，至最后胜利为止。本人奉命保卫南京，至少有两事最有把握：第一，即本人及所属部队誓与南京共存亡，不惜牺牲于南京保卫战中；第二，此种牺牲定将使敌人付与莫大之代价[①]。”

11 月 29 日，蒋介石亲率唐生智、罗卓英及孙元良、桂永清、宋希濂等高级军官在南京视察紫金山、天堡城等处我军阵地。视察中，他对守城官兵发表讲话说：南京东南一带山地利于防守，北部有长江依托，形成天然要塞，至少可以守卫两个月。有了这段时间，便可以整编新的生力军。只要南京能够守住，我将亲率云南部队前来解围。“深望众将领率同士兵尽

① 《大公报》，1937 年 11 月 28 日。

保卫国都之责，服从唐长官的指挥，奋勇坚守。”唐生智表示：“我们恪守前言，临危不乱，临难不苟，不得统帅命令决不后退，请委员长放心。”他同时表示要各部备齐6个月的粮弹，做长期坚守的打算。

据时任南京警备司令部参谋程奎朗在《南京复廓阵地的构筑及守城战斗》一文中的回忆，唐生智曾对手下参谋人员说过：

“防守南京的任务，只好由我承担起来了。我是统帅，守土有责，决心与南京共存亡。南京失守，我亦不生。你们是幕僚，和我所处地位不同，我不要求你们和我一道牺牲，万一城破，你们到时还可以突围出去。我只要求你们在我还活着的时候，坚持工作到底①。”

语气甚为悲壮感人，听者无不受到激励和鼓舞。

国民政府调兵遣将

南京守军的战斗序列

国民政府确立“短期固守”方针之后，随即开始调兵遣将，在11月18日的会议上基本决定了守卫南京的部队。11月25日，蒋介石以“有酉一作元”代电，颁布了首都卫戍部队最初的战斗序列：

（一）司令长官唐生智。（二）第七十二军孙元良部。（三）第七十八军宋希濂部。（四）首都警卫军谷正伦。（甲）桂永清总队；（乙）宪兵部队。（五）其他特种部队之一部②。

11月上旬，当上海战场开始部署撤退时，南京地区的部队除了宪兵和警察外，别无其他守备部队。从最初的战斗序列看，最初调派参加保卫南京的主要作战部队是3个军，总体战斗力是较为薄弱的。

① 唐生智、刘斐等著：《南京保卫战》，第46页。
② 《蒋介石颁布首都卫戍部队战斗序列代电》，1937年11月25日，二史馆馆藏档案。

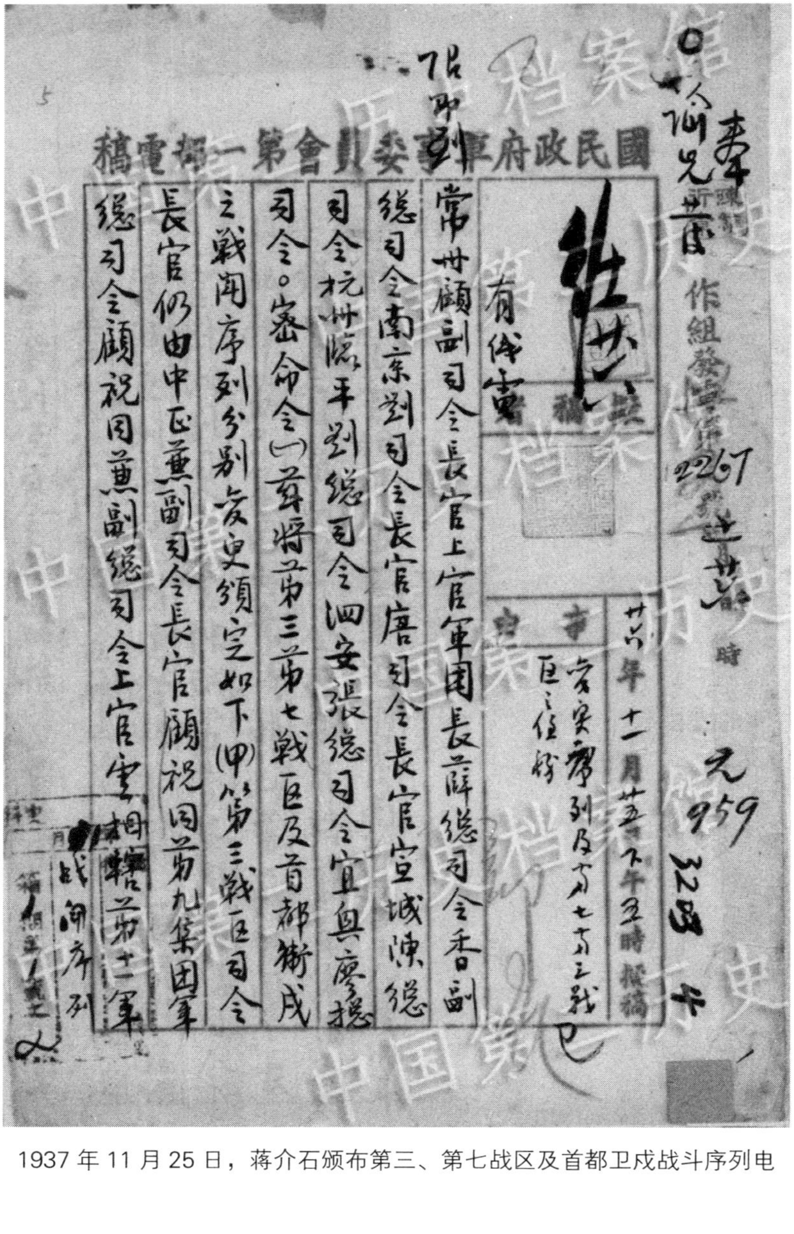
國民政府軍事委員會第一部電稿

常州顧副司令長官上官軍團長薛總司令香副
總司令南京劉司令長官唐司令長官宣城陳總
司令杭州湯平劉總司令泗安張總司令宜興廖總
司令。密。命令(一)兹將第三第七戰區及首都衛戍
之戰鬥序列分別發表須定如下(甲)第三戰區司令
長官仍由中正兼副司令長官顧祝同兼第九集團軍
總司令顧祝同兼副總司令上官雲相轄第十二軍

1937 年 11 月 25 日，蒋介石颁布第三、第七战区及首都卫戍战斗序列电

第七十二军第八十八师、第七十八军第三十六师、教导总队及宪兵部队都是经历过淞沪战役刚从战场撤退下来的部队，伤亡较大，官兵也都极度疲惫，回到南京只稍作休整，同时补充了一些新兵。

原本驻守南京城内的首都警卫军部队，是在10月淞沪战事吃紧时由南京警备司令部改编而成，编制相当于集团军，负责南京防守任务，直辖于大本营。司令部编制很简单，司令之下，设参谋长一人，下属机构只有一个参谋处，其他各处由宪兵司令部的各处兼办，不另设置。番号虽然颁布，但兵力没有大的扩充。原来的南京警备区辖南京、江宁、镇江、丹阳、金坛、句容、溧水、高淳、芜湖、当涂、全椒、滁县、仪征、江浦、六合15个县市。而虽然规定辖区15个县市驻的部队都归指挥，但当时淞沪战事紧急，刚调来的部队一到南京就开往上海增援，没有一支野战部队固定下来作为构筑南京防御阵地基干之用。当时一度指定驻芜湖的贵州部队第一二一师吴剑一半部及驻扎蚌埠滁县一带的北方部队第一六七师归谷正伦指挥，但第一六七师不久又被他调，第一二一师虽曾受命开往句容、天王寺一带构筑工事，几天后又被调往上海。因此，该军军长谷正伦实际指挥的部队，只有守城门、仓库的宪兵第二团罗友胜部和担任京沪铁路沿线护路工作的第十团陈烈林部，以及在中华门外正在训练的新兵教导团周竞仁部。这些部队本来是作为首都驻防部队，并不是为战争而训练的生力部队，这三个团的装备都是平日值勤务的轻装备，缺少应战的火力。因此，首都警卫军名义上是成立了，实际上还是一个空架子。而且，因为兵力经常被调动的原因，首都警卫军参谋处制订的东南阵地的构筑计划也没有全面实施。如前文所述，11月下旬谷正伦因患病辞去首都警卫军军长一职，去湖南治病，宪兵司令部第一团也撤退到湖南。实际留守南京的是新任副司令萧山令，指挥宪兵第二团和第十团守城防。因此，如果按照最初的战斗序列，以一群老弱病残和缺少实战能力、应战火力的部队来保卫南京，其困难程度可想而知。

11 月底，随着上海战事急剧恶化，在淞沪战役中担任掩护撤退任务的部队开始相继撤退到南京附近的句容、汤水等一带。第七十四军军长俞济时率领的第五十一师王耀武部和第五十八师冯圣法部，因撤退现场混乱不堪，与战区长官司令部完全脱离联系，从苏州一路撤退到南京附近的句容、汤水一带。俞济时是蒋介石的亲戚，曾充当蒋介石的侍从人员及警卫旅长多年。有了这层关系，俞济时到汤山后便来南京见蒋介石，蒋介石也没有责备他，随即安排他率部参加南京保卫战。另外还有第六十六军军长叶肇所率领的第一五九师谭邃部和第一六〇师（叶肇自兼师长），第八十三军军长邓龙光率领第一五四师巫剑雄部和第一五六师李江部自镇江退到句容、汤水镇一带。以上部队经唐生智报告给蒋介石核准，都参加保卫南京的任务。

这些部队也都是历经淞沪战役及大撤退，伤亡比较大，由于时间紧迫，补充整理新兵工作尚未完成，老兵很少，新兵大都尚未受过训练，且部队也来不及休整，但是战争局势已经到了无兵可调的地步，也就不得不迁就事实。蒋介石也电令云南部队赶来参加保卫战，但是路途遥远，只有第二军团的徐源泉部两个师是从湖北武汉调来的，但是他的部队到了 12 月 4 日后才陆续抵达南京。如此，至 12 月 6 日战斗序列从 11 月 25 日的 3 个军扩大至共计 7 个军、14 个师及配属单位约计 11 万人。

同时，蒋介石安排罗卓英、刘兴两人给唐生智做副手。12 月 5 日，南京外围的战斗已经打响，蒋介石电令召回正在皖南前线指挥作战的第十六军团军团长罗卓英，赶赴南京就任南京卫戍军副司令长官。罗卓英是陈诚的亲信，名义上是辅助唐生智指挥南京保卫战，实际上也有蒋介石不够信任唐生智，需要安插耳目以监督的目的。

根据《南京保卫战战斗详报》中资料显示，经过不断补充后，最终参加南京保卫战的作战部队有（仅列举旅长以上职务人员）：

南京卫戍军司令长官 唐生智 上将

副司令长官 罗卓英 中将（12月6日任命）

刘兴 中将（12月6日任命）

参谋长 周澜 少将

副参谋长 佘念慈 少将（12月6日任命）

第二军团 军团长 徐源泉 中将（12月4日由湖北调来，7日到达南京）

第四十一师 师长 丁治磐 中将

第一二一旅 旅长 张习崇 少将

第一二三旅 旅长 芮勤学 少将

第四十八师 师长 徐继武中将

第一四二旅

第一四四旅 旅长 郭浚 少将

第六十六军 军长 叶肇 中将

第一五九师 师长 谭邃（后因肺病离开前线）

副师长 罗策群 少将（代师长）

第四七五旅 旅长 林伟涛 少将

第四七七旅 旅长 司徒非 少将（后升任第一六〇师参谋长）

第一六〇师 师长 叶肇中将（兼）

第四七八旅 旅长 邓志才 少将

第四八〇旅 旅长

第七十一军 军长 王敬久 中将

第八十七师 师长 沈发藻 少将

第二五九旅 旅长 易安华 少将

第二六〇旅 旅长 刘启雄 少将

第二六一旅 旅长 陈颐鼎 少将（兼）

第七十二军 军长 孙元良 中将

第八十八师 师长 孙元良中将（兼）

第二六二旅 旅长 朱赤 少将

第二六四旅 旅长 高致嵩 少将（牺牲后追晋中将）

第七十四军 军长 俞济时 中将

第五十一师 师长 王耀武 中将

第一五一旅 旅长 周志道 少将

第一五三旅 旅长 李天霞 少将

第五十八师 师长 冯圣法 中将

第一七二旅 旅长 朱奇 少将

第一七四旅 旅长 陈式正 少将

第七十八军 军长 宋希濂 中将

第三十六师 师长 宋希濂 中将（兼）

第一〇六旅 代旅长 顾葆裕 上校

第一〇八旅 旅长 刘英 上校

补充旅 旅长 李钦若 上校

第八十三军 军长 邓龙光 中将

第一五四师 师长　巫剑雄 中将

　　第四六〇旅

　　第四六二旅

第一五六师 师长李江 中将

　　第四六六旅 旅长　黄世途 少将

　　第四六八旅 旅长　李绍嘉 少将

教导总队 总队长 桂永清 中将

　　副总队长 周振强 少将

　　参谋长 邱清泉 少将

　　第一旅 旅长　周振强 兼任

　　第二旅 旅长　胡启儒 少将

　　第三旅 旅长　马威龙 少将

第一〇三师 师长　何知重 少将

第一一二师 师长　霍守义 少将

　　第三三四旅 旅长　马万珍 少将

　　第三三六旅 旅长　李德明 少将

宪兵部队（约二个团）司令　萧山令[1]　少将

江宁要塞部队 司令　邵百昌

运输司令　周鳌山

炮兵第八团之一营（十五榴）

炮兵第十团之一营（新十五榴）

战车防御炮八门、轻战车十辆

防空司令部所属各高射炮队（大小共二十七门）

---

① 经考证，在民国档案中存在"萧山令"和"肖山令"两种写法，新中国成立以后，民政部于 1984 年和 2014 年公布烈士名单时候也分别使用过"肖"和"萧"两种写法。本书统一写作"萧"。

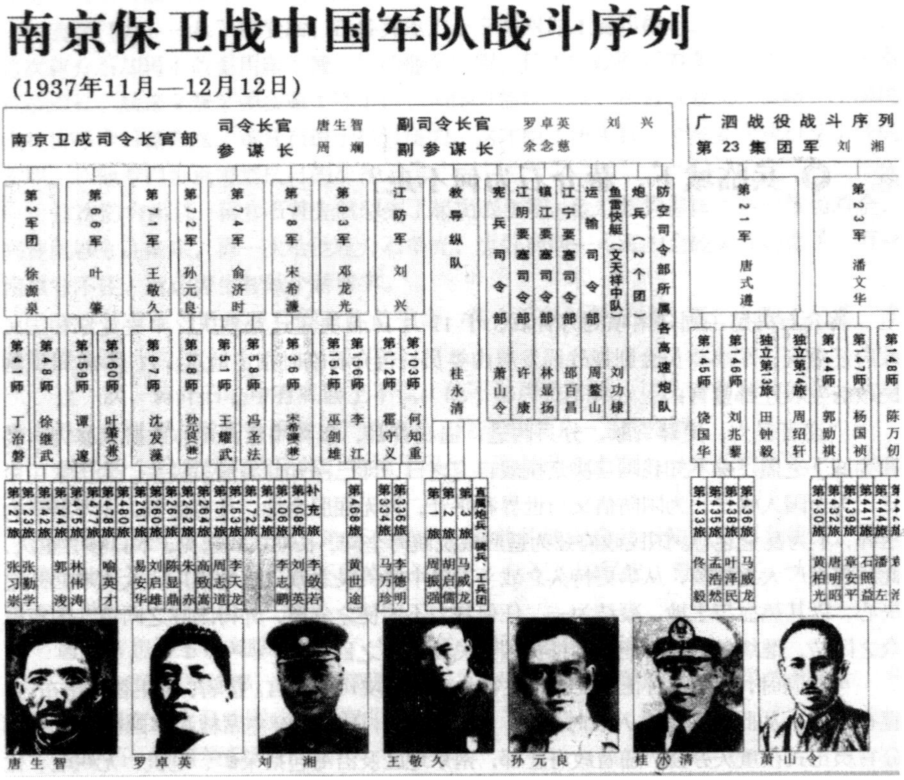

南京保卫战守军部队战斗序列

城防通信营

本部特务队

以上部队大部分是从上海战场撤退下来的，经过三个月的血战，精锐基本丧失殆尽，“都是久经战役、补充整理尚未完的残缺部队，老兵既少，新兵大多尚未受过训练”。这些部队要么严重缺员、士气沮丧，要么虽然得到了新兵补充，但因时局匆忙，这些新兵不少人只是刚刚学会射击，连、排长大多是从幸存老兵中提拔上来的。这样的作战部队，其战斗力也就不言而喻了。这些部队根本无法组织有效的抵抗，甚至连既设的国防工事都难以有效利用起来。

得到兵员补充的部队大多还是远远不能满足原有编制。时任南京卫戍司令长官部参谋处第一科科长谭道平，负责经手办理部队移上前线去调动作战的工作，据他描述："在字面上明明是一个师或者是一个军开上去，可是天晓得哪，……兵员只不过是一个营的模样，同时，没有大炮，步枪也不整齐，机枪有一部分……早就丧失了作战的用处[①]。"即使到宿迁、镇江、南京等地侥幸补充到了一些新的兵员，但这些新兵员都是未经战场，甚至缺乏军事常识的，因而兵员战斗力已经大大降低了。还有一部分部队是新从后方调来，如徐源泉第二军团，因为是地方部队，对南京地形地势都不熟悉，而且装备很差，经过紧急长途急行军，匆忙便投入到南京保卫战中去。

战斗序列中，唯一比较能战斗的只有两支部队，一支是被称为蒋介石的"铁卫队"的桂永清教导总队，另一支是谷正伦的一师三个团的宪兵部队。总计南京守城兵力约计 10 万余人，这便是由唐生智统率下用于保卫首都南京的全部作战力量。

南京保卫战的战前部署

11 月下旬，唐生智接受南京卫戍司令长官的任命后，根据首都卫戍部队最初的战斗序列，立即制订了南京城防御计划——《首都保卫军作战计划》，对防御方针、指导要领、兵团部署等进行了详尽安排，内容如下：

"第一 方针

保卫军为使第三战区主力军作战容易之目的，即利用雨花台、天堡城、红山及幕府山已完成之骨干工事，编成核心阵地，强韧守备南京，以牵制

① 张宪文主编：《南京大屠杀史料集》（2），马振犊等编《南京保卫战》，第 468 页，江苏人民出版社，2005 年版。

敌军。

第二 指导要领

一、要塞以全力掩护长江封锁线，并协同核心守备队之战斗。

二、核心阵地，虽寸土不让敌军，各守备部队须作物资及械弹上准备，俾具独立作战之能力。

三、各守备地区应多筑掩蔽部，并赶筑永久与野战工事，及速编成坚固障碍物。

四、各部队对于既设阵地工事位置，应预先检查修补，并多作战斗预行演习。

第三 兵团部署

一、第八十八师以主力位置于雨花台附近，任水西门、中华门至武定门及雨花台之守备。

二、第三十六师以主力位置于龙王庙附近，担任玄武门、红山、幕府山至挹江门之守备，并于幕府要塞协同作战。

三、教导总队以主力位置于小营（中央军校西），担任光华门、中山门至太平门及天堡城之守备，并以一团归要塞邵百昌司令指挥，任乌龙山要塞守备。

四、宪兵队以主力位置于清凉山附近，担任定淮门及汉中门及清凉山之守备，并于龙潭、汤水、淳化等处各派兵一连，处置退回之散兵，待命撤回。

五、警察队担任城内秩序之维持及交通点、重要仓库、自来水塔、电灯厂等处之守护。

六、要塞部队固守乌龙山、幕府山之要塞地区，并掩护长江封锁线。

七、防空队以七公分五高射炮位置于五台山附近，其余分别位置于大校场及下关等处，主任城市、大校场、轮渡、自来水塔、电灯厂之掩护。

八、运输、通讯、卫生、补给等项，另行拟定计划。”

日军在杭州湾登陆成功后，与淞沪方面的日军策应西进，至11月底，乍平嘉、吴福线、锡澄线等阵地以及吴兴、长兴等要点相继失守。当时，南京城内守备部队只有最初颁布的战斗序列中的几支部队，即第七十二军第八十八师、第七十八军第三十六师、教导总队及宪兵部队。根据既定防御计划，南京卫戍司令部决定将这些部队（除谷正伦部外）部署用于“固守附郭据点及城垣之目的”，配置在内廓防御线上，策定防御部署要旨如下：

“（一）以第八十八师任右地区雨花台及城南之守备。

（二）以教导总队任中央地区紫金山及城垣东部之守备。

（三）以第三十六师任左地区红山、幕府山及城北之守备。

（四）以宪兵部队任清凉山附近之守备。

（五）以旅长指挥教导总队之一团及乌龙山要塞部队，警戒长江封锁线①。”

同时，命令各部队自行征集民夫，在各守备地区内赶筑工事。

南京卫戍军部队直属军事委员会指挥，其防区属于东战场的一部分，与第三战区、第七战区防区相衔接。11月30日，蒋介石给顾祝同、刘湘、唐生智同时发去密电，对整个东战场的战斗力量做了部署，对第三、第七战区及首都卫戍军的作战任务进行了具体规定：

“一、第七战区除固守现地外，其左翼须以有力部队留置于安吉、孝丰山地，相机攻击敌侧背，迟滞其前进。

二、第三战区依前令开始转进以后，须以有力部队分别留置于龙潭以南、

① 二史馆编：《抗日战争正面战场》（上），第406、407页。

广德以北各地，迟滞敌之前进，掩护主力之行动，并破坏重要交通线。

三、各战区须与首都卫戍军相策应，对敌作战保持动作之自由。其损失过大之部队，应酌令其撤退于宁国、芜湖以西地区，积极整理补充待命。

四、首都卫戍军除固守南京既设阵地外，应与第三战区部队密切协同相互策应，击破敌之攻围军。

五、将各战区之部署具报，为要①。”

后来随着卫戍部队阵容的不断壮大，陆续增加了第七十四军、第六十六军、第八十三军各军，南京卫戍司令长官部立即启动东南阵地，决定将上述新增部队部署在第一道防御阵地，负责南京外围作战。上述新增部队具体配置如下：

“（一）第七十二军派出右侧支队至江宁镇附近，任右翼掩护。

（二）第七十四军任牛首山至淳化镇附近之守备，并向秣陵关、湖熟镇派出前进部队。

（三）第六十六军任淳化镇附近至凤牛山之守备，并向句容附近派有力之前进部队。

（四）第八十三军任凤牛山附近经拜经台至龙潭之守备，向下蜀派出前进部队②。”

上述第一道防线和第二道防线都没有提及第二军团徐源泉部的守备任务。这是因为，第二军团徐源泉部不是从淞沪战役后撤下来的部队，而是接到命令后，从武汉赶来参加南京保卫战的，陆续行军到达南京时，首都的保卫战役已经在外围打响了。

整个南京保卫战的战役基本按照以上部署进行，但在战斗过程中，有时候考虑到敌情发展和我军部队转进等实际因素，也有部分调整，比如，

---

①《蒋介石致顾祝同、刘湘、唐生智电》，1937 年 11 月 30 日，二史馆馆藏档案。

② 二史馆编：《抗日战争正面战场》（上），第 407 页。

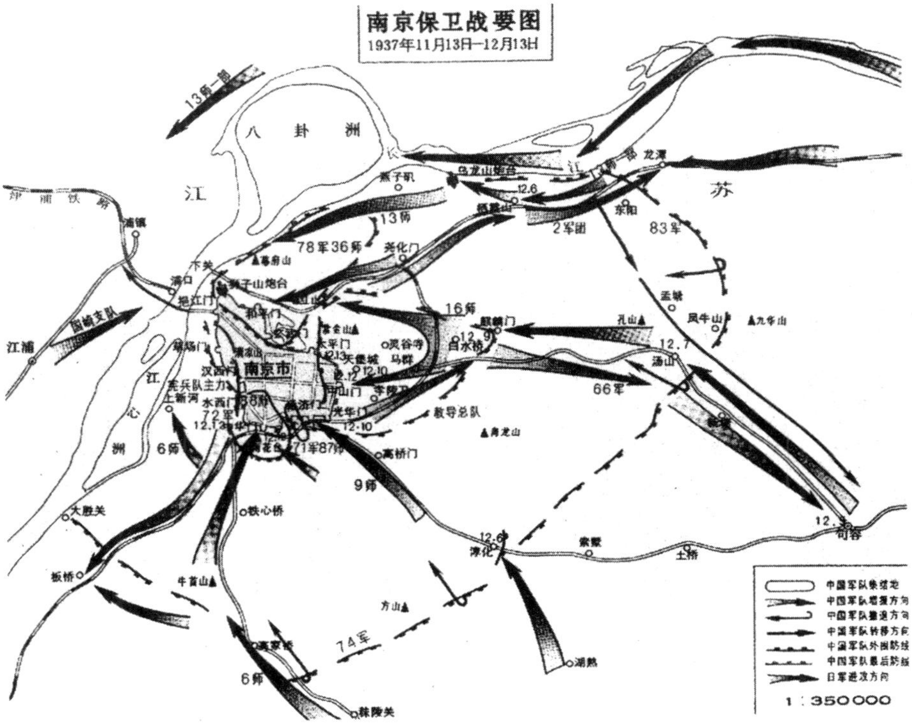

南京保卫战要图

当发现日军一部从武进向丹阳前进，一部由京杭国道向南京前进，军情紧急，我军第八十三军奉命转进至丹阳、镇江作战，而其本应负责守备龙潭至孟塘一段阵地的任务，就改由刚刚开到南京的第二军团徐源泉部的一个师担任守备。乌龙山要塞也由徐源泉部派队接防，其后续到达的一师，等到达南京后准备以主力在杨坊山、乌龙山线上构筑工事。但直到12月4日晚，“徐军到龙潭者只一个团，其余甫进至栖霞山附近”，而该军团的第四十八师直到12月7日方才到达南京。

根据《第三战区南京会战经过概要》中记录，12月初，南京守城部队

侵占南京的日酋（自左至右）：长谷川清、松井石根、朝香宫鸠彦、柳川平助

配备情况是：

1. 主阵地，板桥至淳化镇之线，以 74A 之两师担任，孟塘至龙潭之线，以 83A 担任（后改为 10A 担任）。

2. 复廓阵地，狮子山及城北一带，由 36D 担任，安德门至雨花台，由 88D 担任，河定桥至工兵学校，由 87D 担任，其北经紫金山前缘至蒋王庙，由教导总队担任[①]。

根据各部队战后呈报的战斗详报情况看，各部队阵地也随着战场形势的发展需要做了相应调整。

第七十八军第三十六师宋希濂部，根据卫戍司令长官部的守备计划，于 11 月 25 日到达指定地区，给予各部队的命令要旨意为：

① 二史馆编：《抗日战争正面战场》（上），第 415 页。

“师以协同友军固守南京之目的，决心于红山、猪头山、幕府山、下关、和平门、挹江门附近地区占领阵地，利用工事，联系要塞，主要以火力歼灭来犯之敌。

防守重点是：东正面指向红山，西正面指向下关附近。左右依托玄武湖与幕府山要塞。第一〇八旅，担任东正面红山、北固山的守备，右与教导总队联系，左与第一〇六旅联系。第一〇六旅担任挹江门、和平门至晓庄师范学校一带的守备，右与第一〇八旅联系，左与宪兵团联系。同时划定了各部队的作战境地。师司令部位置于挹江门附近[①]。”

教导总队桂永清部，重点是保卫紫金山，因此兵力部署为：

“步兵第一旅率本旅第一团、第二团，军士营，附工兵一营为右翼队，担任紫金山老虎洞、西山到工兵学校之线的防守。

步兵第三旅马威龙率本旅第三团、第五团为左翼队，担任紫金山老虎洞左侧到岔路口之线的防守。

步兵第二旅率本旅第三团、第六团，附工兵一连，担任陵园新村、中山陵西侧、灵谷寺至老虎洞南侧一带地区之守备。

骑兵团在汤山、青龙山之间占领警戒阵地，阻击敌人前进。

炮兵团在富贵山一带占领阵地。

步兵第二旅旅长胡启儒率领本旅第三团、第六团和工兵团（缺一营）为总预备队[②]，集结在太平门、中山门附近[③]。”

第七十四军俞济时部奉南京卫戍司令长官部命令，占领淳化镇、牛首山一带的既设阵地，加强工事，严密警戒，防敌来犯。以第五十一师担任方山至淳化镇之守备。以第五十八师占领牛首山。军部设于通济门外村庄中。

① 唐生智、刘斐等著：《南京保卫战》，第 261 页。
② 另有其他回忆录资料显示，步兵第二旅所率各部并未做总预备队，而是担任陵园新村、中山陵两侧、灵谷寺至老虎洞南侧一带地区的守备，待考。
③ 唐生智、刘斐等著：《南京保卫战》，第 188 页。

宪兵部队萧山令部（两个团）的兵力部署防线较长，涉及南京城中西南河东南两个方位，较为分散。萧山令部宪兵第二团、教导团、特务营、第五团之第一营及重机枪十连为清凉山守备队，守备清凉山至汉中门、水西门、棉花堤、上新河一线阵地，宪兵第十团为明故宫守备队，守备明故宫、复成桥、三十四标一线阵地①。

从以上兵力部署看，守城部队以内外两道防御线进行防守，但各部队防守正面过宽，纵深配置更是无法实现。防守面宽容易出现友军之间衔接不密切，防守责任难以区分清楚的问题，而且这样的防线更容易被日军突破。

从蒋介石积极调兵遣将，亲自部署城防事宜等来看，南京保卫战确在一定程度上显示了政府守土奋战、顽强抗敌的决心，但是受兵力不足、士气不高等主客观因素限制，在防守部署方面也存在这样那样的问题和不足。面对来势汹汹的日本侵略者，南京守军部队决定与敌人决一死战。

日军下达攻占南京敕令

日军悍将谏言“不失时机”

淞沪战役耗时长达三个月之久，对日本方面的兵力消耗极大，远远超出了预期。因此，日本军部并没有制订攻打中国首都南京的具体计划，而是决定暂时休整，等待时机再“重惩中国”。

上海沦陷前，日本军部给“华中方面军”的任务是“与海军协作挫败敌军战斗意志，为寻找结束战争的机遇而歼灭上海附近的敌人②。”并为此限定了“华中方面军”的作战区域，提出了“扫荡上海附近之敌，战线在苏州、嘉兴以东”的所谓“苏嘉制令线”。

① 二史馆编：《抗日战争正面战场》（上），第429、430页。
② 张宪文、吕晶编：《见证与记录：南京大屠杀史料精选（日方史料）》，第616页，江苏人民出版社，2014年版。

日军参战部队士气仍旧普遍十分高涨。各军司令官尤其如此。对于远离本土的日军将领们来说，“将在外，军令有所不受”。

日军第十军司令官柳川平助

早在淞沪战役之前，刚刚走马上任的松井石根作为日“上海派遣军”司令官，就发出了“此番既去之，无论如何是要打到南京去的！”的“豪言”！松井石根是南京大屠杀的日军最高统帅，也是后来被远东国际军事法庭认定是“南京大屠杀”的主犯而处绞刑的甲级战犯。梳理一遍松井的学习和成长履历，可以看出，一方面，松井深受日军国主义思想毒害，一直以日本独霸亚洲作为其目标和追求，在思想上他坚定了“日本控制中国”的信念，而攻取中国是必须的一部分。另一方面，松井石根在中国工作生活过多年，对中国的地形地理都较为了解，而且与中国高层之间往来较为密切，做足了情报功课，自认为对中国的国情、党情、人情都是十分了解，对占有中国是志在必得。

松井石根

松井石根，日本静冈县（名古屋市）人，1878 年 7 月 27 日出生于一个军人家庭，早年先后入日本陆军预备军官学校、陆军士官学校学习。1898 年以第二名的成绩从陆军士官学校毕业；1902 年进入日本陆军大学第九期，以第一名毕业。大学期间，松井石根深受日本著名的军国主义思想家荒尾精的思想影响。同时，松井石根非常注重研究中国文化，汉学根底较深，精通汉诗词与书法，尤其对当时的中国事务了解较多。

松井石根与中国关系一直较为密切，早年孙中山先生在日本时，松井石根就给予了很多支持和帮助。民国时期的很多中国领导人，也都与松井石根有过甚为密切的交往。1908 年，30 岁的松井石根结识了在日本留学的陈其美等中国革命党人，并由此认识了在日本留学的蒋志清，即蒋介石。当蒋介石在 1910 年从日本士官学校毕业时，松井安排他去日本第三师团高田联队实习。1911 年秋，蒋介石结束实习回到东京，松井给他找了住宿去处并自愿做了蒋介石租房的担保人。松井还曾将蒋介石接到自己家中长谈，结下很深的私交。所以，松井一直以“中国革命之友人”自称。

在北洋政府时代，松井石根曾长期担任日本驻华武官、特务机关长等职，与一道工作的冈村宁次、土肥原贤二等被日本军界称之为“中国通”。这个时期的松井石根，经过多年的历练，逐步形成了“亚洲的事情由亚洲人自己来办”与“中日友好”实际上是由日本来独霸亚洲与控制中国的军国主义思想。1927 年，已经 50 岁的松井升任日本陆军总参谋部第二部（情报部）少将部长。同年底，蒋介石访日期间，松井将他介绍给田中义一首相，会谈取得了一些成果，对此蒋介石心怀感激。

1931 年，松井作为日本的全权代表参加了在日内瓦召开的一般裁军会议，进一步增强了他“日本独霸亚洲”的思想。1933 年，他参加了筹备成立日本军国主义组织“大亚细亚协会”的工作，不久被任命为日“台湾军”司令官，创立了“台湾大亚细亚协会”。同年，他被晋升为陆军大将，调回日本任军事参议官。1935 年 8 月，日本军队内部皇道派与统制派的斗争不断，发生了刺杀军务局长永田铁山中将的事件。松井石根引咎辞职，被迫退出现役。

指挥攻打南京的朝香宫鸠彦

此后，松井石根投身政界，专职于大亚细亚协会工作，并奔波于中国各地，致力于宣扬“中日友好”“复兴亚洲”等幌子下的日本独霸亚洲理论。此时，恰逢日本为占领中国东三省后成立“满洲国”，却不被国际所承认。1936年初，松井前往南京，企图以私人交情为砝码，就要求中国政府承认“伪满洲国”一事进行了长达数月的游说与周旋，松井在日记中写道：“蒋对余之单刀直入态度颇为警觉，避免当场作答。”游说虽未成功，但通过此次与蒋介石、张群、何应钦等国民政府军政要人的近距离接触，松井做足了情报功课，也自认为摸清了国民政府的“底”了，他深知中国的矛盾，对蒋介石更是分析得十分透彻。回国后，松井立即向首相和军部报告了他南京之行取得的成果。

松井石根的这次南京之行为日本发动全面侵华战争做了思想上的准备。“七七”卢沟桥事变爆发，中日开战之势迫在眉睫。“八一三”淞沪大战正式打响之前，松井石根因其丰富的中国经历被内阁重新召回军界，出任日军“上海派遣军”司令官，支援海军陆战队。这个又瘦又小的老家伙，没有辜负天皇的期望，为日本占领上海做出了巨大贡献，战功赫赫。乘此东风，11 月 7 日他又从“上海派遣军”司令官升任为“华中方面军”司令官。

松井石根很有自信，认为南京要比上海好打得多。一方面，经过上海这一战，中国的精锐部队已经严重受挫，兵力方面明显不足；二是南京北面是长江，中国方面靠背水之战是不易取胜的。他判断，“前线已全部被攻陷，军队士气十分低落”“估计以后的抵抗也不会有多大成效[①]”。

11 月 22 日，“华中方面军”司令部制订了“中方参电第 167 号”《关于华中方面军今后作战的意见》，提出“南京政府……现已做出迁都之举……敌之抵抗在各阵地皆极为微弱”“为了加速解决事变，需要趁现在敌之颓势攻克南京[②]”。

11 月 24 日，日“华中方面军”制定了“第二期作战计划大纲”，拟定“迅速攻克南京[③]”的作战方针，并对指导要领、作战准备、兵团部署等工作进行了详尽安排。

朝香宫鸠彦王是继松井石根之后任日“上海派遣军”司令官，中将。年整 50 岁，身材瘦削，是天皇的叔叔。早年毕业于日本士官学校，担任过日本陆军大学的教官、旅团长、师团长等职。1936 年因受陆军哗变事件受到牵连，遭到天皇贬黜。但他具有杰出的军事才华，特别是战略战术理论水平在日本军界是出了名的。日军占领上海后要向南京进攻，缺乏军一级的指挥官，自此重新受到天皇重用。他性格孤僻，沉默寡言，并且由于车祸伤了一条腿，走起路来有明显的跛足。朝香宫鸠彦王这次受命进攻南京，指挥 6 个师团、13 个旅团组成的大军，其中包括由藤田进指挥的第三师团、吉住良辅指挥的第九师团、山室宗武指挥的第十一师团、荻洲立兵指挥的第十三师团、中岛今朝吾指挥的第十六师团和伊东政喜指挥的第一〇一师

---

① 张宪文、吕晶编：《见证与记录：南京大屠杀史料精选（日方史料）》，第 45 页。
② 张宪文、吕晶编：《见证与记录：南京大屠杀史料精选（日方史料）》，第 618 页。
③ 张宪文、吕晶编：《见证与记录：南京大屠杀史料精选（日方史料）》，第 619、620 页。

团。管理的大军虽不少，但是由于朝香宫鸠彦王刚刚上任，对这些部队的长官还不熟悉，而且，这些部队在进攻上海中都受到了不小的损失，因此，刚接受新任务，朝香宫鸠彦王立即重整士气，准备向南京进发。同样，从杭州湾登陆的柳川平助的“第十军”，从军官到士兵，个个激情高涨，俨然成了一支亡命之师。

柳川平助是“第十军”司令官，中将。60多岁，身材矮小，佐贺县人，先在日本士官学校，后又在日本陆军大学深造。他精于骑兵指挥，当过野战部队的旅团长、师团长，还曾经担任过陆军大学的校长。善于研究军事理论的进攻战略，被日本军界称为“进攻战略家”。他的仕途生涯十分坎坷，1936年曾参与反对裕仁天皇的活动，由陆军大学校长贬为预备役。这次进攻上海，日方由于缺乏指挥员，又被重新启用。尝够了被贬无权的苦头，重新掌权后的柳川平助在淞沪战场上发挥了重要作用，随后打算乘中国军队溃退的机会，独立进攻南京。柳川平助指挥的第十军只有3个师团和1个支队，合计8个旅团，主要包括谷寿夫的第六师团、牛岛贞雄的第十八师团、末松茂治的第一一四师团和国崎登支队。柳川平助的部队虽然比朝香宫鸠彦王的少了一半。数量上少，但少而精，战斗力都很强。这些部队是从华北调过来的，经历过攻占保定、正定的恶战锻炼，尤其是谷寿夫的第六师团，个个都很歹毒。这些都成了进攻南京的主力部队。

11月15日，柳川平助召开了幕僚会议，决定“以军的主力独自果断地向南京追击”。他们认为：在太湖以东地区的作战并不彻底，因而失去了歼灭中国军队主力的机会，但是也造成了中国的军队的溃乱，他们认为，如果抓住这个变动着的战机一举断然进行追击，大概用20天的时间就可以占领南京。17日，日“第十军”制定了《从嘉兴向南京追击的作战指导要领》，次日向所属各师团下达了“不失时机一举向南京追击敌人”的命令。

19日，“第十军”向东京参谋本部发电报告：

“一、集团本日正午占领嘉兴，大概傍晚扫荡完了。

二、集团十九日晨命令以全力向南京追击，大致部署如下：

国崎部队经湖州、广德向芜湖追击，切断敌之退路。

第十八师团经湖州、广德、溧水向南京追击。

第一一四师团经湖州、长兴、溧阳向南京追击。

第六师团先向湖州推进[①]。”

从上海到南京，仅有300多千米，铁路发达，公路畅通，水路便捷。“火车应该很快，走水路，如顺水而行，也就两天之程，逆舟而行，一周时间也可抵达。即使步行，最多也就十几天时间[②]”。从上海到南京，除水路外，皆为一马平川，若有铁骑战车，不用一天，便可直抵紫金山。

如此天然有利的地理优势，为日军急速进攻提供了有利条件。远在东京的日本军部参谋次长多田骏得知柳川平助的部队已经开始扑向南京，极为意外。然而，前方将士士气正旺，对攻占中国首都志在必得，参谋本部又有什么阻挡的理由呢？很快，日本最高统帅部迅速调整决策，于11月25日解除了对“华中方面军”在“苏州—嘉兴一线作战的限制[③]”。28日，日本参谋本部正式批准了日“华中方面军”关于“攻克南京”的请求，由参谋次长多田骏发来电报传达进攻南京的决定。

上海沦陷后，日军兵分多路沿着沪宁线的一路急速攻进，随着吴福、锡澄线依次被突破后，自11月24日开始，日“华中方面军”依次占领江苏的无锡、常州、江阴，浙江的湖州、长兴、广德等地，到了11月底12月初，日军已经形成了实际意义上的对南京的“合围”局面。

---

① 《中国事变陆军作战史》，第一卷，第一分册，第106页。
② 何建明著：《南京大屠杀全纪实》，第15页。
③ 张宪文、吕晶编：《见证与记录：南京大屠杀史料精选（日方史料）》，第39页。

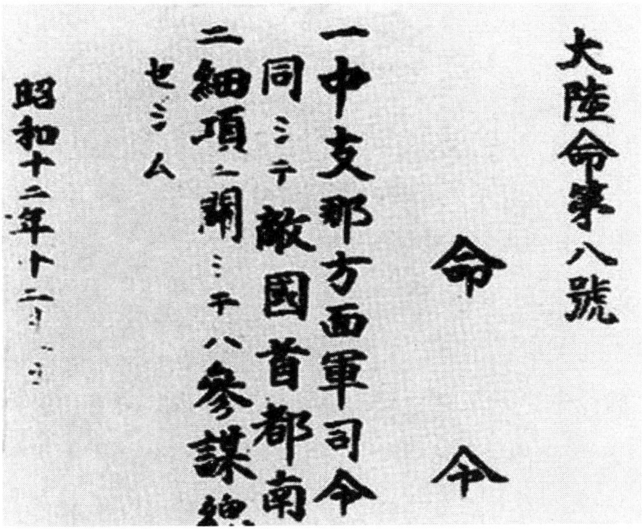
大陸命第八號

命令

一 中支那方面軍司令
同シテ敵國首都南
二 細項ニ關シテハ参謀總
セシム

昭和十二年十二

1937 年 12 月 1 日日本大本营下达《大陆命第八号命令》

沪宁沿线方向，日“上海派遣军”第九师团和第十一师团占领无锡后，切断无锡—宜兴公路。第十六师团占领常州，部分兵力继续向西追击中国部队，“一直追到了常州西部约 8 千米的地方①”。第九师团与第十六师团部队汇合后，沿常州—金坛大道向南京方向开进，第九师团自常州—金坛—天王寺向南京进攻，第十六师团沿丹阳—句容—汤水向南京进攻。第十三师团占领江阴市区及江阴要塞。其中，昭田支队从江阴渡江占领靖江，西攻扬州；山田支队直属上海派遣军司令部，与第十一师团天谷支队沿长江南岸向镇江进攻。

与此同时，浙江、安徽方向的“第十军”占领湖州后兵分四路以全力向南京方向追击。第六师团占领长兴、广德。第十八师团经安徽宁国准备向芜湖进攻。第一一四师团依次占领长兴、宜兴、溧阳，接近溧水向南京

① 张宪文、吕晶编：《见证与记录：南京大屠杀史料精选（日方史料）》，第 43 页。

进攻。国崎支队占领广德后继续向西行进。

12 月 1 日，由裕仁天皇批准，加盖日本国玺，日本大本营正式下达了攻占中国首都南京的书面命令——“大陆命第 8 号”的敕令，内容如下：

一、华中方面军应与海军协同，进攻敌国首都南京。

二、有关细则由参谋总长指示。

昭和 12 月 1 日[①]

随后，日本陆军参谋本部次长多田骏中将携带裕仁天皇“攻击敌国首都南京”的“敕令”，从东京飞抵上海，亲自将盖有国玺和各大臣印章的大本营敕令，交给“华中方面军”司令官松井石根大将，下达作战命令；同时指示：为了完成攻占南京的任务，华中方面军可以一部兵力在扬子江左岸要地作战[②]。

日军的战斗序列及作战计划

根据日陆军参谋本部次长多田骏交给松井石根的日本大本营“大陆命第 8 号”敕令，日本军队攻占南京的主力部队为陆军方面的“华中方面军”，辅助部队为“支那方面海军”。

早在 11 月 7 日，日本陆军省、参谋本部等发布“临参命第 138 号”，将“上海派遣军”和“第十军”编入“华中方面军”，司令官为松井石根[③]。据此，可以梳理得出日方参加攻占南京的陆军方面部队的战斗序列。

日“华中方面军”司令官 松井石根 大将

参谋长 冢田攻 少将

副参谋长 武藤章 大佐

下辖：

① 张宪文、吕晶编：《见证与记录：南京大屠杀史料精选（日方史料）》，第 617 页。
② 经盛鸿著：《战时中国新闻传媒与南京大屠杀》，第 771 页。
③ 张宪文、吕晶编：《见证与记录：南京大屠杀史料精选（日方史料）》，第 616 页。

（一）日“上海派遣军”下辖5个师团、1个支队及其他辅助部队，每个师团下辖2或3个旅团。

司令官 松井石根 大将，12月2日后由朝香宫鸠彦王中将继任

参谋长 饭沼守 少将

副参谋长 上村利道 大佐

第三师团（名古屋师团）师团长 藤田进 中将

参谋长 田尻利雄 大佐

步兵第五旅团 旅团长 片山里一郎 少将

步兵第二十九旅团 旅团长 上野勘一郎 少将

第九师团（金泽师团）师团长 吉住良辅 中将

参谋长 中川广 大佐

步兵第六旅团 旅团长 秋山义允 少将

步兵第十八旅团 旅团长井出宣时 少将

第十一师团（善通寺师团）师团长 山室宗武 中将

参谋长 片村四八 大佐

步兵第十旅团 旅团长 天谷直次郎 少将

步兵第二十二旅团 旅团长黑岩义胜 少将

野战重炮兵第五旅团

第十三师团（仙台师团）师团长 荻洲立兵 中将

参谋长 勇三郎 大佐

步兵第二十六旅团 旅团长沼田德重 少将

步兵第一〇三旅团 旅团长山田（木丹）二 少将

第十六师团（京都师团）师团长 中岛今朝吾 中将

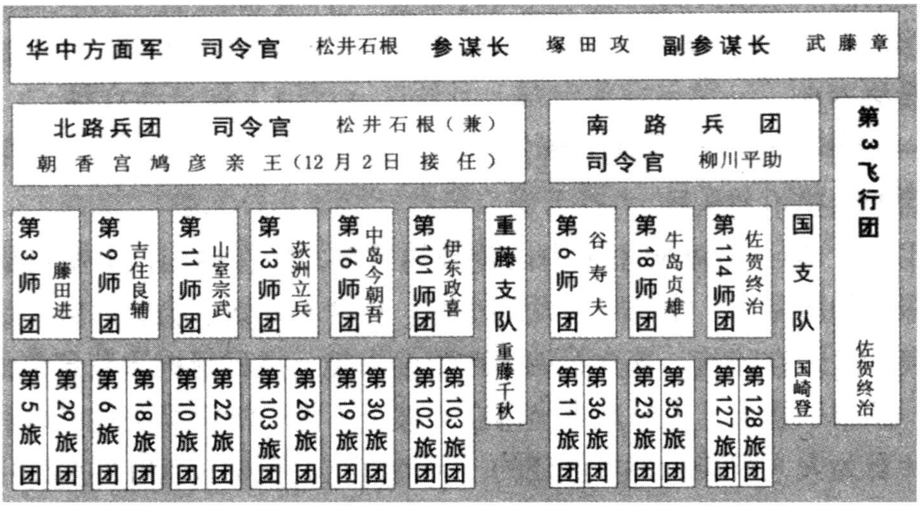

日军侵占南京的作战序列

参谋长 中泽三夫 大佐

步兵第十九旅团 旅团长草场辰巳 少将

步兵第三十旅团 旅团长佐佐木到一 少将

重藤支队（台湾守备司令部）支队长 重藤千秋 少将

（二）日“第十军”下辖3个师团、1个支队及其他辅助部队。每个师团下辖2个旅团。

司令官 柳川平助 中将

参谋长 田边盛武 少将

第六师团（熊本师团）师团长 谷寿夫 中将

参谋长 下野一霍 大佐

步兵第十一旅团（熊本）旅团长坂井德太郎 少将

步兵第三十六旅团（鹿儿岛）旅团长牛岛满 少将

第十八师团（久留米师团）师团长牛岛贞雄 中将

参谋长小藤惠 大佐

步兵第二十三旅团 旅团长上野龟甫 少将

步兵第三十五旅团 旅团长手冢省三 少将

第一一四师团（宇都宫师团）师团长末松茂治 中将

参谋长矶田三郎 大佐

步兵第127旅团 旅团长秋山光三郎 少将

步兵第128旅团 旅团长奥保夫 少将

日军部队部分指挥官

国崎支队 支队长国崎登 少将

野战重炮兵第六旅团 旅团长澄田睐四郎 少将

除了第一〇一师团伊东政喜部负责留守上海一线外，日“华中方面军”动用了所辖的两个军的全部兵力来围攻南京，共计有8个师团、2个支队及各辅助部队，约30万人，另有海军第十一支队协同。

12月1日晚上7时，位于上海的日“华中方面军”司令部，根据大本营命令，发布“中方作战命令第25号”，对攻占南京进行了部署：

一、华中方面军计划与支那方面舰队协同攻克南京。

二、上海派遣军主力于12月5日前后开始行动。重点保持于丹阳、句容方面，击破当面之敌，进至磨盘山脉西部地区。

令一部自扬子江左岸地区攻击敌之背后，同时截断津浦铁路及江北大运河。

三、第十军主力于12月3日前后开始行动。以一部自芜湖方面进抵南京背后，以主力击破当面之敌，并进抵溧水附近。

应特别对杭州方面加强警戒。

四、两军之作战区域，按如下一线延伸：

黄金山镇—天王寺—赤山①……

大陆命第8号明确要求“华中方面军应与海军协同”完成攻占中国首都南京的重任。12月2日，日“华中方面军”司令官松井石根与“支那方面舰队”司令官长谷川清达成了“关于南京攻击作战的陆海军协定”，内容如下：

一、为了攻克南京，华中方面军与支那方面舰队协定如下：

1.华中方面军以上海派遣军之一部，尽量于靠近南京之地点，在扬子江左岸地区登陆，自南京之背后发起攻击。同时，于浦口镇、扬州附近截断津浦铁路及江北大运河。

2.支那方面舰队以第三舰队之一部为先遣队，且协助前项之登陆作战。

3.关于以上作战之细节，上海派遣军与第三舰队直接协商②。

二、航空作战：

1.支那方面舰队除协助登陆作战之外，以航空兵力之大部，进抵常州、芜湖方面，获得华中方面的制空权。

---

① 张宪文、吕晶编：《见证与记录：南京大屠杀史料精选（日方史料）》，第621页。

② 张宪文、吕晶编：《见证与记录：南京大屠杀史料精选（日方史料）》，第622页。

2. 华中方面军协助机场之整备、警戒及补给。

3. 关于协助陆战的细节，由华中方面军与支那方面舰队另行协商。

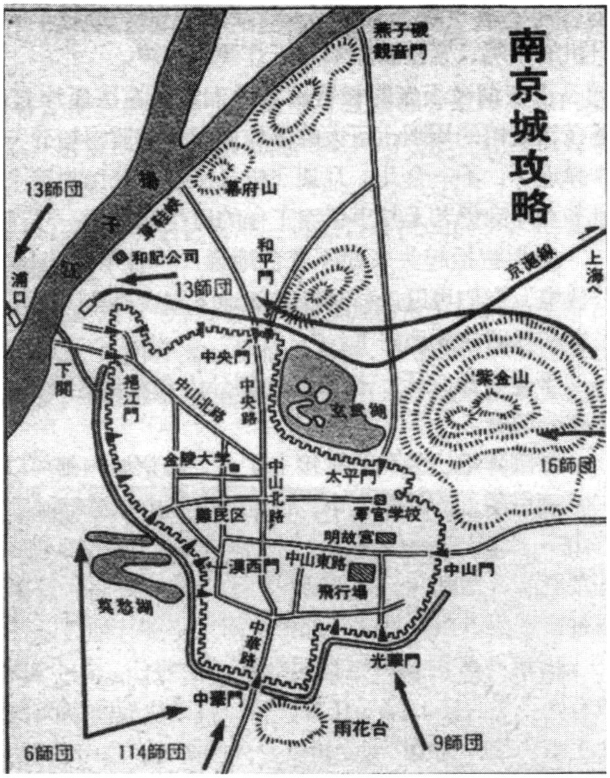

日方绘制的南京保卫战地图

从日军作战部署看，日本方面采取的是先断后路（芜湖、溧水地区）、再攻前路（丹阳、句容地区）、兼堵退路（浦口地区）的整体思路。从最初的兵力分配的大方向上看，日军进攻和包抄南京依次包括南、东、北三路。但是，随着战斗情况的变化，日方的作战方案也相应进行了调整。

南路方面：此路日军是第十军的 3 个师团，目标是切断中国部队向西撤退的后路。该路日军自 11 月下旬突破中方乍平嘉国防线后，从嘉兴一线出发，沿太湖南岸，依次攻占湖州、广德。随后，此路日军又重新兵分四路。第一一四师团由宜兴经溧阳、溧水直扑南京城南郊阵地。第六师团与第十八师团沿宁国、芜湖公路向芜湖进攻，切断南京守军沿长江西撤的后路，后又调整为以第十八师团进攻芜湖，并留守芜湖，以第六师团回攻南京。而国崎支队经郎溪，在太平渡江，回攻江浦与浦口，完成从西北方面对南京的包抄，切断南京守军渡江北撤的后路。

东路方面：此路日军为日“上海派遣军”的3个师团，即第三、第九、第十六师团，目标是攻取南京的东部与东南部阵地。此路日军于11月下旬突破锡澄线后，沿沪宁线铁路以南与太湖北岸，从无锡、常州、丹阳经金坛、句容一线，直扑南京的东郊与东南郊阵地。进攻主力由3个师团各派出的一个先遣队组成，以第3师团作为全军的总预备队。

北路方面：此路日军由“上海派遣军”的第十三师团与第十一师团天谷支队组成，目标一是攻取南京东北部阵地，二是截断中国部队沿江北撤的退路。此路日军沿长江南岸与沪宁线铁路以北，一路向西，占领江阴后，以第十三师团的第二十六旅团为骨干，组成沼田支队，从江阴渡过长江，占领靖江后，再继续向西，攻占扬州；其余部队攻占镇江，然后以主力（第十一师团天谷支队）渡过长江，协同沼田支队攻占扬州，切断江北大运河，再继续向西攻取六合、浦口，截断津浦线。第十三师团山田支队（第一〇三旅团为骨干组成）从镇江沿长江南岸一路西行，以迂回绕攻方式攻取南京城东北部阵地，包括龙潭、栖霞山、乌龙山、幕府山、燕子矶等地。

另以海军第三舰队第十一支队从上海、江阴溯江西上，控制南京江面，断中国军队渡长江被撤之退路。

从日本各方面的准备和实际进展情况看，日“华中方面军”也可以视作兵分五路合围南京的[1]，即：

第一路：第十一、十三、十六师团沿京沪铁路经丹阳、镇江、句容西进；

第二路：第三、九师团由金坛直扑南京；

① 张洪涛：《国殇：国民党正面战场抗战纪实》，第293页。

第三路：第十军第一一四师团沿宜兴、溧阳、溧水公路前进；

第四路：第六、十八师团沿宁国、芜湖公路进攻芜湖，包抄中国军队沿江西去的后路；

第五路：国崎支队，从广德经郎溪、太平渡江，攻占浦口，切断南京守军渡江北去的退路。

随后，松井石根召开了进攻南京的作战会议。参会人员包括继任“上海派遣军”司令官的皇叔朝香宫鸠彦王中将、“第十军”司令官柳川平助中将。

在这次会议上，松井石根对上海战役后中方的情况进行了分析，指出，经过上海这一战，中国军队的战斗力已经达到了消耗的极限。第2、3线的防御部署实际上并未完成。会议中，他还提到了中国军队后撤的混乱，“有的步行，有的乘船，由于道路狭窄，渡口容量小，形成无秩序的拥挤”，所以，他提出，要趁混乱之机，趁中国军队守卫南京的部署尚未形成之前，“迅速进军南京”。

进攻南京的日军按照既定部署和安排，开始追击从上海一路西撤的中国军队。日军的行进速度远远超过了预期。12月3日，松井石根在日记中写道：

“今天天气特别好，天上有星星，是雪后大晴，受令进攻南京的部队在凌晨一个个如猛虎出发了。9时，前线发来电报，说部队行军如脱缰之野马，步兵每小时强行军20里。行军队伍中，还常常混进从上海战役中败退下的中国兵，直到天亮才发现。”

12月3日，日“上海派遣军”以第九师团在前，第三师团随后，到达金坛以西的薛埠，之后经茅山、天王寺、二圣桥、句容、土桥向前追击，

5日到达南京东南方向的淳化镇，抵达中国守军第七十四师的防御阵地前。第九师团一部横渡太湖，在宜兴登陆后也到达淳化镇。第十三师团主力由镇江渡江后经仪征、六合向西进攻占领滁县，遮断津浦铁路，配合进攻南京。

12月4日，日“华中方面军”司令部下达进攻南京外围阵地的命令，规定两个军各师团的攻击路线与目标。

“上海派遣军”的攻击路线与目标：

第十六师团攻占句容后，沿句容—汤水镇[①]—南京的公路，向南京东部进攻；

第九师团沿天王寺—淳化镇—南京的公路，向南京东南部进攻；

第十一师团的天谷支队沿常州—丹阳—镇江的公路向镇江进攻，在占领镇江后，渡长江攻占扬州，再向津浦线进击；

第十三师团的沼田支队从江阴渡长江攻占靖江，再向西进击，与天谷支队协同进攻扬州；

第十三师团的山田支队协同第11师团的天谷支队攻占镇江，然后沿长江南岸向龙潭与南京北部进攻；

第三师团作为总预备队。

第十军的攻击路线与目标：

第一一四师团由溧水向南京的南部雨花台、牛首山一线进攻；

第六师团、第十八师团本来是协同进攻芜湖，因得到芜湖中国军队撤退的情报，“华中方面军”于12月2日令第十八师团继续向芜湖进攻；第六师团调转方向，配合第一一四师团，协同向南京的西南部进攻；

国崎支队在太平渡长江后，从西面向江浦与浦口进攻，切断南京北部门户津浦铁路。

---

① 即汤山。

同日晚，松井石根在上海发布“中方作命第 27 号”，命令如下：

一、华中方面军计划夺取南京郊外之既设阵地，并进行攻克南京之准备。

二、上海派遣军及第十军于夺取南京郊外之既设阵地之后，大致进抵上元门（下关东北约 4 千米处）—小卫[①]（南京至句容道路上）—高桥门—雨花台—棉花地一线，准备攻克南京城。

三、两军作战之区域调整如下（依据十万分之一地图）：

天王寺十字路—蒲塘（秣陵关以东约 4 千米）—南京东南端之河流一线。

四、我在上海方面军司令部。

华中方面军司令官 松井石根[②]

同时，为配合日本陆军对南京的合围与进攻，日本当局进一步加强了对南京地区的空袭活动。除日本海军航空队对南京进行持续疯狂轰炸外，日本陆军航空队也在 12 月初开始“大举空袭南京”，他们以上海的龙华、王滨等机场为基地，在陆续占领的常州、广德、长兴建立前进飞机场，对南京进行近距离的袭击，“轰炸南京飞机场及城墙，协助第一线兵团作战，特别是攻击扬子江上和从芜湖附近向南面退却的敌人” 。而此时，中国的空军战机经过自 8 月开始的与日机对空战斗后已经严重受损，基本丧失了战斗力，能够上天作战的飞机数量少的可怜。

至此，日本陆军一面沿京沪线向西北追击，一面沿京杭国道向北进犯，右侧沿长江向西进攻，左侧攻入芜湖背后，割断了我军与后方的联系，形成了东南西三方面大钳形的围攻，南京外围防守战也就此揭幕了。

① 原文如此，似乎为“孝卫街”（参见《见证与记录：南京大屠杀史料精选（日方史料）》注释）。
② 张宪文、吕晶编：《见证与记录：南京大屠杀史料精选（日方史料）》，第 623 页。

第四章

城外阻击　石城渐成孤城

4

1937年12月初，日军已经兵分多路，依次行进到句容、淳化、秣陵关等南京外围地区。如前文所述，根据南京卫戍司令长官部的守备计划，南京外围的弧形防御线，按顺时针方向依次为：南京东北方向长江边的龙潭—栖霞山一带，南京正东方位由东向西的句容、汤山一线，南京东南方向的湖熟、淳化一带，以及南京西南面秣陵关、牛首山、江宁镇等，大致分为东北、正东、东南、西南四个阵地。

东北方向孟塘至龙潭一线阵地由从镇江转进的第八十三军邓龙光部负责防守，正东方向的句容、汤山一线阵地由第六十六军叶肇部负责防守，东南方向的湖熟、淳化一带阵地由第七十四军俞济时部下辖第五十一师王耀武部守备，西南方向的秣陵关、牛首山一带阵地由第七十四军第五十八师冯圣法部负责防守，江宁镇一带由第七十二军孙元良部防守。各部之间相互衔接，部分地区均有友军派出前进部队。

句容、汤山一线的激战

句容是一座具有两千多年悠久历史的文化名城，地处苏南，紧邻南京，是南京的东南门户，素有“南京新东郊、金陵御花园”之美誉。句容位置优越，交通便捷。如今的句容，从高速公路句容道口到南京只需半个小时，到上海也仅需两个半小时。句容是接近南京外围防线最重要的据点之一，南京城外围阵地的战斗最早便是在句容打响的。

丹阳、句容保卫战

根据日本华中方面军司令部“第二期作战计划大纲”和“中方作命第

1 | 2
3

1. 南京保卫战打响
2. 日军战车照片
3. 守军炮兵阵地

25 号”命令要求，日本“上海派遣军”主力部队的进攻路线是从丹阳、句容方面向南京发起进攻。该军下辖的第十六师团在占领常州后与第九师团部队汇合，沿常州—金坛大道向南京方向开进。以第九师团自常州—金坛—天王寺向南京发起进攻，以第十六师团沿丹阳—句容—汤水向南京发起进攻。12 月 3 日，两军的“先头部队已经抵达磨盘山顶一带[1]”，4 日抵达“句容及其南部一带[2]”。

第十六师团的任务是负责“攻占句容后，沿句容—汤水镇—南京的公路，

① 张宪文、吕晶编：《见证与记录：南京大屠杀史料精选（日方史料）》，第 46 页。
② 张宪文、吕晶编：《见证与记录：南京大屠杀史料精选（日方史料）》，第 47 页。

第六十六军军长叶肇

向南京东部进攻”，参加围攻句容地区阵地的是该师团主力部队第十九旅团草场辰己部和第三十旅团佐佐木到一部。

中国部队负责防守句容、汤山一线阵地的是广东部队第六十六军叶肇部。第六十六军下辖一五九师四七五旅、四七七旅和一六〇师四七八旅、四八〇旅共计8个团。自上海战场撤退后，一六〇师除留有四八〇旅九五九团留守丹阳候命撤退、四七八旅九五五团留守句容候命撤退外，其余部队继续向西行进，于12月1日到达麒麟门、白家场附近，进行收容休整。11月30日下午2时，留守丹阳的一六〇师九五九团遭到日军攻击。日军分别以大炮4门、步兵四五百名，分两路攻击该团两营阵地。经过官兵奋勇抗战，“毙敌七十余人”，守军部队“伤亡连排长共四员，士兵百一十余名”后，丹阳阵地仍固守在该团手中。

12月2日，南京守城部队已按部署镇守各自阵地，第一五四、第一五六、第三十六、第五十一、第五十八、第四十一、第四十八师等部队及教导总队与宪兵两团承担南京城垣及龙潭、保国山、汤山、半边山、淳化镇等国防工事阵地的防守。第六十六军第一六〇师除了留守丹阳、句容的两个团之外，其他部队占据珠山、多子山、青龙山的第二线阵地。中午12时，第一六〇师奉令将留守丹阳阵地的九五九团划归第八十三军邓龙光指挥，两天后该团也奉令由丹阳绕道经镇江到达句容城，并重归第六十六军第一六〇师指挥，此后赶至汤山镇。

12月4日，中国部队侦察到在句容以东40里处及天王寺西北上葛村附近分别发现便衣日军，并与中国部队派往前方的部队发生交火。同时，在南渡、溧阳间及丹阳以西公路，发现了日军步炮联合纵队和机械化部队。日军进攻南京的意图已经非常明显。南京卫戍司令长官部获此情报后，随即命令各部继续加强敌情侦察，并严加戒备。下午2点，第六十六军命令一六〇师立即布防，阻击日军。命令要旨如下：

（一）着四七八旅（欠九五六团）附九五九团，迅即占领句容西端已设阵地，为前进部队极力拒止敌之前进，无令不得撤退。

（二）着九五六团即在珠山、青龙山、多子山之线占领阵地[1]。

随即，第一六〇师下达命令如下：

（一）敌之先头部队三四百人，现已到达天王寺附近。我一五九师现占领汤水镇、仙澜桥南北之线已设阵地。

（二）师以协同友军固守南京之目的，决以主力占领句容西端已设阵地，以一部占领珠山、多子山、青龙山已设阵地。

（三）四七八旅（欠九五六团）附九五九团，应即占领句容西端已设阵地，为前进部队无命不得撤退。

（四）九五六团应即占领珠山、多子山、青龙山第二线已设阵地，归本部直接指挥。

（五）通讯连应即以师部为基点，向军部及各旅团架设电话专线。

（六）野战病院，即在麒麟门附近地区开设。

（七）弹药交付所设坟头村。

（八）本师兵站分站设麒麟门。

（九）余在白家场师战斗指挥所。

随后，这些尚未来得及完成休整的部队，急行军快速向句容、汤山阵地

① 二史馆编：《抗日战争正面战场》（上），第440页。

前进。部队就地休息的短暂空档里，第六十六军军长兼第一六　师师长叶肇不忘给军官们鼓舞士气，阐明句容、汤山阻击战的重要性，接着讨论作战战术，向各师下达阻击任务。此时，天公不作美，下起了瓢泼大雨。时至初冬时节，官兵们冒着寒风冷雨急行军，赶到阵地后立即展开构筑工事，组织防御阵形。

12 月 5 日拂晓，第六十六军派驻句容占领前进阵地的第九五五团和第九五九团与日军发生接触，经过短暂射击交火后，日军即向后撤退。守军部队留下一个营继续驻守句容城内，主力部队则依旧在句容西北栗子里附近占据防守阵地。中午过后，土桥镇、牧马场等地也都发现了日军部队踪迹。从部队动向可以看出，日军伺机绕到句容西侧，企图从两翼对中国守军进行包围。下午 4 时许，据第一六〇师第四七八旅旅长邓志才报告："日军方面有一支 3000 余人的步兵、炮兵联合部队先行到达土桥镇，并有向新塘市前进的动向。同时，另有一支 1000 余人的部队经牧马场向汤水镇前进。第一六〇师立即将情况上报军部并通报一五九师。卫戍司令部获悉报告后，随即命令第六十六军严加防范，并命令前进部队"于不得已时，可相机归还建制[①]"。

到了 12 月 5 日晚上，日军大约三个联队，兵分两路对中国军队阵地展开了进攻：其中一部向我军前进阵地正面攻击，主力分两路向土桥镇、牧马场前进包围，另外一部由土桥镇转向新塘市迂回，企图截断句容守军的退路。第六十六军随即派兵一个团向新塘市的日军发起攻击，并命令在东昌街的第八十三军第一四五师向句容前进辅助作战。但是新塘市的日军还陆续有后续部队增援，致使中国守军陷入恶战，难以尽快击退日军。

12 月 6 日凌晨 3 时，中国军队的两辆弹药车行进到新塘市附近，受到了日军的截击。6 时，阵地通讯已经中断。拂晓时分，日军步炮联合部队五六千人，已经对新塘阵地形成四面包围态势。20 余架飞机不断轰炸，大

① 二史馆编：《抗日战争正面战场》（上），第 408 页。

炮不停地轰击，步兵则轮番向新塘阵地后方发起冲击。守军部队在陷入重围之中依然顽强守卫阵地，遭到了严重损失。中午12时，虽然上级已经下达撤退命令，但因为通信已经中断，命令无法送达。师部决定由华副师长率领九五六团两个营前往策应。下午3时左右，部队到达汤水，日军已与一五九师遭遇，从公路方面赶来的日军已经占领炮兵营房，华副师长当即率领部队分两路冲出，将撤退命令送达。而此时负责防守句容的四七八旅因为没有接到撤退命令，而未擅自转移，始终坚守阵地，与日军进行顽强抵抗。坚持到下午4时左右。汤水方面的战斗也很激烈，旅长邓志才判断，日军已经向我方主阵地发起了进攻。为保存战斗实力，邓志才决定带领全旅官兵于黄昏时分部突围，部署如下：

1. 以中校团副刘栋材率兵一营向土桥方面佯攻，俟主力突出重围时，即随队尾跟进。

2. 九五五团应于黄昏前完成攻击准备，黄昏后，即由京杭国道以南地区，向汤山方面之敌攻击前进。

3. 九五九团缺一营为预备队，随旅部行进[①]。

6日晚7时，第四七八旅按照既定部署开始突围行动。此时，日军在京杭国道以南地区的兵力较为薄弱，全旅官兵奋勇冲击，日军阵线被冲击的凌乱不堪，纷纷溃退。邓志才旅长命令九五九团一部阻击敌人，其他部队边战边突围。到了7日凌晨2点，该旅部队到达白家场附近。经过激战，“毙敌三百余名”，第四七八旅“伤亡官兵十余人，士兵三百余人”。

汤山血战

句容失守后，日军迅速推进至距离南京城约30千米的汤山镇。这里也

① 二史馆编：《抗日战争正面战场》（上），第441页。

是中国守军在外围防线中的重点设防地区之一。接下来的几天，汤山一线发生了悲壮的血战。

12 月 7 日，大胡山附近的日军仍盘踞在这一地区，攻势十分猛烈。而我军因通讯困难，加上日军利用空中优势不断骚扰轰炸，致使我军无法有效集结附近几个部队合力消灭日军。这时，汤水镇前面第一线阵地，不断受到占据炮兵营房的优势日军的猛烈攻击，各处陆续被日军突破。不得已，守军部队在黄昏后，撤退到了第二线阵地，固守汤山及汤水镇。

12 月 8 日，日军以主力及炮兵机械化部队对汤山第二道防线发起了猛攻，中国守军与日军发生混战。到上午 8 时左右，汤山镇的激战依然持续，中国方面始终牢牢守住汤山及两侧高地，后面的方珠山、青龙山之线，有了第八十三军一五六师派遣部队接防，阵地也逐渐稳固。但在大胡山、高家庄阵地，该处的日军不断有后续增援，在 8 日拂晓对中国守卫部队进行了猛烈反攻，并调主力向栖霞山方向实施包围，第四十一师和第三十六师的一团，反复冲击，击毙大批敌人，但无奈日军有飞机轰炸做掩护，而且炮兵火力有优势，中国部队只能靠拼苦肉战，却无法击退日军，导致自身伤亡巨大。

12 月 7 日，美国记者德丁在从南京发往《纽约时报》的特电《为拖延敌军的进攻中国军队正在抗战》一文中，报道他在句容、汤山前线采访时，亲眼目睹了当时中国军队官兵在极其艰苦的条件下，无畏战斗、浴血沙场的情景：

广东军两个师因为睡眠不足疲惫不堪，但为了阻止敌军的进攻仍拼死一战……他们在不休不眠、几乎粒米未进的状态下，持续战斗了三天之后，终于在这个村子里休息了一夜[①]。

① 张宪文主编：《南京大屠杀史料集.6》，第 43–45 页。

12 月 9 日，德丁在《纽约时报》上又以《日军放火烧山，300 名中国人山顶阵亡》为标题，报道了他在汤山战场上亲眼目睹的一场悲壮的血战：

300 名中国军人被日军围困在离南京 20 英里的汤山公路边一座锥形山的山顶，经昨天一整天的激战，全体士兵几乎一人不剩……

他们遭三面袭击后，往山里撤退，迅即被占优势的敌军包围。中国军队竭尽全力反击。他们只有自动手枪，弹药很快打完……激战数小时后，日军用轻型炮对准山头轰击。之后，日军放火把树木、灌木丛、草点着，火焰渐渐迫使受困的中国部队退到山顶，汤山公路边密集的炮火、机枪火力将每一个人置于死地[①]。

在句容、汤山一带的恶战中，中国守军涌现了许多不顾个人生命安危，勇往直前奋战在战斗一线的官兵，他们的事迹可歌可泣、永垂青史。

句容失陷以后，第一六〇师第九五五团奉命固守步兵学校附近阵地，因为兵力薄弱，陷入日军重重包围，该团团副廖俊一中弹受伤，经过简单包扎伤口后继续在一线指挥，随后与日军展开肉搏战。但终因众寡悬殊，该团士兵几乎伤亡殆尽，廖俊一也因为伤势过重难以动弹。士兵多次尝试将他背着撤退，或者转移到偏僻的安全地带。然而，尾随的日军马上就要追上了，廖俊一不想拖累士兵，他大声说道："余不惧死，誓与敌不两立，我虽伤不能动，但手枪犹在，如能博取三五倭寇，死亦无憾。你可速随部队走，不可以我个人为累[②]！"日军追上来后，廖俊一用手枪击毙两名日军，随后饮弹而亡。

在 12 月 7 日汤山一带的战斗中，第一五九师第九五〇团官兵苦战多日，疲惫不堪。营长房仲庄率领士兵，继续与日军反复冲杀搏斗。战斗中，房仲庄受了重伤，倒卧在地不能动弹，但是仍旧声嘶力竭指挥全营士兵继续

① 张宪文主编：《南京大屠杀史料集.6》，第 437–438 页。
② 胥兆梅选辑：《南京保卫战第六十六军阵亡将士殉国事略》，第 42 页，《民国档案》，2007 年第 4 期。

冲锋杀敌。日军攻势猛烈，步步逼近，属下士兵力图将他背离战场，房仲庄依然坚守阵地，士兵试图将他手中的手枪夺走，“使免资敌”，房仲庄大声说：“余尚有最后一颗子弹，敌人其能不饮我弹而越我阵乎①！”随后，日军冲过阵地，房仲庄竭尽其最后杀敌力量，壮烈殉国，时年33岁。

孟塘、龙潭一带的激战

日军与中国军队在句容、汤山一线展开了激烈的阵地争夺战。与此同时，位于汤水镇以北的孟塘、大胡山至龙潭一带，也发生了连续多日的血战。在这一地区，中国多支部队负责联合守备，包括第八十三军邓龙光部、第二军团徐源泉部，以及第七十八军三十六师宋希濂部。

孟塘、大胡山遭遇战

12月6日上午10时，日军从句容向牧马场前进的部队，其中一部突然由九华山北麓侵入孟塘，守军部队及时对其进行截击，试图将其剿灭，但日军一面抵抗，一面又充分利用凹地继续西进。到了下午2时，日军的先头部队已经到了高家庄、大胡山附近。此时，如果日军继续前进，金汤大道和第六十六军后方连络线就有被截断的危险。

南京卫戍司令长官部根据情势判断，随即命令第七十八军第三十六师抽出一个团，配备战车防御炮进行紧急增援。与此同时，命令第二军团第四十一师由北向南、第六十六军由南向北，同时向孟塘、大胡山之间的凹地对日军发起围攻。6日晚，各支部队相继部署完毕，准备于7日拂晓将日军一举歼灭。同时，固守镇江的第七十一军和第一五六师，也以主力向

① 胥兆梅选辑：《南京保卫战第六十六军阵亡将士殉国事略》，第42页，《民国档案》，2007年第4期。

南京方向转移，攻击孟塘地区日军的侧背。

与此同时，第六十六军命令一六〇师第四七八旅第九五六团在珠山、青龙山、多子山之线占领阵地进行布防，准备阻击日军。

12月7日拂晓，日军向汤水阵地展开猛攻。早上7时许，孟塘的日军2000余人已经推进到复兴桥附近，第九五六团随即向日军侧面发起进攻，歼灭日军一部，使其不敢再向前推进。8时，日军主力转向大胡山、岘山、龙山阵地发起攻击，企图进出白家场，断绝中方守军与后方的联络。第六十六军第九五六团拼死抵抗，日军阴谋一直没有得逞。但是日军后续部队仍旧源源不断地向孟塘方面移动。中午12时，中方部队增调三连参与堵截孟塘的日军。同时，第七十八军补充第二团归司令长官直接指挥，奉令开到葛家边、复兴桥、北冈之线向东攻击。该团由麒麟门出发，午后2时左右，"以步兵先头到达东流镇西端"，得知许巷、复兴桥已经被日军占领，于是就近在眼前庙南北高地一线与日军展开搏斗，向许巷、复兴桥的日军进行攻击。下午6时，守军部队占领许巷。但是复兴桥附近的日军仍在顽抗，而且从数量和火力上更占优势，中国部队左右又没有依托，刚补充的新兵也大多都有畏战心理，不能再发起主动进攻，于是形成双方僵持不下的局面，这种状态一直持续了一整夜。

12月8日凌晨2时，第六十六军命令第一六〇师：着该师协同三十六师补充团及四十一师，与本（8）日拂晓，向侵入复兴桥之敌，包围攻击而歼灭之[1]。此时的第一六〇师，能够使用的兵力只有九五六团不到1000人，经过7日与日军激战一整天，损失巨大，而九五五和九五九两个团，刚从句容突围出来，残破不堪，难以形成战斗力。该师随即决定以第九五六团担任第一线，其余编配完毕后作为预备队，随即下达作战命令如下：

① 二史馆编：《抗日战争正面战场》（上），第442页。

第二军团军团长徐源泉

第八十三军军长邓龙光

（一）侵入复兴桥方面之敌，约千余人，现与我军对峙中。我三十六师补充团及四十一师，现已进出东流镇狮山之线。我炮兵连现在东西流之间地区占领阵地。

（二）师以先行歼灭该敌之目的，拟即协同友军包围敌之左侧背而歼灭之，攻击重点，指向复兴桥东南地区。

（三）九五六团第一营（附一连）应固守孟塘原阵地，截断敌之后方联络。

（四）九五六团（欠第一营又一连）应在原线，于拂晓前完成攻击准备。

（五）四七八旅（欠九五六团）附九五六团，附九五九团应即迅速整理补充，限拂晓前编配完毕，控置于大胡山、岘山之间以南地区，为预备队[①]……

12月8日拂晓，复兴桥一带的战斗全线展开，到9时左右，大胡山方面战况略有进展，但由于汤山失守，第一五九师在汤山、半边山等处与日军激战。防守孟塘的九五六团一营，已经被日军包围，陷入浴血抗战中。第一六〇师认为，必须先行扑灭复兴桥方面的日军，然后才能为孟塘守军解围。但因为缺少友军协助，没有达到目的，到了下午2时左右，防守孟塘的一个营已经全部殉国，营长阵亡。

① 二史馆编：《抗日战争正面战场》（上），第442页。

龙潭、杨坊山恶战

第二军团徐源泉部先头部队于12月5日抵达南京后，即编入卫戍军战斗序列，奉命防卫栖霞山、中山陵一线，构筑第二线预备阵地。6日，因汤水镇北面的孟塘，发现日军数千人向中国守军阵地挺进，第二军团随即奉令推进到龙潭、拜经台、射乌山、孟塘之线。

第二军团徐源泉部下辖第四十一师和第四十八师，每个师下辖2个旅，每个旅下辖2个团，总计8个团的兵力。具体为：第四十一师师长丁治磐中将，下辖第一二一旅（含第二四一团和第二四二团）和第一二三旅（含第二四五和第二四六团），第四十八师师长徐继武，下辖第一四二旅（含第二八三团和第二八四团）和第一四四旅（含第二八七团和第二八八团）。其中，第四十一师丁治磐先行抵达南京，进至石洞山附近阵地，与日军发生激战。

12月6日，第四十一师第二四六团部队行进至石洞山附近时，与日军发生遭遇，并与之发生激烈的肉搏战。经过激战后，占领石洞山。同时，第二四一团占领拜经台、龙潭一带后，也与日军发生了交火。第二四六团被日军围困，正与之进行顽强抵抗。于是，该军命令第二四二团于7日拂晓前向石洞山左翼增援，给日军以沉痛打击。经反复多次主动向前发起冲锋后，“其乌山、丁家山、鸡笼山、东山头等处为我所夺，毙敌甚多[①]”。但同时，中国守军第二军团第二四六团、二四二团也伤亡过半。

汤山失守后，中方守军奉命向后撤退，第四十一师负责守备阵地的多处要塞，即将暴露在日军面前。同时，另有一股日军约千余人，突破石洞山、丁家山之间，占领漳桥等附近阵地，切断了守军与友军联络。此时，恰逢第四十八师徐继武部第一四二旅赶到，立即进占龙王山，以一部驱逐漳桥

① 二史馆编：《抗日战争正面战场》（上），第416页。

的日军并重新占领了该阵地。晚上，第四十八师第一四四旅也赶到阵地，并随机占领栖霞山、中山墓之线进行驰援。当晚，第二军团接到上级命令，要求撤至左自乌龙山到曹庄赶经和尚庄至杨坊山北麓薛氏坟一带，并以第一四二旅（欠二八三团）专门负责乌龙山要塞守备，并与右方教导总队联动。

12 月 9 日拂晓，该军奉命撤退到所命防线，但该防线不但没有预筑的阵地，连要塞区的工事也没有完成。考虑到杨坊山阵地需要留守部队，而教导总队也没来得及占领该阵地。徐源泉考虑，杨坊山的位置位于两军结合部附近，关系十分重要，若不对其进行严防死守，则后果非常严重。第二军团立即抽调第一四四旅第二八七团第三营占领杨坊山。

12 月 10 日下午 2 时左右，日军向和尚庄方面发起猛攻，中国守军奋起抗击。11 日早，日军以大炮 30 余门、飞机 10 余架不断向我军杨坊山一带阵地发起攻击，将工事炸毁后，在 16 辆坦克车的掩护下，日军步兵 2000 余人围攻了杨坊山，第二军团第四十八师第一四四旅第二八七团第三营营长秦慎符指挥全营官兵反复争夺，终因日军炮火实在猛烈，加上飞机连续轰炸，全营官兵全部壮烈牺牲[①]。

湖熟、淳化一带的激战

日军沿着沪宁一线向南京快速推进，以丹阳、句容为正面进攻重点，在到达句容后，又根据实际情况，分兵一路从南京的东南方向前进，企图直接插入南京的心脏。从南京东南方向进攻南京的是日军第九师团下辖的第十八旅团。该旅团的两个联队从句容方向突破索墅镇，渐次推进至淳化镇一带，实现对南京东南方向的围击。

① 二史馆编：《抗日战争正面战场》（上），第 417 页。

湖熟、淳化一线的守备

负责湖熟、淳化镇一带守备任务的是第七十四军俞济时部。该军参加了淞沪战役，撤退时担任掩护主力部队撤退任务，后经苏州、武进、句容向南京撤退，到达南京时是11月28日，军部驻扎在通济门淳化镇中间地区。第七十四军在上海一带作战牺牲很大，兵员缺额很多，军长俞济时和官兵都希望撤至一个较安全的地点，休整一段时期再行作战。但因南京保卫需要，蒋介石命令他们参加加入保卫战序列，该军下辖第五十一师王耀武部和第五十八师冯圣法部，每个师各有两个旅4个团，全军官兵约有17000多人，轻重机枪、迫击炮齐全，是国民党军队中装备较好的一个军。

第五十一师奉命保卫南京，于11月28日由句容开抵上方镇附近待命。南京卫戍司令长官部命令该部部署如下：

着以主力担任方山至淳化镇之守备，以国防工事为主，构筑野战阵地，尽量联系加强之，以一部位置于高桥门、河定桥（不含）之线，构筑预备阵地，于湖熟镇派出警戒部队，严密监视，左与66A右与58D切取联络[①]。

随即，第五十一师按照卫戍司令长官部的命令作出部署如下：

以第三〇一团占领右由宋墅（含）经淳化镇迄上庄（不含）之线，左与66A切取联络，以第三〇二团占领右由方山（含）左迄宋墅（不含）之线，右与58D切取联络，并在三日内完成。再以第三〇六团为师预备队，位置于宋墅附近，策应第一线部队的战斗，重点保持于左翼，以第三〇五团位置于高桥门至河定桥（不含）之线，构筑预备阵地，师部位置于上方镇湖熟镇。又由第三〇一团派步兵一连，担任警戒句容、汤水、秣陵关一带，均派有严密之斥候幕监视敌情，并与各友军保持联络。

第五十一师的前进部队已按部署驻防湖熟镇，并立即开展工事构筑。

---

① 二史馆编：《抗日战争正面战场》（上），第426页。

其中，在淳化附近的国防工事，早期建造得比较粗糙，而且机枪掩体等工事目标十分明显，极容易被日军发现并摧毁。然而，要重新构筑坚固又具有纵深的阵地和工事，不仅需要时间，更需要人力、财力保障，而这两样对于当时的守军部队来说都是大难题。一方面，第五十一师在上海战役中参加罗店附近的恶战，两个月下来，部队官兵伤亡过半。在上海战事撤退过程中，第五十一师又担任了青浦、昆山、望亭等多次掩护主力部队撤退的任务，孤军苦战，精锐官兵几乎丧失殆尽，中间虽然经过多次补充新兵，但是新兵都是来自田间的农家子弟，战斗力量、工事构筑经验都明显不足。另一方面，构筑工事用的各项材料也无法得到保障。担任外线作战的部队的输送力量非常薄弱，构筑工事所用的防爆破材料和障碍物材料都极为缺乏。第五十一师全体官兵排除万难，星夜赶筑。虽然最终阵地正面过宽、材料缺乏，没能达到预期的坚固程度，但在当时条件下已经实属不易。正是在这样艰苦的条件下，第五十一师完成了湖熟、淳化一带的防御准备。

湖熟、淳化阻击战

12月4日下午2时，由土桥、索墅向西进犯的日军部队，携带大炮4门，与第五十一师向淳化方向前进的部队发生交火。同时，由天王寺向西进犯的日军骑兵100余人，后续步兵500余人，则径直向湖熟方向快速推进，与该地区的中国警戒部队发生交火。到了12月5日下午，淳化正面的日军已经增加到2000多人，大炮增加到10门，激战一直在进行中。日军利用飞机、大炮优势，对中国守军阵地进行了狂轰乱炸。

12月5日，日军骑兵部队到达湖熟镇。在镇上，日军与第五十一师发生交火，“当场被击毙数名[①]”。索墅镇和禄口镇也有日军的骑兵和探子出

① 二史馆编：《抗日战争正面战场》（上），第408页。

没，且行踪不定。6 日，由天王寺经上葛村前进的日军，约一个联队，向湖熟镇中国部队的前进阵地发起了猛烈攻击，第五十一师进行了奋力抵抗，由于兵力和装备悬殊，激战后不得已撤回。

12 月 6 日一早，由土桥镇前进的日军进入索墅镇，并向我军淳化镇阵地进行“威力搜索”。同时，日军借助大批飞机对淳化镇阵地进行轮番轰炸。阵地守军沉着应战，同时派队向索墅镇驱逐日军，“得敌旗数面，枪十余只，斩获颇多”。到了 6 日下午，湖熟守军的一个连仅剩下 20 余人，随后突围出去，其余官兵全部壮烈殉国。

12 月 7 日早上，由湖熟北进的日军约有 500 人，由咸墅、李墅攻击中方宋墅、下王墅的阵地，并向方山方向迂回，与第五十一师第三〇二团接触后，日军以一部约 200 人向上庄攻击，企图从左翼窜入，威胁淳化的侧背。在淳化的正面，日军则继续以大炮、飞机持续不断地实施轰炸，“机枪掩体亦被击毁十余座”，日军步兵继续在飞机与炮火掩护下猛烈攻击中国守军阵地，战况异常激烈。

连日来，淳化镇的第五十一师守军与日军展开了奋勇抗战，“杀敌甚多，阵地屡失屡得”。自 12 月 5 日以来，两军连续激战 3 天，日军倾其全力，发起攻击达 10 多次，均被中国守军顽强击退。战役中，中方部队击毙日军 200 多人，伤 300 多人，同时缴获日军步枪 30 余支，战旗 13 面，地图 2 副①。中方部队伤亡也很大，第五十一师官兵伤亡达 900 多人，然而部队士气依然旺盛，阵线也依旧稳固。随即又紧急调派该师预备队迅速增援。因为官兵伤亡过重，守军左翼依托空虚，日军再次以精锐部队向中方阵地猛烈攻击。中国守军以第三　一团一部对左翼实施掩护，以第三　六团一部增加宋墅，对下王墅的日军进行猛烈攻击。经过彻夜激战，日军最终被迫退出下王墅

① 二史馆编：《抗日战争正面战场》（上），第 427 页。

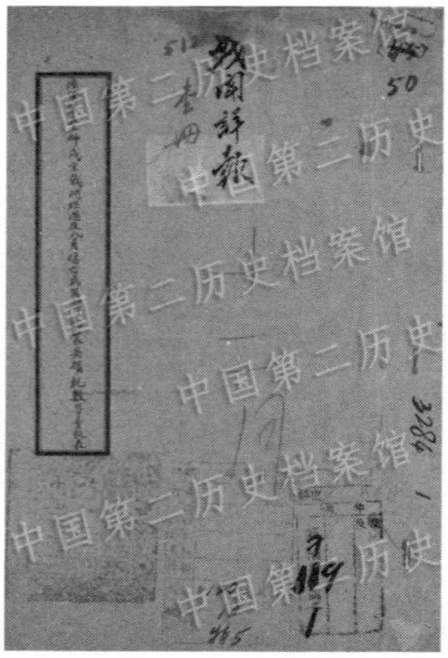
第五十一师战斗详报

阵地。

12 月 8 日，日军进攻更加凶猛，并分兵向东樵村、西庄附近包围。8 日一早，日军由湖熟赶来的生力部队约 2000 人，携带战炮 10 余门，加入到下王墅至淳化方面的战斗，同时以主力部队由上庄抄袭破口山，企图截断中方守军归路。日军正面部队在飞机、炮兵和坦克的掩护下，向淳化发起猛攻，战况之激烈程度、炮火之密集程度都是前所未有。硝烟弹雨中，宋墅、淳化的守军部队拼死坚守，最终与日军展开了肉搏战，杀生震天。

冯圣法

第五十一师部队奋勇抗战，伤亡累累，其中五营官兵因为没有后援部队，最终全部壮烈殉国。到了 12 月 8 日下午 4 时，淳化镇失守。

牛首山一带的激战

在南京的西南面，秣陵关、牛首山一带也发生了激烈战斗。从溧水方向进攻南京的是日本第十军一一四师团一二七旅团的千叶和山田部队。他们突破秣陵关的险阻，与牛首山的中国军队展开了激烈山地战。

牛首山位于淳化、方山防线右侧，形势十分险要。负责此处守备任务的是第七十四军俞济时部。该部奉南京卫戍司令长官部命令，占据淳化镇、

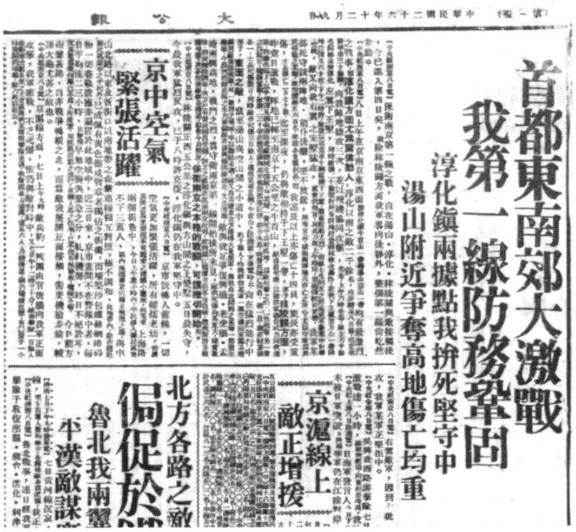
大公報
首都東南郊大激戰
我第一線防務鞏固
淳化鎮兩據點我拚死堅守中
湯山附近爭奪高地傷亡均重
京中空氣緊張活躍
京滬線上敵正增援
北方各路之敵

《大公报》报道

牛首山一带的既设阵地，加强工事，严密警戒，防敌来犯。其中，以第五十一师担任方山至淳化镇之守备。以第五十八师占领牛首山。军部设于通济门外村庄中[①]。牛首山守军左与第五十一师阵地相接，右与第八十八师阵地毗连。

负责守备牛首山阵地的是第五十八师冯圣法部，该部曾在淞沪战役中参加了罗店的战斗，后又担任掩护主力撤退等任务，后经苏州、常州、句容一路撤至南京城郊。该师在近 4 个月的对日作战中，牺牲很大，兵员严重缺额，官兵急需休整。然而，南京保卫战近在眼前，保卫首都任务义不容辞。在蒋介石的命令下，俞济时率领全体官兵又投入到南京外围的阵地守备中。

牛首山一带的国防工事虽然早有构筑，但是因为疏于管理，且战情紧急，交接仓促，许多工事无法立即充分利用。有的用土埋着，有的大门紧锁，

① 唐生智、刘斐等著：《南京保卫战》，第 162 页。

有的机枪掩体根本不符合实战要求，有的枪眼太大，容易被敌人发现目标，更容易被炮火击毁。但是，第五十八师遇到问题不退却，在师长冯圣法的带领下，大家斗志昂扬、迎难而上，抓紧时间构筑临战所需的工事。

12 月 7 日，日军借助以飞机投弹、大炮轰击联合交叉空袭的优势，掩护陆军部队向牛首山发起了持续猛攻。第五十八师借助居高临下的地理优势，以手榴弹和钢炮弹阻截日军的机械化部队。战斗十分激烈，守军官兵伤亡很大。对于这一天的报道，《大公报》这样写道："我某一营死守山前高地，为敌射击之的，牺牲殆尽，另一营立即挺至，继续奋战。敌机二三十架在殷巷镇与高井巷间滥事投弹，终日未息。我营长阵亡两员，伤一员，团长轻重伤各一，士兵死亡数百；同时敌亦死伤三百余人，遗坦克车五辆[①]。"

12 月 8 日一早，日军以 40 余辆坦克为先导，向将军山附近猛扑过来，中国守军毫不示弱，迎敌向前，经战车防御炮射击，击毁日军战车 6 辆，逼迫日军迅速向后撤退。

此时，牛首山阵地右翼的守军部队受到了日军的猛烈攻击，战况惨烈。团长石补天身受重伤，2 位营长张介夫、姚永发先后阵亡，官兵伤亡 800 余人，战线已经渐呈不支状态。下午，守军部队由江宁镇向板桥镇方向后撤。

12 月 8 日晚，根据南京卫戍司令长官部收缩阵地要求，第七十四军的防御正面由淳化—牛首山一线，收缩至河定桥—牛首山一线。牛首山阵地继续由第五十八师坚守。

12 月 9 日，第五十八师与日军继续激战，但因为第八十八师派出的右侧支援部队过早撤退，日军一部进占大胜关，且有沿江北犯的企图。固守牛首山阵地的第五十八师成了孤军，如不及时撤退，必将陷入日军的四面

---

① 《大公报》，1937 年 12 月 9 日。

包围之中。晚上，南京卫戍司令长官部命令该师撤退，与第五十一师联合担任双涧镇至宋家凹守备（在第八十八师右翼延伸线上）。

牛首山阵地失守后，南京南面的雨花台阵地直接暴露在日军面前。到了12月9日前后，位于南京东、南两面的外廓弧形阵地，已有多处被日军突破，整体战斗形势不容乐观。在南京的东北面，日军第十三师团山田支队由龙潭沿长江南岸进占栖霞山。在东面，有一路日军占领大胡山。在东南面，日军第十六师团攻占汤水（汤山）镇，第九师团攻占淳化镇。在西南面，日军第一一四师团、第六师团攻占秣陵关、牛首山和江宁镇一线。

外围一线的中国守军伤亡惨重。南京卫戍司令长官部根据形势发展，决定收缩阵地，放弃外围阵地，退向复廓一线阵地与南京城内。

孤城里的最后训话

蒋介石撤离南京

蒋介石自决定“短期固守”南京之后，一直留在南京城内指挥着这场战斗。唐生智于12月4日打电话给侍从室主任钱大钧，问及蒋介石何时离开南京时，钱大钧如实相告“他还没有走的意思……”，坦言“委员长不愿离京，我又不敢向他进言①……”

4日，南京郊外的炮声日益密集，形势已经越来越严峻。为安全起见，蒋介石便从南京城东郊陵园的四方城临时住地搬到南京城内的清凉山林蔚别墅暂住。作为党政军最高首领和战时最高司令长官，蒋介石毕竟不能“偏于一隅”，在众亲信的苦劝下，他便开始考虑先行撤离南京事宜。

6日一大早，蒋介石率唐生智、罗卓英、桂永清、钱大钧等及侍从室部

① 唐生智、刘斐等：《南京保卫战》，第54页。

分人员，连同送行者分乘十数辆小轿车，从黄埔路官邸出发，前往中山陵晋谒孙中山先生陵墓。一路上只有荷枪实弹的武装部队，没有行人。这时候的南京正值秋冬之交，梧桐落叶铺满街道，使人顿生凄凉之感。

车队出了中山门，没有直驱中山陵，而是绕经陵园新村、灵芥寺，车辆行走得非常缓慢。在中山门外绵延的山坡上，有几十幢国民党高级军政要员的郊外别墅，此时都已经人去楼空了。绿树掩映下的“美龄宫”，也显得十分凄清。

据蒋介石的随从副官蒋恒德描述，这时候的蒋介石“神情怅惘，满面郁悒”。紫金山一带地区，是扼守南京的要冲，又是孙中山的陵寝所在。在最高军事会议上，蒋介石将守备这一地区的任务交给了教导总队。

蒋介石考虑到，南京形势严峻，而守城部队很多对守卫南京都有些信心不足。自己临走之前，还需要鼓励各位将领，提振部队士气。

12 月 6 日晚，蒋介石、宋美龄与侍从室主任钱大钧来到南京铁道部一个不大的会议室里，召开离开南京前的最后一次军事会议。参加会议的包括所有列入南京保卫战战斗序列的部队少将以上的守军将领，有唐生智、罗卓英、王敬久、桂永清、俞济时、宋希濂、孙元良、叶肇、邓龙光、王耀武、冯圣法等人。会场气氛沉闷，悲观情绪笼罩着整个会议室。

会上，蒋介石作离开南京前的最后训话，希望大家抱定决心，努力固守。大意是：

一、南京是中国的首都，为了国际声誉，不能弃之不守。

二、南京是总理的陵墓所在地，全国的至诚瞻仰在这里！全世界翘首切盼付与最大的注意力，也是在这里！我们不能轻易地放弃！我们如不守南京，总理不能瞑目于九泉之下。

三、大家要有破釜沉舟的勇气和不成功便成仁的决心。

四、南京郊区有预先做好的国防工事可以利用，兵力部署要纵深有重点，紫金山、雨花台等要点不能放弃，必须坚守①。

“首都已是一个围城，我愿意和大家共同负起守卫的责任。”然而，“现在各方面的战争形势，都在继续发展，我不能偏于一隅。所以，责任逼着我离开，这在我内心是感到异常的沉痛。”

接着，蒋介石勉励大家服从唐生智的领导，为守土抗敌尽责。他说：

“今天我把保卫首都的责任交给唐生智将军，唐将军是身经百战，智勇兼备的将领，他必定能秉承我的意旨负起责任。诸君服从唐将军，正像服从我一样。”

蒋介石特意强调：

“已调云南卢汉等生力军集中武汉，以备解南京之围，我在外面，自当调动部队前来策应首都，万一有什么不幸，那也是成了保卫国家的民族英雄！人谁不死？我们要看死的价值和意义，在这伟大的时代中，能做这件不平凡的工作，是何等光荣②！”

唐生智即席作了发言，他以悲壮的语气，再次表示了对国家和民族的忠诚，决心以死报国。他说：

“本人受国家厚恩，受委员长的疏遇、培植，感激到无以为报：加之，首都的工事，又为我一手设计督造。本人自当敬遵委座命令，与诸君共负守城的责任。即使万一有什么，那也是神圣使命的完成。我们能够做一个无愧天人、无愧党国的军人，那正是我自己创造光荣历史，创造伟大的民族历史！诸君，今日正是我们戮力用命的日子！只要我们能以一死报国家，一死报委员长，什么愿望，我们也都建成了。”

---

① 唐生智、刘斐等：《南京保卫战》，第161页。
② 唐生智、刘斐等：《南京保卫战》，第23、24页。

唐生智送蒋介石和宋美龄夫妇上汽车时，蒋介石对唐生智说：

“孟潇兄，你的身体还没有恢复，有劳你守南京，我很难过。”蒋还称唐“患难见交情！”

唐说：

“这是军人应该干的事嘛！我还是重复以前对你说的话，我可以做到临危不乱，临难不苟，没有你的命令，我决不撤退[①]。”

蒋介石在离开南京之前，还同时向第五战区司令长官李宗仁、第一战区司令长官程潜、阎锡山等人发去电报，告知“中拟暂移南昌，军委会迁衡阳[②]。”

12 月 7 日一早，蒋介石便乘坐专机离开南京飞往江西南昌。为了安定南京军心民心，他将其乘坐的炮艇留在下关江边。

唐生智重新部阵

自12月1日开始，南京城外的丹阳、镇江等地发生了对日作战。4日开始，从南京的外围阵地从东向南再向西，不断发生猛烈激战。在短短的五六天时间里，外围阵地相继被日军突破，守军部队或是被迫向后撤退，或是陷入苦斗恶战之中。

与南京临近的镇江，自 12 月 7 日起受到了从西南方向进犯的日军的猛烈进攻，县城和镇江要塞阵地都受到了冲击，仅仅一天之后，守军便被迫从象山炮台后撤。南京东北部龙潭、栖霞山一带，“栖霞山附近，本（八）日拂晓以来，敌我激战甚烈。午后七时以后，亦入于混乱状态[③]”。位于京杭国道上的句容、汤水一线，是日军的进攻重点。12 月 6 日句容陷落，8 日午后第六十六军“已放弃汤水”，孟塘一带的守军在苦苦支撑。东南方

① 唐生智、刘斐等：《南京保卫战》，第 6 页。
② 秦孝仪主编：《中华民国重要史料初编——对日抗战时期 第二编 作战经过（二）》，第 219 页。
③ 二史馆编：《抗日战争正面战场》（上），第 421 页。

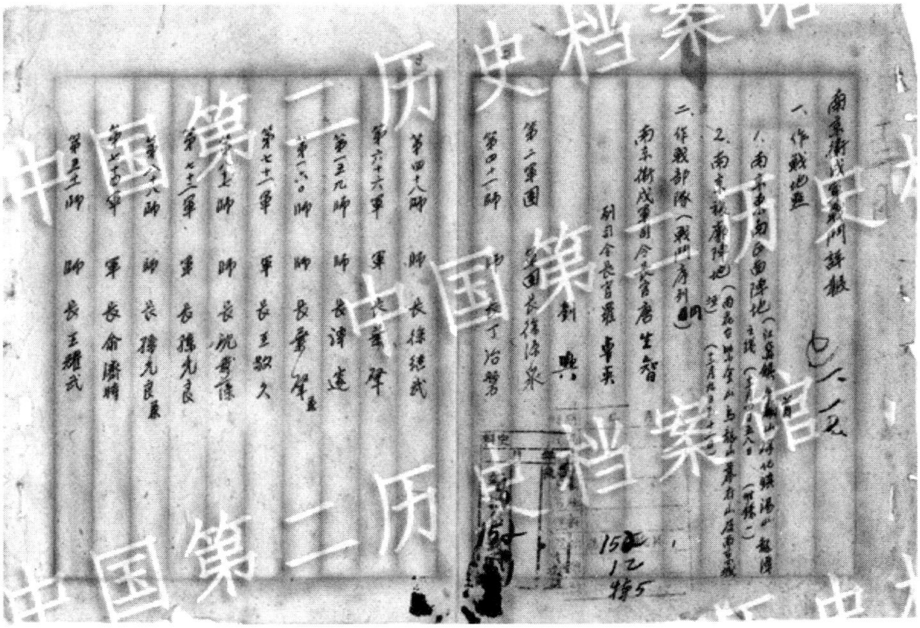
南京衛戍軍戰鬥詳報
一、作戰地區
1. 南京東南面陣地
2. 南京複廓陣地
二、作戰部隊（戰鬥序列）
南京衛戍軍司令長官 唐生智
副司令長官 羅卓英
劉興
第二軍團 軍團長 徐源泉
第四十一師 師長 丁治磐
第四十八師 師長 徐繼武
第六十六軍 軍長 葉肇
第一五九師 師長 譚邃
第一六〇師 師長 葉肇（兼）
第七十一軍 軍長 王敬久
第八十七師 師長 沈發藻
第七十二軍 軍長 孫元良
第八十八師 師長 孫元良（兼）
第七十四軍 軍長 俞濟時
第五十一師 師長 王耀武

《南京卫戍军战斗详报》，二史馆馆藏

向的湖熟、淳化一线，自6日以来与日军连续激战3天，淳化镇附近8日午后“已入混乱状态中[①]”。西南方向的秣陵关、牛首山一带，也于8日受到了日军的猛烈攻击。

根据句容、汤山、牛首山等外围战斗和后续部队转进的实际情况，为“集中兵力，固守南京”起见，南京卫戍司令长官部决定对战局进行调整部署。8日晚，唐生智发布“卫参作字第二十八号”命令，下令各部退守复廓阵地，即南京城的第二道防线，其部署要旨如下：

右侧支队固守板桥镇大山之线。

第七十四军固守牛首山一带据点至河定桥之线。

第八十八师固守雨花台。

① 二史馆编：《抗日战争正面战场》（上），第421页。

日军屯兵南京城下

第七十一军之八十七师固守河定桥至孩子里（江南铁路北）之线，右与八十八师及五十一师、左与教导总队连系。

教导总队固守紫金山。

第二军团固守杨坊山、乌龙山之线及乌龙山要塞。

第三十六师固守红山、幕府山一带。

第六十六军至大水关附近集结整理待命。

第八十三军之一五六及三十六师之一团，在青龙山、龙王山线掩护撤退。

在镇江之一〇三、一一二师向南京急进[1]。

根据全线阵地收缩的部署，第五十一师向西撤退，让出淳化—上坊—光华门公路，但在换防间隙，第八十七师部队还没有完全接防，而撤退部队也没有来得及破坏沿线桥梁，这让日军钻了空子，一举推进到了光华门

① 中国第二历史档案馆编：《抗日战争正面战场》（上），第411页。

外的大校场和通光营房。

在日军的急速推进和围攻下，首都南京已经成了一座孤城、一处绝地。而作为最高指挥官的蒋介石的离开，无疑又为这座孤城增添了一丝悲情色彩。“临危受命”的国民党一级上将唐生智，成为留在这座城市的最高军事指挥官，继续率领众官兵坚守石头城，展开了一场浴血奋战。

第五章

城垣之争　守军浴血石城

5

在中国守军既定的南京城防御计划中，守卫南京的第二道防线是以城垣为依托的弧形防御阵线，按顺时针方向，东北起自长江边的乌龙山、杨坊山，向南依次延伸至紫金山、河定桥，再向西经牛首山至长江边的板桥镇，并由外而内渐次推进至紫金山、光华门、通济门、雨花台、中华门等城垣附近。

1937年12月8日晚，南京卫戍司令长官部做出了收缩防御阵地的部署。9日，日军各部开始向南京复廓阵地迅速推进、发起猛攻。其中，日军第十三师团山田支队从栖霞山向乌龙山、幕府山进攻；第十六师团推进至麒麟门、沧波门一线，直逼紫金山与孝陵卫；第九师团第十八旅团第三十六联队推进至高桥门、七桥瓮、中和桥一线，前锋部队逼近光华门、通济门；第一一四师团与第六师团则进抵雨花台、中华门、水西门、江东门一线附近。在江北，国崎支队攻占安徽太平后，立即渡过长江，沿长江北岸，东向进攻江浦；第十一师团天谷支队从镇江渡江后进攻扬州。经过9日一天的激战，战事已经逐渐推进到雨花台、通济门、光华门、紫金山等东南城垣一带。各路日军按照既定计划已经将南京城四面包围。南京城陷入重围之中，大战一触即发。

日军诱降未成

在大战爆发之前，日军还制造了一段“诱降”丑剧。为了减少战斗损失，日本华中方面军打算以“不战而战”的手段，对留守南京城内的中方官兵采取诱降的方式，从而达到不费一兵一卒、顺利占城的目的。

武藤失望而归

潜伏在南京的日本特工报告日军司令部，告知蒋介石夫妇准备在12月7日离开南京。主帅离开，对于蓄势攻占南京的日军来说无疑是个好消息。日本华中方面军认为，蒋介石离开南京，这是中国政府主动放弃南京的信号。只要稍加一番威逼恫吓，中方就会开城投降，南京城便唾手可得。为此，日军自导自演了“诱降”丑剧，试图瓦解南京守军心智。而日本方面还自我标榜这种“劝降”是对中国的恩惠，“如此对敌军尽情尽理，可谓已将光荣的日本武士道之精神，宣示于中外也①。”

8日，松井石根在位于苏州的华中方面军司令部里着手策划了一份《劝降书》，并发出了“12月9日，由飞机散发劝降书”和“如不接受劝降，则于12月10日正午发动总攻”的训令②。日军方面的下一步计划是做好“诱降”和“进攻”两手准备。

松井石根的《劝降书》由日“华中方面军”司令部的情报参谋中山，交给翻译官冈田尚翻译成中文，并印发数千份。9日上午，日军飞机飞到南京上空盘旋，不过这次投下的不再是炸弹，而是松井石根的《劝降书》。这份《劝降书》以“最后通牒”的口气，对南京军民进行了恐吓，内容如下：

百万皇军，业已席卷江南，南京城正处于包围之中。从整个战局大势看，今后的战斗有百害而无一利。南京是中国的古都，民国的首府。明孝陵、中山陵等古迹名胜猬集，实乃东亚文化荟萃之地。日本军对负隅顽抗的人格杀勿论，但对一般无辜之良民及没有敌意的中国军队将是宽大为怀，并保障其安全。特别是对于东亚文化，更将竭尽全力予以保护。然而，贵军如果继续抵抗的话，南京将无法免于战火，千年的文化精髓将会毁于一旦，十年的苦心经营将也化为乌有。本司令官代表日本军，希望根据下列手续，

---

① （日）西垣新七：《中国事变史》，二史馆馆藏。
② （日）田中正明：《“南京大屠杀”之虚构》，第120页，世界知识出版社，1985年版。

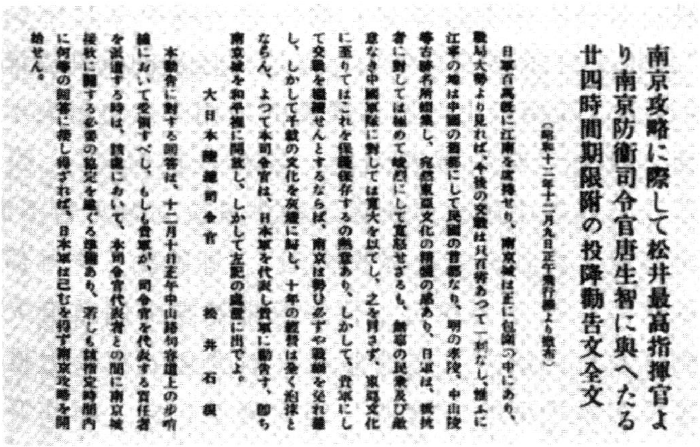

南京攻略に際して松井最高指揮官より南京防衛司令官唐生智に與へたる廿四時間期限附の投降勧告文全文

（昭和十二年十二月九日正午飛行機より撒布）

日軍百萬既に江南を席捲せり、南京城は正に包囲の中にあり、戦局大勢より見れば、今後の交戦は只百害あつて一利なし、惟ふに江寧の地は中國の舊都にして民國の首都なり、明の孝陵、中山陵等古跡名所蝟集し、宛然東亜文化の精髄の感あり、日軍は、抵抗者に對しては極めて峻烈にして寛恕せざるも、無辜の民衆及び敵意なき中國軍隊に對しては寛大を以てし、之を犯さず、東亜文化に至りてはこれを保護保存するの熱意あり、しかして、貴軍にして交戦を継続せんとするならば、南京は勢ひ必ずや戦禍を免れ難し、しかして千載の文化を灰燼に帰し、十年の經營は全く泡沫とならん、よつて本司令官は、日本軍を代表し貴軍に勧告す、即ち南京城を和平裡に開放し、しかして左記の處置に出でよ。

大日本陸軍總司令官　松井石根

本勧告に對する回答は、十二月十日正午中山路句容道上の歩哨線において受領すべし、もしも貴軍が、司令官を代表する責任者を派遣する時は、該處において、本司令官代表者との間に南京城接收に關する必要の協定を遂ぐる準備あり、若しも該指定時間内に何等の回答に接し得ざれば、日本軍は已むを得ず南京攻略を開始せん。

松井石根的《劝降书》

与贵军和平地接交南京城。大日本军总司令官松井石根

传单上还规定了中国军队代表与日军代表谈判投降的具体办法：

“对本劝告的答复安排在 12 月 10 日中午，地点在中山路句容道的警戒线上。贵军派司令官代表和本司令官代表在该地进行接收南京城所必要的协定的准备。如在指定的时间内未得到任何答复，我军将断然开始进攻南京，杀个片甲不留[①]！”

据该《劝降书》的翻译罔田尚的回忆，他经手翻译的文稿中，还对中日两军双方谈判的细节进行了规定。如：

“我日军最高指挥官劝告贵军派出三名负责军使，于 10 日正午持白旗前往中山门外，同我方派遣的军使就有关占领南京问题举行预备会谈[②]。”

《劝降书》在南京上空纷纷扬扬落下。日军的威胁和恐吓，是对中国军队的莫大侮辱，激起了南京军民的极大愤怒。

《劝降书》被送到卫戍司令长官唐生智的手中，他立即发布命令，重申全军与阵地共存亡的决定，为了显示背水一战的决心，他命令将各部队

① 转引自：唐生智、刘斐等著：《南京保卫战》，第 25-26 页。原刊载于南京日本商工会议所编的日文版《南京》，昭和十六年八月发行。

② （日）田中正明：《“南京大屠杀”之虚构》，第 130 页，世界知识出版社，1985 年版。

所有船只全部收缴。9日晚，唐生智向守城部队下达了“卫参作字第36号”命令，内容如下：

1. 本军目下占领复廓阵地为固守南京之最后战斗，各部队应以与阵地共存亡之决心，尽力固守，决不许轻弃寸地，摇动全军，若有不遵命令擅自后移，定遵委座命令，按连坐法从严办理。

2. 各军所得船只，一律缴交运输司令部保管，不准私自扣留，着派第七十八军军长宋希濂负责指挥。沿江宪、警严禁部队散兵私自乘船渡江，违者即行拘捕严办。倘敢抗拒，以武力制止①。”

除了下达命令，唐生智还特别交代第七十八军军长宋希濂，加强沿江船只管理，警惕官兵从挹江门逃跑，绝对禁止任何部队渡江，违者就地正法。

第七十八军遵照命令，下令由下关守备部队第二一二团协同宪、警负责遵办，并出示布告，使各友军知照。其要旨如下：

1. 无司令长官公署通行证而渡江者，认为私行渡江。

2. 私行渡江不服制止者，准一律拘捕转送核办②。

10日上午，华中方面军副参谋长武藤章、高级参谋公平、情报参谋中山、翻译冈田尚等4人乘坐的吉普车，从苏州出发，接近中午的时候，到达中山门外。下车后，他们一直盯着中山门的门洞，焦急地等待着中国军队的代表举着白旗在那里出现，接受他们的劝降。而以唐生智为首的卫戍部队一直在用隆隆炮火回应着他们的劝降。熬过了半个多小时，武藤章等人不得不失望地扫兴而归，随行的翻译冈田尚描述了当时的情况：

上午十一时四十分抵达目的地，等候于12时前来谈判的敌军使。作为翻译的我，一直在默默祈祷，期望举着白旗的军使快快些到来。然而，已经12点5分了，仍不见军使的影子。

---

① 二史馆编：《抗日战争正面战场》（上），第422页。
② 二史馆编：《抗日战争正面战场》（上），第423页。

万事休矣。副参谋长说："没希望了，回去吧！"于是，大家默默地乘上汽车，急急忙忙地赶回司令部，精疲力竭的参谋们一上车便都酣然入睡了，只有我一直在揣测最高指挥官的下一步打算，考虑着自己的翻译，大脑始终处于兴奋状态而没有一丝的睡意①。

松井石根下令攻城

松井石根等日军前线将领认为，困守南京危城的中国守军多是从上海战场上撤回来的，残缺不全，或是临时从各地抽调拼凑的新兵，装备简陋，作战经验缺乏，在十多万装备精良的日军的重拳打击下，将不堪一击。因此，他们估计南京守军在日军兵临城下之时，要么开城乞降，要么弃城而逃，进攻南京的战役将在短时间内就会顺利结束。

日军谋划更多的是，如何通过这次以强凌弱的战役取得更大的战果，向中国军民乃至向全世界显示日本强大的军事力量与不可抗拒的"武威"，迫使中国军民与中国政府"畏服"与放弃抵抗，向日本求和与乞降。

但是，日军在南京外围受到了中国军队的顽强阻击，寸步难行，有的部队伤亡极大，兵士们也是个个叫苦不迭，要求休整补充。10日，松井石根接到第六师团长谷寿夫的紧急电报，要求停战休整、补充兵力。第九师团的师团长吉住良辅认为，进攻南京的作战，遇到了许多意外的困难，并提出了中国军队的两个"想不到"：一是想不到中国军队作战特别勇猛，有的士兵一条腿打断了，还咬牙爬到我方阵地上，抱住我们的皇军拉响了手榴弹，同归于尽，中国士兵并不是"东亚病夫"；二是想不到中国军队打得十分狡黠，战术水平很高，阵地需要反复争夺，日军也付出了沉重代价。鉴于以上，要求休整。随后，第一〇一师团的师团长伊东政喜、第三师团

① （日）田中正明：《"南京大屠杀"之虚构》，第130页。

的师团长藤田进等都要求休整。

松井石根不但是个“中国通”，还是个“蒋介石通”。他非常了解蒋介石守南京的策略，认定所谓“死守南京”只是暂时的。因此，他在一手安排劝降的同时，也在积极动员，做将领们的思想工作，要求将士们忍耐坚持一下，并做出了立即攻城的决定，确定攻入南京的时间。

然而，日本方面没有想到，中方对《劝降书》不予理睬，“唐生智无礼至极，非但在十日正午以前没有任何回复，反而从十日早晨起，用猛烈的炮火攻击我军，作为酬报[①]。”所以，当武藤章带着失望向松井石根复命时，松井石根恼羞成怒，也激起了他进行更大程度报复的怒火。他听完武藤章的汇报，随即命令“按计划办，命令部队全线进攻，一直打到长江边！”

日军按照《劝降书》中规定的“最后时间”，于10日午后1时整，正式下达了对南京的总攻击命令。松井石根在当天的日记中写道：“直至此日正午中国军队仍无答复。故午后命两军进攻南京城[②]。”并表示：“实为敌军之冥顽而遗憾。此乃欲罢不能之事也。然此不过所谓垂死之挣扎，其无实效不言而喻。”

10日正午以后，日军以地面炮兵全力轰击，配以空中飞机的轰炸辅助，对南京城内外的中国守军部队及南京附近的机场，实施了狂轰滥炸。在飞机的持续轰炸掩护下，步兵随后全线出击，开始向雨花台、光华门、紫金山等阵地发起全面进攻，战况进入白热化。

教导总队死守紫金山

紫金山位于南京东北郊，山势巍峨，林海浩瀚，风景如画。从军事上讲，

① 《攻击南京》（画报），二史馆馆藏。
② （日）田中正明：《“南京大屠杀”之虚构》，第135、136页。

桂永清

紫金山为南京城东侧制高点，在保卫首都南京的作战计划中，紫金山的得失关系全局，因此，对该处的防守极为重要。

当然，紫金山之所以重要还有另外一个重要原因。紫金山上有中山陵，而中山陵是孙中山先生的长眠之地。孙中山对南京怀有深厚的感情，临终前特意叮嘱："吾死之后，可葬于南京紫金山，因南京为临时政府成立地，所以不可忘辛亥革命也。"可孙中山先生万万没有想到，仅仅十余年之后，他的"安息之地"竟成为日军炮火"袭扰之地"。

在南京保卫战期间，中国军队在紫金山、中山陵一带英勇抗击日军，阵亡者五千余人，紫金山、中山陵成为中国军民奋勇抗战的历史见证。提起中国军队在紫金山一带的抗战，就不得不提到中央教导总队和总队长桂永清。

紫金山的守护神

负责守卫紫金山的是桂永清指挥的教导总队。教导总队于 1933 年在南京中山门外孝陵卫营房建队，并在此驻防训练长达四五年之久。

这支部队是根据德国顾问塞克特将军的主张和建议，按照德国步兵团的编制编成、训练培养出来的精锐之师。它的前身是中央军官学校教导总队，开始只有两个团，加上直属分队，共有官兵 9000 人。经过扩编之后，作为

清一色德式装备的教导总队，是当时中国军队中的翘楚，可惜在淞沪会战中损失惨重

德式步兵团营连战术的示范部队，由曾在德国步校毕业的桂永清任总队长，由 15 名德国顾问分别担任步兵、骑兵、炮兵、工兵、辎重后勤等专科的指导，完全按德式训练方法进行训练。

当 1937 年上海“八一三”淞沪会战爆发时，桂永清还在英国皇家军校读书。惊闻日军大规模入侵中国的消息，他立即赶赴国内，找到蒋介石，主动请缨，坚决要求参加抗战。蒋介石命令他担任中央教导总队队长，随即开赴上海作战。淞沪战役结束时，国民党军队从上海撤退，教导总队一部撤回南京，继续参加保卫首都南京的战斗。

教导总队是南京保卫战中装备精良、战斗力强、兵员足额的主力部队之一，共辖有步兵 3 个旅（计 6 个团，另有 3 个新兵团当时在湖南训练），加上直属部队有：炮兵营、骑兵营、工兵营、通信兵营、军士营、特务营、输送营等，总兵力达3万多人。后来，直属部队各营均奉命改称为团，但是因为没有足够新兵补充，也没有装备补给，名义上虽然是团，但是实际上仍旧是营的规模。步兵旅的第一、三、五团的装备和编制，均仿效德国步兵团的编制，每团各有16个连，即每个团下辖步兵3个营，每个营下辖3个步兵连，一个重机枪连、一个八二迫击炮排，团的第十三连为榴弹炮连，第十四连为战车防御炮连，第十五连为通信连，第十六连为输送连①。论部队装备和编制，教导总队在南京卫戍军序列中算是名副其实的主力部队。

11月末，教导总队接到南京卫戍司令长官部防御命令后，即下达防御作战命令。要旨如下：

总队以协同友军固守南京为目的，决定于工兵学校、西山、紫金山、岔路口、中山门、太平门附近地区，固守阵地，加强防御工事，阻击歼灭沿京杭公路来犯之敌。

骑兵营设置于青龙山、汤水镇、麒麟门一带地区，搜索敌情。受敌压迫后，沿京杭公路退回预备队位置。

步兵第一旅，附工兵一连，担任工兵学校左侧、孝陵卫、西山、中山门一带地区之守备。右与工兵学校之第八十七师，左与第二旅联系。

步兵第二旅，附工兵一连，担任陵园新村、中山陵西侧，灵谷寺至老虎洞南侧一带地区之守备。右与第一旅，左与第三旅联系。

步兵第三旅，担任紫金山第二峰、老虎洞至岔路口一带地区之守备。右与第二旅，左与第三十六师联系。

炮兵营阵地置于富贵山地区。

特务营、军士营、工兵营、通信营、输送营为预备队，驻兵于太平门、富贵山一带地区。总队部置于富贵山隧道内。

① 唐生智、刘斐等：《南京保卫战》，第192页。

教导总队因原本就在南京建队并驻防训练，因此对南京附近的地形比较熟悉，阵地构筑也比较坚固。官兵大都抱有极大的爱国爱家热情，士气比较旺盛，大多数中下级官兵，均作战勇敢，被称为蒋介石的“铁卫队”。蒋介石把“贴身侍卫”放到南京战场，用于重点守卫紫金山，也在一定程度上体现了蒋介石抗战的诚意和对孙中山先生长眠之地的重视。

蒋介石离开南京时，专门坐车来到富贵山的桂永清指挥所，对他说：“局势不容乐观，但最后我们能打胜的，我们抗战的战术必须以攻为守，以近为远，以积极进取之行动，达到消灭敌人之目的。开战几个月来，敌军之利器与其海陆空已全力、全部使用，充其量也不过利用其数量很多的飞机、大炮、坦克之威力，以期威胁我军精神。战场主要靠步兵，敌军步兵的勇敢精神不如我们，数量不如我们，从长远战略而言，我们经过数十次战斗较量，消耗其锐气和数量，最后胜利的是中国人，你一定要有信心，要沉着。眼前要吃些苦，还要有牺牲。望你能在保卫首都，在抗战史上留下一笔。”

红毛山、老虎洞争夺战

12 月 7 日晚，负责在汤山、青龙山之间占领警戒阵地的骑兵团报告，日军的便衣队穿着第八十七师士兵的军衣，混在该师撤退的队伍中，并袭击了该团驻汤山担任警戒的第一营，导致该营伤亡很大。但骑兵团仍奉命坚守阵线，极力阻止日军向紫金山方向前进。

负责进攻紫金山阵地的是日军陆军中将中岛今朝吾的第十六师团。该师团作为日军东线的先锋，在依次攻占句容、汤山一带后开始向紫金山方向行进。中岛今朝吾的作战目的，是扫除紫金山地区的中国军队，杀开一条通向南京中山门或太平门的血路。摆在第十六师团进入南京道路上的第一个障碍便是紫金山南边一个不高的山头——红毛山。

红毛山位于孝陵卫营房东南，是南京中山门外京杭道路上的前哨阵地，同时也是紫金山的外围阵地。红毛山原本是第八十七师的防区，由于该师没有到达，暂时由教导总队第一旅第一团第三营周石泉部代为防守。

8 日拂晓，日军升起侦察气球，大批日机向紫金山主阵地轰炸，日军炮兵集中火力向中方麒麟门前哨阵地射击，步兵也开始向中国守军阵地攻击，其先遣装甲部队已经突进到通济门外红毛山附近，对守军红毛山之线发起了猛烈进攻。

周石泉率领该营第九连和第十连随即给予日军有力的还击，并组织狙击手炸毁了日军装甲车一辆。日军不断有后续增援部队跟进，战况越来越激烈。该营兵力薄弱，伤亡巨大。教导总队副队长兼第一旅旅长周振强见到这种情况，立即调派军士营营长吴曙青率领本营附战车防御炮增援，并报告总指挥部，建议由第八十三军邓龙光部接替红毛山的防务。在激烈的战斗与顽强的抵抗下，暂时遏止住了日军的进攻，保住了阵地。随后，日军仅留下少数兵力，转而集中兵力直逼光华门的工兵学校。

在麒麟门一带，经过 8 日的激战，阵地最终被日军占领。另有两个旅团继续向前推进，对中山陵附近的中国守军发起进攻，企图向中山门逼近。

日军占领麒麟门后，就向天空放了一个巨大的氢气球，高约 500 米，可以眺望中国部队东线整个阵地。紫金山的最高处称为第一峰，次高处成为第二峰。山之东麓突起的小高地，俗称老虎洞，老虎洞的战略位置颇为重要。要控制南京城，必须要占领第一峰、第二峰。而要夺取第一峰、第二峰，必须先攻下老虎洞。负责防守老虎洞阵地的是教导总队第五团第三营罗雨丰部。日军为夺取老虎洞阵地，共发起了三次猛烈冲锋。

1. 日军氢气球　2. 日军攻至南京灵谷寺
3. 遭受炮火蹂躏的中山陵

8日午后，日军集中炮兵火力猛轰老虎洞阵地，步兵也随即发起了冲击。当日军接近阵地时，守军罗雨丰营利用构筑好的阵地，以密集的火力向日军猛烈射击。因为守军位居高处，居高临下，日军目标明显，处于劣势，这一天日军伤亡惨重，进攻没有得逞。

9日拂晓，日军启动陆空联合作战优势，由空军和炮兵投掷并发射炸弹、烧夷弹和烟幕弹。一时间，紫金山阵地东麓弹声震耳欲聋、烟火冲天。日军借助烟幕掩护，再次发起冲锋。罗雨丰营坚持抵抗，同时又得到左翼第三旅第五团的侧击支援，日军的这次进攻仍未能得逞。

9日下午，日军利用风向优势，又向中国守军阵地发射了更多的炮弹和

日军进攻光华门

烧夷弹，再次发起猛攻。激战过后，守军全营伤亡过半，营长罗雨丰也英勇殉国。因为老虎洞阵地过于突出，不易增援，教导总队决定主动放弃该阵地，退守紫金山第二峰的主阵地，老虎洞遂告失守。

据守紫金山南麓

日军占领老虎洞阵地后，于10日拂晓开始集中优势兵力向位于紫金山南麓的第二峰、孝陵卫之西山阵地发动攻击。日军炮兵在空中观测气球的指挥下，逐段猛烈炮击西山、陵园新村和第二峰主阵地，飞机也不断前来轰炸扫射。一阵炮击过后，日军坦克部队兵分两路引导步兵向前猛冲，一路由孝陵卫街公路向守卫西山的第一团进攻，另一路则由灵谷寺向守卫中山陵、陵园新村的第三团发起攻击。

教导总队在孝陵卫建队，并在此驻扎四五年之久。因此，守军对地形十分熟悉，加之构筑阵地坚固，官兵作战勇敢，教导总队在第二峰和西山与日军展开了激烈的反复争夺战。

教导总队第一团、第二团的战车防御炮连奋勇迎击，一连击毁日军坦克两辆，日军不敢贸然再进。在这一天的战斗中，第一团战车防御炮连全体官兵全部壮烈牺牲。

11 日，日军第十六师团猛攻紫金山南北的中国军队阵地。同时从镇江抽调第十三师团的山田支队从右翼加入战斗。

一直到 11 日晚，我军在紫金山第二峰和孝陵卫西山主阵地一带与日军进行反复拼杀、争夺，战斗惨烈，歼敌无数，中国守军也伤亡很大。在将士们的浴血奋战下，这一区域阵地始终控制在教导总队手中。

12 日，教导总队第一旅第一团奉命放弃西山阵地，后撤至卫岗、中山门一带继续战斗；第二旅第三团放弃中山陵东侧阵地，退守天堡城、明孝陵东侧高地、梅花山高地及其以南地区；而据守紫金山二峰的第三旅第五团，撤离南京以前一直在峰顶固守，从未动摇。

光华门前寸土必争

12 月 9 日后，日军炮兵部队已经占领麒麟门、马群、沧波门、高桥门阵地，开始猛烈炮击北极阁、明故宫、富贵山，试图封锁太平门、中山门、光华门等中国军队进出要道。企图从光华门方向攻入南京城的是从淳化镇、高桥门方向进攻的日军第九师团第十八旅团井出宣时部，下辖步兵第十九联队人见秀三部和第三十六联队胁坂次郎部。

据时任首都警卫军参谋程奎朗回忆，“据守光华门的战斗是南京保卫战中最壮烈的战斗[①]”。据档案记载：“光华门自佳（9 日）至真（11 日）被敌突破三次，先赖教导总队支持，继赖一五六师苦战，歼敌获械，幸告无恙[②]”。

① 唐生智、刘斐等著：《南京保卫战》，第 48 页。
② 《唐生智、罗卓英等人致钱大钧的密电》，1937 年月日，二史馆馆藏档案七八七。

教导总队的据守

光华门前的战斗来得极为突然。8日晚，南京城外围的多处阵地已经被日军突破。卫戍司令部根据战况当晚做出了收缩阵地的部署，此时南京城外围的激战尚未完全结束，部分守军边战斗边撤退或突围，部队之间的换防工作正在进行中，而日军便是冲着部队撤退、接防布阵的空当发起了进攻。

淳化镇失守后，日军攻势猛烈，一路追击守军第五十一师。8日晚，第五十一师奉令放弃淳化、方山阵地，向河定桥、蒋田之线转移。该师第三〇五团奉命掩护主力部队转移，在管头上方镇附近与日军激战，“团长张灵甫负伤，连长伤亡五员，排长以下伤亡六百余名[①]”。

此时，日军乘第五十一师撤退至河定桥，而奉命负责固守河定桥至孩子里（江南铁路北）一线的第八十七师仅到了两个团，防守阵地尚未稳固的这个空隙，跟踪中方守军部队到达高桥门阵地。因为守军部队还没有来得及破坏高桥门、七瓮桥[②]和中和桥等交通设施，而这一切都给了日军可乘之机并提供了便利。日军一路跟进，顺利经过各门和各桥。9日拂晓，在第五十一师安全脱离进入新线阵地时，一部分日军也已经到达光华门的城墙外，迅速占领大校场和通光营房，日军兵力情况是约有步兵2000人，坦克车10余辆。

此时，在光华门的守军仅有教导总队的少数官兵。守军见情势紧急，来不及请示上级如何应对，赶紧先将城门紧闭，并将沙袋垒起来堆积至半城那么高，以堵截日军的猛烈冲击。这时，日军飞机约10余架，分别向光华门、通济门等处狂轰滥炸，同时将野山炮推进高桥门附近，向光华门轰击，“不一时，洞穿二穴”，沙袋内的泥沙通过门洞向外倾泻出来，日军有一

① 二史馆编：《抗日战争正面战场》（上），第428页。

② 有的地方写作“七桥瓮”，此处疑为错误。

小部通过破洞的沙袋冲进光华门内，“当时即有日军百余人在沙泥间爬入”，不过很快被守军全部歼灭。

宪兵部队的清凉山守备队奉命派两个连的兵力，前去光华门、通济门两处增援，由宪兵第二团周团长亲自前往部署。9 日这一天，光华门一带的战斗状况极为激烈。日军飞机在轰炸、野山炮在轰击、坦克车不时发起攻击，中方守军的装备和兵力完全在日军之下。据目击者叙述：“步枪的射击当地在车身上响了一下，即就完了，仿佛小孩子拾起一块小石子，去掷击牛背[1]。”当宪兵第二团的增援部队来到光华门城垣时也发现：“士兵只要从城垛口伸出头来，敌人的枪马上就响，枪响后我方士兵非死即伤[2]。”

光华门上的累累弹孔

王敬久

当时，前往光华门阵地的卫戍司令部参谋处处长廖肯对该处第一科的谭道平说：“我亲携电话机到光华门去看看，每十分钟和你通电话一次，要是摇不通了，那大势也就完了，你们即可做其他的准备[3]。”说完，便径直去了光华门。不久，廖肯打电话给参谋处，告知进城的日军已被全部歼灭。

原来，日军坦克车列队在大校场上，时常来冲击城门的守军部队，后来守军想方设法在城内调去四门小钢炮，轰击日军的坦克车。上午，坦克车被守军击毁了一辆，余下 10 多辆坦克车便退回桥对岸。这样，守军也才

---

① 谭道平：《南京卫戍史话》，第 63 页，东南文书事业出版社，1946 年版。
② 唐生智、刘斐等著：《南京保卫战》，229 页。
③ 唐生智、刘斐等著：《南京保卫战》，第 27 页。

设法堵上了被三番五次冲开的城门。后来第八十七师的后续部队赶到光华门，直属特务队也赶来增援。几支部队彼此相互配合，对日军发起了猛烈的反攻。宪兵第二团排长向鸿远组织了全排的火力攻击，“命令六挺轻机枪都必须打三夹子子弹，其他人员要集中力量把手榴弹投下去”，由于宪兵部队位居高处，对日军进行一阵猛烈射击和投弹后，日军开始动摇了，“以我增援部队之沉着射击及友军教导总队之迫击炮命中精确，遂将已突进至光华门外护城河之敌击退[①]”。

到了下午 4 时，守军已经击退了大校场的日军，但盘据通光营房内及城门洞内的少数日军却一直负隅顽抗。这时，教导总队的后续部队已经到达，宪兵部队增援任务完成，奉命归还清凉山阵地。此时，守备明故宫的部队也遭受到了从中山门外进攻的日军的猛攻，不得已奉命放弃原来阵地，占领淮清河、逸仙桥至竺桥之线，阻止日军的进攻。

工兵学校失守

10 日，日军大量集结，向雨花台、通济门、光华门、紫金山第三峰同时攻击，战斗比 9 日更为激烈。而随着光华门外工兵学校的失守，光华门彻底失去了保护屏障。

光华门外的东南方向有一所工兵学校，学校位于紫金山脚下，这里丘陵起伏、依山傍水，是工兵架桥铺路的好场所。学校于 1930 年“中原大战”后在南京成立，1935 年蒋介石担任校长。学校曾在 1935 年协助“中央陆军军官学校”（黄埔军校）教育长张治中指导修建了前文所述及的“吴福、锡澄、苏嘉”等国防工事，几乎是全校倾巢出动并且配合进行教学。淞沪战役开始后，该学校迁移到湖南，此后有迁到四川重庆。

① 二史馆编：《抗日战争正面战场》（上），第 431 页。

在南京保卫战中，工兵学校守军是第七十一军八十七师。此前，卫戍司令长官部原计划以八十七师守卫西山、红土山（即红毛山）、工兵学校和通济门，但第八十七师自淞沪一战以后，伤亡极大。该师由江北淮安补充的新兵连在西山前的前哨阵地与日军展开激战，日军的几次冲锋都被击退。一个新兵连，能有这样的战绩实属难能可贵。后来，因为部队牺牲太大，没有在规定时间到达红毛山阵地，便改由教导总队第一旅派队接防。同样，该师防卫孝陵卫和红土山前哨阵地的一部，也因阵地过大，连长慈巨圣又负了重伤，不得不退下，将阵地交由教导总队第一旅第一团第三营周石泉部接防，遏止了日军的进攻，保住了阵地。日军在红毛山等阵地受到重创后，开始改变战斗策略，以少数部队牵制教导总队防御的正面，而以主力部队猛扑第八十七师第二六〇旅防守的工兵学校。

日军在攻击工兵学校的战斗中，用尽各种卑鄙手段。校内有一座三层小楼，二六〇旅部分官兵用几挺“捷克”式轻机枪进行顽强抵抗，死守不退，日军使用烟熏的方式企图把楼里的官兵熏出来，没有成功。后来使用诱降手段，将少数中方守军从楼里的地下室骗出来，结果在楼前全部用刺刀屠杀了。

该旅战斗到最后，只剩下不到一个营的兵力，虽然竭尽全力抵抗，但是因为兵力少又没有后续增援部队，9 日开始撤退进城并参加光华门一带的防守，10 日上午，工兵学校失守。

工兵学校失守后，卫戍司令长官部很受震动，唐生智在电话里对七十一军军长兼第八十七师师长王敬久大加斥责。此时，王敬久已经把师部搬到了富贵山地下室，办公室就在邱清泉办公室对面。作为一师之长，王敬久既不带参谋处也不带副官处。工兵学校失守后，王敬久立即打电话把第二六〇旅的旅长刘启雄喊到了地下室里来，责问他“为什么把工兵学校丢了？”这名旅长没有推卸责任，如实向长官汇报：“我们自上海撤退下来，人没有收容一半，加之这几天的苦战，许多官兵不死即伤，守工兵学校时只有一连多人了，所以……”

工兵学校在光华门的前方，工兵学校陷入敌手，光华门也就失去了东南方面屏障，光华门、通济门的处境更加危险了。

第八十七师、第一五六师的反攻

10日，日军对中方守军拒不投降实施了报复性猛攻，光华门附近的战斗尤为激烈，“光华门复被敌突破二次，但冲入城内之敌百余人，悉被歼灭[①]”。

这一天，日军在护城河南岸以炮火向光华门一带猛烈轰炸。其中，有一股日军在坦克车的掩护下，突破了光华门右翼第八十七师第二五九旅阵地，另一部日军组成敢死队，在密集火力的掩护下，冲过中和桥，突入光华门正面阵地约百米，占据桥南街道两侧房屋作为据点，掩护后续部队扩大战果。对于这次战斗的详情，可以从时任南京卫戍司令长官部参谋处科长谭道平的叙述中一窥究竟：

当时日军组成了一支小的敢死队，队长是一个四十余岁的瘦小的家伙。他野兽般疯狂地率领了他的十几个部下猛冲过来，即在光华门附近，为我教导总队的工兵排坚强地阻挡住了。于是在耀眼的阳光下就展开了白刃的肉搏。我们英勇的弟兄们受伤了，倒了下去，而他们，这十数个可怜的无名侵略小卒，也就一个个完毕了他们的生命[②]。

经过教导总队第二团及军士营、战车防御炮连的努力反攻和奋勇拼搏，打死日军第十八旅团第三十六联队的伊藤义光大队长，并俘获俘虏三名，

① 二史馆编：《抗日战争正面战场》（上），第412页。
② 谭道平：《南京卫戍史话》，第64–65页。

易安华

（第一張） 中華民國二十六年十二月十二日 大公報

首都附郭仍激戰中
敵一部衝入光華門已被殲滅
砲火籠罩全城難民區亦落彈
敵圖擾蕪湖宣城在我手中
杭垣平定將清剿浙境之敵

《大公报》关于光华门战斗的报道

剩下的日军被击退。

战斗愈演愈烈。教导总队队长桂永清回到富贵山地下室，要求参谋处写了一张临时命令卡，调炮兵团入城。上午，第八十三军邓龙光部一五六师赶来增援通济门及光华门的城垣守备，到达阵地后立即开始在城内赶筑工事。同时，第六十六军一五九师控制住明故宫附近阵地，策应一五六师作战。另外，从镇江撤回南京的第一零三师担任中山门附近的城垣守备，也归教导总队桂永清指挥。自此，中山门、光华门、通济门一带防守兵力得到迅速扩充。

黄昏后，第八十七师部队组织了有力的反攻。由第二五九旅旅长易安华率领一个加强团，在通济门外，从西向东方向攻击；副师长兼二六一旅旅长陈颐鼎率领两个加强营，在光华门外的清凉巷、天堂村从东向西，与易安华部共同夹击侵入光华门外面的日军[1]。两支部队借着夜色掩护，奋力

① 唐生智、刘斐等著：《南京保卫战》，第 174 页。

突袭，将突入光华门阵地的日军全部消灭。在这场激烈的反攻战斗中，第二五九旅旅长易安华、第二六一旅参谋主任倪国鼎，营长两人，连长及以下官兵 30 多人，都英勇地牺牲在光华门外的阵地上。

《大公报》记者对光华门一带的战斗进行了专题报道："10 日傍晚光华门一带城垣被敌攻城炮击毁数处，敌军一部虽冲入城内，当即被我保卫歼灭，敌遗尸五百余具，仅十余人生还。城垣被毁之缺口，均经我工程队赶堵，并添置防御工事。我军士气悲壮，人人抱必死之决心[①]。"

经过激战，光华门阵地的日军已经被击退，但是少数潜入城门洞圈里的日军仍旧在作垂死抵抗、不肯退出，而守军部队的火力也根本无法扫射到他们。他们蓄谋待天黑后再从门洞中出来进行偷袭。

到了晚上，一五六师组织了敢死队，挑选了数十名队员，带上机枪、手榴弹等，用绳子将他们逐个由城墙上放入城墙下，将潜伏在城门洞内的一小股日军几乎全部消灭。敢死队员完成任务后并没有沿着绳索爬上去，而是又奔向通光营房，将盘踞通光营房内的日军也一道歼灭。而这数十位敢死队员们，也没有一个生还，全部壮烈牺牲。

发生在光华门一带的战斗是南京保卫战中最为惊心动魄的战斗。光华门的战斗是由南京卫戍司令长官部副长官刘兴亲自指挥的。经过 9 日、10 日两天的激战，日军伤亡惨重， 11 日便将主力攻击目标转向雨花台、中华门一带，光华门及通济门方面暂时转危为安。

将军血染雨花台

地处南京中华门外的雨花台，是中国革命烈士殉难之地，如今已是南

---

① 《大公报》，1937 年 12 月 12 日。

京的名胜之地。在南京保卫战期间，雨花台因拱卫着南京的南大门，中国军队第七十二军第八十八师官兵在这里与日军进行了英勇悲壮的浴血奋战，旅长朱赤、高致嵩两名将军光荣殉国，全师官兵损失数千人。后人选择此地作为革命烈士殉难之地，与南京保卫战中为国英勇捐躯的烈士们不无关系。中国军人的鲜血，染红了雨花台的山岗土地。

雨花台成为日军“主攻点”

雨花台是南京南线正面的重要防御阵地。台高 100 米，长约 3500 米，由西向东，分有石子岗、凤台岗、梅岗等三处主要山岗。因该处为南京城南面的制高点，被称为南京的南大门，历来是兵家的必争之地。太平天国时期、辛亥革命时期，这里都曾经发生过激战。

在南京保卫战中，雨花台因其独特的地理位置，成为中日两军交火的主要战场之一。负责坚守雨花台阵地的是第七十二军第八十八师孙元良部，下辖第二六二旅和二六四旅，孙元良兼任军长和师长，旅长分别是朱赤和高致嵩。参加攻击这一阵地的日军为第十军所属第六和第一一四师团各一部。

军长孙元良按照蒋介石之前的嘱咐，将朱赤、高致嵩叫到军部指挥所，向朱、高二人分析了形势和雨花台的地形，下达了作战任务，朱旅、高旅分别负责防守雨花台阵地的右翼、左翼。两位旅长返回旅部，带着官兵，勘察地形，加强守备工事。

早在中日双方交火以前，南京军民就在雨花台阵地修筑了由铁丝网、堑壕、火力点和混凝土碉堡等构成的防御工事网。较小的正面，纵横、交叉的战壕及复杂的地形，使这一阵地易守难攻。但是，日军比中国守军占有绝对优势的是强大的飞机、炮火形成的立体进攻，这使得纯粹依靠地形的阵地防守失去了应有价值。

9日上午，雨花台的战斗打响。日军以一个联队向雨花台阵地发起攻击，中国守军奋起还击，将其击退。下午，日军又增加一个联队，再次发起进攻，守军第二六四旅旅长高致嵩亲率第五二八团两个营增援。一场恶战下来，“敌人横尸六七百具，被打退[①]”，而第二六四旅也付出了很大的伤亡代价。

10日，日军向雨花台、通济门、光华门、紫金山第三峰同时攻击。其中，第六师团第十一旅旅团长坂井德太郎亲自指挥，猛攻雨花台阵地。这一天的战斗较9日更为激烈，据时任第八十八师师部参谋的卢畏三叙述：“十日，从早晨七时起敌机和大炮轰炸扫射之后，即以两大队分由两侧猛攻雨花台，双方死伤惨重，我军仍然坚守不动[②]。”不过，由于守军炮兵阵地在山腹后面，没有很好地发挥威力，没有能够给日军以破坏性的打击。据《南京卫戍军战斗详报》记载：10日，雨花台第八十八师阵地右翼“稍形动摇，失去阵地前要点三数处[③]”。

战斗进行到11日，更加惨烈。第二六四旅将预备队第五二八团与所附工兵一营都调上第一线参加战斗，与日军反复冲杀，一次又一次击退了敌人的进攻。日军一次次地冲上了山顶，又一次次地被打了下去。旅长高致嵩“率部凭借坚强工事，沉着抵抗，痛击敌于阵地前，寇尸遍野，其骄横之气稍挫[④]”。高致嵩多次率领官兵奋勇逆袭，与冲入守军阵地的日军白刃格斗，杀得日军胆战心惊，败退而归。

与此同时，第二六二旅也不甘示弱，与第二六四旅并肩战斗，打败了日军的多次集体冲锋，使日军伤亡惨重，遗尸累累。第二六二旅负责防守的是

---

① 唐生智、刘斐等著：《南京保卫战》，第185页。
② 唐生智、刘斐等著：《南京保卫战》，第186页。
③ 二史馆编：《抗日战争正面战场》（上），第412页。
④ 秦孝仪主编：《中华民国重要史料初编——对日抗战时期》，第二编，《作战经过》（二），第239页。

中華民國貳拾陸年拾貳月拾貳日 （中）

光華門爭奪劇烈
我扼守雨花台砲台
首都局勢昨晚未有變化
日機猛烈轟炸全城大火
唐生智親督戰士氣旺盛

【漢口】據外人方面今夜十時之消息、南京局勢未有變化、都城仍在華軍據守中、（十一日路透電）

【漢口】今日此間接南京衛戍司令唐生智來電、措詞頗爲悲壯、內稱「吾軍以血肉之軀、與鋼鐵相爭、傷亡之數、當然重大、」唐氏又稱、目下南京全城已遭猛烈轟炸之下、雨花台及紫金山附近仍在激戰中、華軍現正扼守雨花台山頂之砲台、猛力抵禦云、唐氏雖承認光華門已於昨晚被日軍突破、但稱首都局勢仍在華軍控制之下、現正堅決抗戰、至於華軍對於日方之攻擊、究能抵禦幾許時日、則頗難預斷、惟華軍之士氣、殊激昂也、唐氏又稱、即使日軍進佔南京、華人將變其抵抗侵略之地位、更爲有利、因日軍愈深入、其所遭遇之困難、亦愈多云、（十一日路透電）

【漢口】蕪湖陷落消息、已由負責外人方面證實、日軍於昨日下午四時三十分、完全佔據該埠、（十一日路透電）

首都五門均有激戰

【南京】日軍藉飛機大砲及坦克車之助、猛攻中國守軍、決欲佔領南京、故首都五門、均有激戰、其中以中華門（即南門）外之戰事爲最烈、聞該處華軍堅守雨花台山頂之砲台、猛烈抵禦、雨花台山頂之上、共有砲台三座、保障南門之入口、南京主要商業區域之中華路、即在該門以內、同時據華方消息、孫中山陵墓所在地之紫金山、已被日軍佔有、現正準備進攻中山及太平兩門、中山門即在南京著名之中山路上、出該門即至陵園、及陵墓、太平門位於中山門之稍北、昔年太平軍之役、清軍圍攻南京逢十年之久、最後始由曾國藩率軍將太平門城垣轟坍、始克佔領、華人方面對於日軍在此戰事初期、已將紫金山佔領、均表驚訝、因該處之防禦工程、極爲堅强也、此山既爲日軍所佔、因其居高臨下、全城已在其完全控制之中、日人可在山顛架砲、轟擊城中之任何部份云、佔領光華門外飛行場之日軍、現正攻擊中華門東之光華及通濟兩門、（日方消息則稱、已佔據光華門）（十一日路透電）

我軍反攻戰況劇烈

同盟社稱
攻佔光華
日軍一時
同盟社稱
五時半攻

烈戰鬥、而於傍晚遂佔領光華門、入晚華軍增援大部隊、
同盟社稱 日軍今晨十一時、下令總攻擊南京後、片桐、
紫金山東北方向和平門與太平門進擊、富士井伊佐兩部
推進、各處展開激烈戰鬥、戰況甚猛烈、
同盟社稱 日軍砲兵在紫金山第一峯第二峯、設砲兵陣
命令後、時向城內開火、海軍航空隊亦與陸軍飛機協力

進攻日軍迄未得逞

【漢口】「三路進
抵抗、截
軍迄尙未
地、今晨
集重砲轟

《申报》以“我扼守雨花台炮台”为题的报道

光华门—中华门一线的城垣，以该旅下辖的第五二三、第五二四团为主力。在9日的光华门一带战斗中，第五二四团损失巨大，如今雨花台一线在日军

的狂攻之下又全面陷入恶战。旅长朱赤以两个团扼守离雨花台4千米的平堰，以一个团固守雨花台，旅指挥部设在雨花台山上。日军用飞机、大炮向雨花台阵地猛烈轰炸，工事大部分都被炸毁掉，朱赤率部顽强抗击，不让日军前进一步，后来，在二六四旅高致嵩部两个营的连续增援下，方才保住了阵地。

当时，《申报》以“我扼守雨花台炮台”为题，在显著位置报道了该日发生在雨花台的战斗，报称：

“日军籍飞机大炮及坦克车之助，猛攻中国守军，决欲占领南京，故首都五门均有激战，其中以中华门（即南门）外之战事为最烈，闻该处华军坚守雨花台山顶之炮台，猛烈抵御。雨花台山顶之上，共有炮台三座，保障南门之入口[①]。”

面对凶悍的日军，中国守军进行了坚决果敢的抵抗。南京卫戍司令长官唐生智表示：“吾军以血肉之躯，与钢铁相争，伤亡之数，当然重大。目下南京全城已处猛烈轰炸之下，雨花台及紫金山附近仍在激战中。我军现正扼守雨花台山顶之炮台，猛力抵御。首都局势，仍在我军控制之下，现正坚决抵抗，我军之士气，殊为激昂。”

11日，午后2时，第八十八师右翼阵地被日军突破，中华门城门也被日军大炮击毁，有少数日军冲进城门内，但很快被我军歼灭。日军的长谷川、冈本部队由安德门高地方面，极力扩张战果，山本部队已迫近距离雨花台七八百公尺之线。当日晚，卫戍司令长官部下令第八十八师“缩短阵线，固守城外主要阵地，右与第七十四军左与第八十七师密切联系，其城垣防务（除中华门、雨花台附近外）由第一五六师和第七十四军分担[②]。”第八十八师随后奉命收缩阵地，固守雨花台与中华门附近城垣。

12日，日军因为在光华门的频频受挫，转而集中主力和火力朝雨花台、

① 《申报》，1937年12月12日。
② 二史馆编：《抗日战争正面战场》（上），第412页。

中华门方向发动总攻击。

1937年12月，第八十八师南京保卫战汇报报告的封面

八十八师官兵壮烈殉国

12日拂晓，“敌于痛创之余，益逞其凶残野性”“集中飞机百余架，大炮数十门[①]”，配合数千步兵，以绝对优势兵力，分三路向雨花台阵地发起集团冲锋，战况比前几日都更为激烈和惊心动魄。

一时间，雨花台阵地浓烟四起，火光冲天，枪炮声震耳欲聋。据《陆军第八十八师京沪抗战纪要》记载，当天战况极为激烈：

“敌挟战车、飞机、大炮及精锐陆军不断施行猛攻，我二六二旅长朱赤、二六四旅长高致嵩，团长韩宪元、李杰、华品章，中校参谋赵寒星，营长黄琪、符仪廷、周鸿、苏天俊、王宏烈、李强华各率部反复肉搏，奋勇冲杀，屡进屡退，血肉横飞[②]。”

第二六二旅旅长朱赤、第二六四旅旅长高致嵩指挥若定，极力抵抗日军的猛攻，官兵亦勇往直前，誓与阵地共存亡。上午10时，雨花台已陷入激战多时，到中午时，第八十八师雨花台主阵地完全被日军占领。

第八十八师的广大官兵，在坚守雨花台阵地的战斗中，发扬了崇高的爱国主义精神，付出了巨大的牺牲，大部分壮烈殉国。“上午团长韩宪元，营长黄琪、周鸿、符仪廷先后殉难；下午旅长朱赤、高致嵩，团长华品章，

① 秦孝仪主编：《中华民国重要史料初编——对日抗战时期》，第二编，《作战经过》（二），第239页。
② 《陆军第八十八师南京之役战斗详报》，二史馆馆藏档案。

孙元良

朱 赤

高致嵩

营长苏天俊、王宏烈、李强华亦以弹尽援绝，或自戕或阵亡，悲壮惨烈。”其第五二七团团长李杰率部，突围至飞机场，被日军击伤自杀。

朱赤，1903 年生，字新民，江西省修水县人。黄埔陆军军官学校第三期步兵科学员，军校毕业后参加北伐战争，作战勇敢，颇有建树。后参加抗日战争，屡立战功。在南京保卫战雨花台的激战中，面对敌密集疯狂的集体冲锋，朱赤沉着指挥，以步兵火力与日军相持，日军死伤惨重。阵地危急时，朱赤亲率敢死队，振臂高呼，杀入敌群。官兵们在旅长的带领下，勇气倍增，跟随旅长冲入敌群，不怕牺牲，以血肉之身与日军浴血拼搏。

当日军的进攻愈来愈猛烈时，二六二旅友邻部队的阵地纷纷动摇。旅长朱赤深明大义，为救国救民，抱定一死决心。他用手枪指挥士兵，只许前进，不能后退，一次又一次打退了日军的进攻。由于所部新兵居多，缺乏充足的时间休整，加之连续作战，部队损失严重，最后只剩下一个特务连的兵力。日军仍如潮水般地扑来，朱赤意识到突围已是不可能了，只有决一死战。他命令士兵把几十箱手榴弹的盖子全部打开，用绳子把导火索串连起来，摆在阵地前，等到日军进攻至阵地前沿时，几百枚手榴弹全部爆炸。日军血肉横飞，遗尸遍地。

12日晨，多次进攻失败的敌军恼羞成怒，集中了百余架轰炸机和数十门重炮猛攻雨花台阵地，再以优势步兵进行冲锋。朱赤率领部队拼死抵抗，宁死不屈。日军再次发动组织进攻，由于部队弹尽力竭、守军阵地全毁，朱赤坚持战斗到了生命的最后一刻，与全旅官兵壮烈殉国，牺牲时年仅33岁。2014年9月1日，被列入民政部公布的第一批300名著名抗日英烈和英雄群体名录。

高致嵩，1898年生，广西岑溪归义镇谢村人，毕业于黄埔军校第三期。为人诚恳，智勇双全。“八一三”淞沪战役期间，高致嵩任第八十八师团长，率领部队在闸北八字桥一带设防，抵抗强敌，迭建殊功，很快被任命为第八十八师第二六二旅少将旅长。在南京保卫战期间，他率部负责固守中华门外雨花台左翼阵地，星夜构筑坚固工事。在他的指挥下，部队与日军进行殊死抵抗，左翼阵地寸土未失。12月11日，高致嵩所部面临毫无后援的艰难处境，战斗进行到12日凌晨，伤亡惨重的守军依然牢牢控制着雨花台，然而友邻部队朱赤的第二六二旅已经伤亡殆尽。如此艰难的情况下，高致嵩带领官兵们杀向敌阵，和日军拼起了刺刀。短兵相接中，高致嵩耳朵被咬掉一只，鲜血直流，他顾不上包扎，忍着剧痛迎接更激烈的战斗。日军凭借后续增援，高部全旅官兵数千人弹尽援绝，壮烈殉国。国民政府追认其为陆军中将。

雨花台在失陷后，守军部队未能组织好撤退转移工作，致使官兵再次遭到不必要的牺牲。由于中华门早已堵塞，因此退下来的官兵，无法入城，又无长梯、绳索等攀城工具，只好沿护城河两岸退却，被日军的战车任意尾追和射击，伤亡惨重。据《南京卫戍军战斗详报》记载：“（12日）至午后三时，第八十八、第八十七两师各一部溃退部队，经中山路北走拟出挹江门，至铁道部附近为本部特务队及三十六师所阻，不听，秩序益紊。”

据战后统计，第八十八师原有6000名官兵坚守雨花台，经过连日血战，大部伤亡，后又有部分官兵因未能撤退江边，遭日军屠杀，其最后被收容者仅剩四五百人。

中华门反复争夺战

中华门城楼建于明代，是南京城门中最大的一座城楼，它气势恢宏、刚劲雄伟，南北长128米，东西宽90米，前后共有四重城门，筑有23个藏兵洞，号称可藏兵3000，堪称世界之最。城墙之宽，可五马奔驰，状如长城，且登高望远，城内城外一览无余。门外的秦淮水，横贯城门前，更提高了它的军事价值。中华门城墙自建成后发生过近百次血战，1937年的初冬，古老的中华门城堡再次遭到劫难。与之毗邻的雨花台阵地陷入敌手后，中华门的激烈战斗也开始了。

凶残的谷寿夫

12月9日，南京卫戍司令长官唐生智得知牛首山、淳化镇战况告急时，他估计日军以一部兵力继续攻打这两地的同时，很快就会以一部兵力绕过牛首山、淳化镇而直奔雨花台、中华门而来。副司令罗卓英认为，日军进攻光华门、通济门、紫金山失败后，会集中精锐部队对中华门发起猛烈攻击。

果不其然。日军方面进攻中华门的是雨花台方向的第六师团和第一一四师团。其中，第六师团为主攻，第一一四师团为辅攻。第六师团师团长是谷寿夫，在日军中以凶残而著称。

谷寿夫为陆军中将，1882 年出生于日本的福冈县，1903 年毕业于日本陆军士官学校的步兵科。1905 年参加日俄战争，因作战勇敢而多次立功。1912 年从日本陆军大学毕业后历任日本驻印度使馆的武官。在此期间，他曾多次秘密谋杀反日的印度高官。后来，他担任步兵第六联队队长，曾秘密杀害了影响他升迁的同事田攻二郎。在担任陆军第三师团参谋长期间，有一次喝醉酒，竟将一个毫不相识的人扔进河里活活淹死。这么一个凶残至极的人，官运极为亨通。1930 年 48 岁的谷寿夫晋升为陆军少将，4 年之后又晋升为中将，对日战争开始后担任第六师团师团长。

在参加南京保卫战之前，谷寿夫的第六师团在“七七”事变之后，曾参加华北方面战斗，奉命率部攻打华北的永定河。11 月 5 日，加入淞沪战役，攻占金山卫等地，突破中国守军阵地，接着向北纵深挺进，血洗金山卫、攻占松江镇。沿途经过的村庄有数十个，一个都没放过，造下一路血腥的罪行。一位美国记者在一篇文章中写道：“谷寿夫以魔王般的疯狂暴怒，在大雾中向四面八方飞驰冲击，到处杀人放火，每个村庄男女老少被他杀得一个不剩。”日军攻占上海后，谷寿夫又奉命由松江沿嘉兴、平望镇、湖州、广德向南京前进，沿途到处都留下了第六师团烧杀淫掠的罪行。

谷寿夫对自己的部下也毫不留情。据谷寿夫在自己的日记中透露，日本军官在全世界军官中的个子最矮，而他又是在日本军官中个子最矮的。他担心下属不听话，尤其是在关键时刻不服从他的指挥，所以，他豢养了 4 条大狼狗，只要发现谁不服从他的命令，便唆使狼狗一哄而上，将他们一阵撕咬，胆子小得吓得哭爹喊娘跪地求饶，胆子大的也得直到皮开肉绽。

因此下级军官对他言听计从，从来不敢说一个不字。

在中华门，谷寿夫依旧带着他心爱的四条大狼狗。给他的下属部署命令。要求佐藤联队长和岛田联队长，黄昏前一定要攻占中华门，冲不进去就是狼狗的盘中餐。

敢死队城内歼敌

负责坚守中华门的是七十二军第八十八师孙元良部和第七十四军第五十一师王耀武部下辖的第三〇六团。南京卫戍军副司令长官罗卓英亲临中华门前线指挥。

9 日，有一部分日军突入到中华门的城楼底下，并有少数日军冲到了城门下，占据了沙包掩体工事，用机关枪向中方守军部队扫射。情况十分危急，守军第八十八师官兵毫不畏惧，马上组织反攻，同时城楼上的士兵将集束手榴弹往下扔，把日军赶了出去。此后，恢复了中华门城楼下的阵地，解除了日军对城内的威胁。

10 日下午，雨花台部分阵地被日军占领，随后日军将炮兵阵地推进到雨花台，并掩护坦克和步兵，向中华门城垣攻击，日军的炮弹如雨点般落在城墙上，守城官兵躲避不及，伤亡惨重。这时，有两辆日军坦克车掩护步兵企图冲过中华门外秦淮河上临时架起的军桥。正在中华门城楼上指挥作战的第五十一师第三〇六团团长邱维达，立即命令步兵炮数门，直接瞄准射击。日军两辆坦克均中弹掉入秦淮河里。步兵失去了坦克的掩护，纷纷后逃。邱维达又令一个加强连出击，击毙俘获数十人，大大鼓舞了全团士气。

11 日，由于日军对光华门、通济门城垣一带一直久攻不下，且牵制过多

日军向中华门进攻

兵力伤亡较大，于是改变了主攻方向，谷寿夫集结兵力和武器，向雨花台、中华门一带发起猛烈攻击。日机持续不断向中华门城门内外投弹轰炸，“城墙附近的街道、房屋，受到很大破坏”，日军炮兵借助轰炸掩护，趁中国军队猝不及防，集中火力向城门进行猛烈炮击。

孙元良命令八十八师部队对冲入城内的日军进行围歼，双方开始了肉搏厮杀。据五十一师三〇六团团长邱维达回忆说：“当时，我带着部队跑到中华门，见到孙元良时，听到他的嗓子都喊哑了，满脸的汗水、泪水混在一起，我的心沉重起来，一切不用他交代就明白了。我先用一个营堵住城门，不让后续的敌人进城，再用两个营与敌人拼刺刀。双方都踩着尸体拼杀，就连双方的伤员都躺在地上翻滚厮杀，他们用手互相扯拉着对方的伤口，伤员们已无力呻吟，更无力呐喊，却用尽最后一点力气，在滑腻腻的血地上扭打在一起。”谭道平对此也有叙述，守军“躬身炮火，在中华门一带和敌人展开了壮烈的巷战，把攻入的敌军全部消灭[①]”。

① 谭道平：《南京卫戍战史话》，第66页，东南文化事业出版社，1946年版。

1 | 2
3 | 4

1. 日军敢死队攀登中华门城墙
2. 日军冲破中华门防线
3. 日军登上中华西门
4. 日军从中华门进入城内

12 日，从拂晓起，日军的飞机、大炮，即密集地向各城门轰炸，坚固的城墙被炸得石块乱飞，四周的房屋倒塌着，城墙洞开，城里的士兵可以看到城外的敌人。30 多架敌机盘旋天空，不时扔下炸弹和宣传品，劝告守城将领们投降。早上，日军已经进入雨花台北端附近，加紧了对中华门的攻击。

9 时左右，第三〇六团第三营营长胡豪向团长邱维达电话报告，说中华门与水西门之间有一处城垣被日军炸开了，攻城的日军正在利用绳梯爬上城墙。邱维达立即命令第三营挑选100名精壮战士组成敢死队，并严令务必在一小时之内，将突入城墙的日军完全肃清。命令下达后，胡豪迅速组织了敢死队，并率领敢死队向城墙突破口冲杀过去。邱维达同时指挥全团火力直接掩护。一时间杀声震天动地，不到一小时，便将突入的日军全部歼灭，除战死的之外，俘虏了十余人。敢死队也伤亡惨重，“营长胡豪、少校团附刘厉滋不幸中弹英勇牺牲[①]”。

中午，中华门以西城垛被日军炸毁多处，已经不断有小股日军冲上城墙。日军派出敢死队员，用竹梯攀登城墙，企图将太阳旗插上了中华门城顶。守军推翻日军云梯，并对爬上云梯的日军扫射，在城墙顶上与云梯已经爬上城顶的日军展开了肉搏。日军借助后续部队增援，架起了轻机枪，扩大了立足点，而中方守军部队装备差很多，只能端着旧式步枪，挥舞着大刀与日军进行搏斗，短兵相接、刺刀见红。连珠般的机枪声、流弹的嗖嗖声以及炮弹落地的巨响声混成一片，期间还夹杂着士兵掉进护城河中的飞溅声。

下午，防守雨花台阵地的第八十八师奉令向中华门方向撤退，但“退入城内之部队混乱异常，云梯、城门撤闭不及，为敌侵入约三百余（人）[②]”。午后2时，爬墙登上中华门城顶的日军有两百多人，城顶上的守军只有第三〇六团，该团受制于“左翼守兵又不复不战而退，东段城垣翕无一人”，“虽奋力将该敌驱逐，然因受雨花台敌火之瞰制，兵力又极单薄，完全处于被动挨打地位[③]”。

12日晚7时，据守该阵地的第三〇六团团长邱维达接到师长王耀武的

① 唐生智、刘斐等著：《南京保卫战》，第169页。
② 二史馆编：《抗日战争正面战场》（上），第413页。
③ 唐生智、刘斐等著：《南京保卫战》，第169、170页。

电话称："南京全城战况混乱，要作有计划战斗已不可能。为了保持一部分实力作尔后长期作战计，部队完成当前任务后，应相机撤退，浦口以北为撤退方向。"

邱维达随即召集营、连长一起，在城墙上凭借微弱的手电筒光，研究撤退路线，不料，日军看到城墙上的手电光，立即以机枪瞄准扫射，邱维达左腿中弹骨断，被救下火线，继由团副继续指挥部队战斗。

中华门附近城垣的战斗是悲壮的。中国军队在中华门附近一带进行了英勇抵抗的战斗，"万千无秩序的士兵，自发地迎了上去，用自己的身躯阻遏敌人的长驱直入[①]"，士兵这是拿身体在做枪靶子。无奈日军攻势猛、火力足，"相持至晚七时，已阵亡营长万琼、胡豪二员，负伤团长邱维达一员，连长以下一千三百余名[②]"。

当晚，守军奉令开始撤退，日军第六师团、第一一四师团于是彻底占领了中华门。

城垣各处血雨纷飞

在光华门、中华门等地持续恶战的同时，在南京城西南的水西门、赛公桥，以及南京城东北的乌龙山等一带阵地，都发生了激烈的战斗。

水西门外的抵抗

水西门外有上新河和棉花堤等阵地要点。负责在此地布防的中国部队为第五十八师和宪兵教导团第二团第一营。12月10日，一股日军进抵水西门外上新河、棉花堤一带。时至中午12时，日军骑兵一个连队和便衣队约200人，

① 唐生智、刘斐等著：《南京保卫战》，第29页。
② 二史馆编：《抗日战争正面战场》（上），第429页。

向棉花堤阵地发起猛烈进攻。宪兵教导团第一营和宪兵第五团的重机枪连与日军发生接触，在第二连连长杨子光和排长凌光欧的指挥下，官兵沉着应战。在战斗中，日军以三、五点放射击，守军特等射手董学仁、苏显汉也以点放还击日军，使日军受创。战斗中，守军官兵连续伤亡三十余人，特等射手董学仁（大理喜洲人）不幸中弹壮烈牺牲[①]。

南京保卫战中的宪兵部队

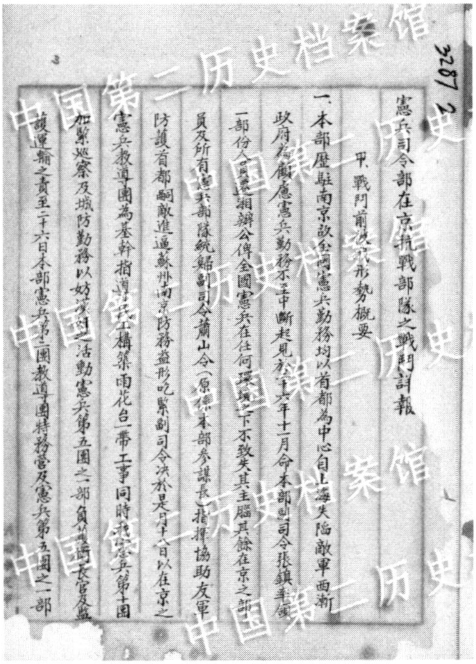

憲兵司令部在京抗戰部隊之戰鬥詳報

甲、戰鬥前彼我形勢概要

一、本部歷駐南京故全國憲兵勤務均以首都為中心自上海失陷敵軍西漸政府為顧慮憲兵勤務不至中斷起見於二十六年十一月命本部副司令張鎮率領一部份人員赴湘辦公俾全國憲兵在任何環境之下不致失其主腦其餘在京之部員及所有直轄部隊統歸副司令蕭山令（原係本部參謀長）指揮協助友軍防護首都嗣敵進逼蘇州南京防務益形吃緊副司令決於是月十八日以在京之憲兵教導團為基幹指導民工構築雨花台一帶工事同時派憲兵第十團加緊巡察及城防勤務以妨漢奸之活動憲兵第五團之一部負首都衛戍長官交護運輸之責至二十六日本部憲兵第二團教導團特務營及憲兵第五團之一部

宪兵部队战斗详报

11 日，棉花堤的战斗更趋激烈。拂晓，日军联合步兵、骑兵、炮兵等多个兵种向阵地发起猛烈进攻。面对日军的凶猛进攻，守军宪兵部队全体官兵前仆后继，始终牢牢守住阵地。据参加此次战斗的宪兵教导团第二营营长马崇兴回忆：这一天从清晨起，日军就向该阵地发起了猛烈进攻，并以坦克掩护步兵前进。经宪兵部队顽强抵抗，终于阻止了敌人的攻势，日军没有得逞，但守军在激烈的战斗中，又伤亡了三十余人[②]。当日，友军第五十八师遭到了日军的猛烈袭

① 参见：唐生智、刘斐等著：《南京保卫战》，第 226 页。
② 参见：唐生智、刘斐等著：《南京保卫战》，第 227 页。

程智

击后向江东门一带转进，宪兵部队的棉花堤阵地便显得突出，“不得已，乃退至棉花堤稍后之线，继续抵抗”。

12日，日军在坦克的掩护下，向中华门、水西门等地继续发起疯狂进攻。日军一部在中华门与守军火拼时，冈本保部队向西继续行进强攻水西门阵地，并在下午4时占领城墙一角。而守卫水西门外棉花堤的战斗也更加激烈。连续多日浴血奋战的宪兵教导团第一营部队，不顾伤亡严重，一连击退了日军的三次冲锋，到下午4时全营已经伤亡过半，但仍在作坚决抵抗。晚上7时，部队接到撤退命令，后坚守到晚上8时，开始在黑暗中掩护撤退，此时，全营伤亡已达三分之二[①]。

赛公桥上的肉搏

赛公桥位于中华门与水西门之间，是南京西南方向城墙拐角处的重要通道。负责防守赛公桥的中国部队为第七十四军第五十一师王耀武部。

11日晚11时，第五十一师奉命换守赛公桥经沈家圩迄关帝庙以东之线，并以一部担任水西门以南800米处起迄西南城角之城垣守备，左与第八十八师、右与第五十八师切取联络。该师随即部署如下：

以一五一旅之程团全部及三〇五团之残余，扼守赛公桥至关帝庙以东之线。一五三旅邱团全部及三　一团之残余，扼守水西门以南八百公尺处至西南城角之城垣构筑工事，掩护附廓阵地之战斗[②]。

① 唐生智、刘斐等著：《南京保卫战》，第226页。
② 二史馆编：《抗日战争正面战场》（上），第428页。

根据命令，第五十一师第一五一旅第三〇二团程智部及第三〇五团张灵甫部的残余部队，于 11 日夜开始接防赛公桥一带防守阵地，掩护复廓阵地的战斗。

12 日拂晓，日军集中炮火轰击赛公桥及西南城角，迅速以坦克车 10 余辆，飞机 20 多架，掩护步兵进攻赛公桥，“战况之烈，空前未有”。赛公桥被日军突破数次，幸亏官兵与日军英勇肉搏，经过 3 个小时的恶战，中国守军部队终于将赛公桥阵地完全恢复。在这次战斗中，“击毁敌战车四辆，毙敌五百余名，获轻重机枪十余挺，步枪四十余支”，守军也付出惨重代价，“三〇二团团长程智阵亡，营长曹恕初受伤，连长以下伤亡一千七百余名”。

程智早年读书时受进步思想影响投笔从戎，毕业于黄埔军校第五期。抗日初期，在王耀武部第五十一师第三〇二团任团长，率部开赴上海参加淞沪会战。出征前，他给刚怀孕没几个月的妻子留下一封信：“总算等到了与日寇交手的一天。此正是男儿报国之时，余决心以七尺之躯许国。惟盼吾妻能顺利分娩，所生勿论男女，望善抚之，以继余志[①]。”上海沦陷后，程智率领第三〇二团撤至南京，驻守南郊及水西门外一带。据程智儿子程增孝回忆，“父亲所在的第五十一师战斗力很强。12 月 5 日起，五十一师与日军多次激战，仅在江宁淳化即激战三昼夜，日军付出惨重代价才拿下了淳化镇。”到了 12 日拂晓，打红了眼的日军集中炮火轰击中华门等阵地，程智坚守赛公桥阵地，右手三根手指被打断，血流不止，副官劝他退下，但他仅稍作包扎，又回到阵地。

程智冒着日军飞机轰炸激励官兵：“南京是我国首都，城内有我们的父母兄弟，决不能让鬼子前进一步，我们要与阵地共存亡。死在这里，死得其所！”话音才落，程智腹部被日军机枪击中 9 弹，肠断而出，壮烈牺牲，年仅30岁！当时负伤的第三〇六团团长邱维达找了个大木盆，将他埋于赛公桥旁。程智后来被国民政府追认为少将。

程智团长的牺牲，激起了全团官兵的斗志。在此次战斗中，赛公桥数次被日军占领，但都被中国军队夺回，直到南京卫戍司令长官部下达撤退命令时，赛公桥阵地仍然在中方守军手中。

乌龙山上的血战

位于南京东北方向的乌龙山一带也发生了一场规模不小的战斗。

负责守备乌龙山一带阵地的是从武汉开赴南京的第二军团徐源泉部。该部下辖第四十一师于12月4日左右到达南京，负责南京外围栖霞山的守备作战任务，8日从栖霞山撤守乌龙山要塞，以第一四二旅（欠二七三团）专任乌龙山要塞守备，右与教导总队连系[①]。第四十八师于12月8日到达南京，在南京煤炭港登陆，占领栖霞山、中山墓之线。

8日，卫戍司令长官部下达“卫参字第28号”命令：

第二军团之第四八师（欠一团）占领杨坊山一二二点五高地北麓薛氏坟、曹村、和尚庄、杨家边、下西凤头、曹庄之线，左与乌龙山守备队，右与教导总队联络，务速构筑工事[②]。

第二军团团长徐源泉随即命令第四十八师第一四四旅撤至左自乌龙山到曹庄赶经和尚庄至杨坊山北麓薛氏坟止，并抽调第二八七团第三营占领杨坊山，支撑重点，藉维战局。7日早上，“日军以大炮30余门，飞机10余架，连合不断地向我杨坊山一带攻击，将工事毁平，随以坦克车16辆掩护步兵2000余人围攻此山，经全营与之奋勇混战，卒以敌炮火飞机轰炸过烈，全营壮烈牺牲”。

---

① 二史馆编：《抗日战争正面战场》（上），第417页。

②《第二军团增援南京战斗详报》，二史馆馆藏档案。

激战之际，第二军团团长徐源泉恐怕杨坊山一旦丢失，后方连络就立即被截断了。徐源泉立即命令“抽调第二八三团第一营进占银孔山抢筑工事，以为之备”。

果不其然，日军占领杨坊山以后，随即以全力继续猛攻附近的银孔山，并对之猛烈轰炸，尤倍于前。负责防守该山的第二八三团第一营营长乔渊“身先士卒，血战半日，饮弹殉国，而全营亦壮烈随之而牺牲矣”。当第一营激战时，第二八三团的第二营、第三营也前往增援，但碍于日军的炮击与飞机轰炸，还没等赶到阵地，又伤亡过半，银孔山也被日军占领。经过乌龙山一带的激战，第二军团损失已经达到三分之一以上，而预备队也已经使用无余。到了晚上 6 点，部队只得整理残部，缩小阵地，退入乌龙山要塞区内坚守。

仓皇撤退 江边血色悲歌

第六章

6

随着南京外围阵地相继被日军突破，国民政府逐渐认识到，南京守军的战斗力已经远不如淞沪战役时期，南京外围主阵地仅守卫了两三天即告失守，而复廓阵地立足未稳又在主要方向上被日军突破。严峻的形势迫使最高统帅部不得不考虑南京守军的撤退问题。

仓皇的撤退

“出尔反尔”的撤退令

蒋介石自1937年12月7日一早离开南京后，先是飞往江西南昌，后来又回到位于武汉的最高统帅部。整个南京保卫战期间，最高统帅部时刻关注着首都南京的战况，几乎每天都有大量的询问战局及给予指示的电报发到南京卫戍司令部。

自12月11日起，日军已经从各个方向对南京发起围攻。东北方向，一路日军已经突破杨坊山、银孔山阵地，推进到尧化门附近，一路日军迅速向乌龙山方向开进。西南方向，日军主力部队对雨花台发起猛烈攻击，并推进到中华门阵地，另一部日军已经占领了水西门外的棉花堤阵地。西北方向，国崎支队在当涂附近渡江向浦口开进。

随着战况的急剧恶化，特别是得知当涂附近已有日军渡江的消息之后，国民政府深感形势已经愈发严峻，如果继续坚持下去，南京守军就可能面临被日军围歼的危险。最高统帅部经过研究之后，做出了南京守军“准撤”的命令。11日中午，蒋介石命令第三战区副司令长官顾祝同转告唐生智于11日当晚渡江北上，同时命令守军相机突围。

当晚，蒋介石又发出两封电报，内容为“如情势不能久持时，可相机撤退，以图整理而期反攻之要旨也[①]”。此时，蒋介石认为南京守军已经起到了一定的阻滞日军快速推进的作用，并从保存南京守军有生力量角度考虑，要求唐生智相机撤退。

然而，12日下午，蒋介石又发来一手令，指示南京卫戍司令部“南京为我国革命转败为胜之枢机应不惜任何牺牲坚守”，全文如下：

“限即到。南京。唐司令长官、刘、罗副司令长官：

据报江浦附近已发现敌军，是敌希图对我四面合围，或威胁我后路，逼我撤退也。五日激战，京城屹立无恙。此全赖吾兄之指挥若定，与牺牲精神有以致之。经此激战后，若敌不敢猛攻，则只要我城中无恙，我军仍以在京持久坚守为要。当不惜任何牺牲，以提高我国家与军队之地位与声誉，亦为我革命转败为胜惟一之枢机。如南京能多守一日，即民族多加一层光荣，如能再守半月以上，则内外形势必大变；而我野战军亦可如期策应，不患敌军之合围矣。遥望京城，想念官兵死伤苦痛，无任系念！进退战守，生死荣辱，惟兄等熟图之。

中正手启。十二申[②]。”

根据这份手令的落款时间，“申”代表的时刻是15时至17时，即这份手令发出的时间为下午3时至5时之间。这时，南京城垣的保卫战斗已接近尾声，城内秩序也已经极为混乱，而南京卫戍司令长官部已经根据之前下达的命令开始召集将领开会安排部署撤退事宜。

按照时间推算，手令是下午3时发出的，而唐生智在下午5时召开撤退部署会议时，根本没有提到这个手令，那么最有可能的情况是通讯线路出了问题，此时唐生智尚未收到这份手令。在战时，机要通讯系统无法得到快速、安全、准确等各项保障。因此，最具可能的推断是，手令是下午

① 二史馆编：《抗日战争正面战场》（上），第413页。
② 秦孝仪主编：《中国抗战史料初编——对日抗战时期》，第二编，作战经过（二），第219-220页。

5时左右才发送的，那么至少是5时以后才能收到，而此时唐生智已经忙于召开撤退部署会议，且会议时间也不长，散会后南京卫戍司令长官部忙着安排撤退事宜，机要文件和设备都是该焚烧的焚烧，该销毁的销毁，也就不存在及时收取电令的情况了。所以，最大的可能是，这份手令只是存在于机要档案的“已发送”状态，而并未被顺利查收。

南京师范大学教授经盛鸿在《战时中国新闻传媒与南京大屠杀》一书中写道，“唐生智收到蒋介石来电……蒋改变了在前一日来电‘可相机撤退’的意见[①]”，这个观点还有待于探讨，唐生智究竟在当日部署撤退之前有没有收到这份来电，还需要进一步考证。因为，从《南京卫戍军战斗详报》、各军战斗详报的记载以及参加过南京保卫战的将领们的回忆录看，并没有提及到这份手令，应该是卫戍长官司令部从来没有收到过这份“再守”的命令。

不管收与不收，但可以确定的是，蒋介石的确发过这个命令。而这很短时间内两道内容明显相反的命令也着实令人费解。有人怀疑，蒋介石还是考虑到依靠国际形势来延缓这种单打独斗的孤军奋战局面，所以，他依然痴心妄想于国际上有所声援和支持。早在12月6日，他还给第五战区司令长官李宗仁、第一战区司令长官程潜等人发去电令，告之“决在南京守城抵抗一月以后国际情势必大变”。电文如下：

“徐州李司令长官、济南韩副司令长官、新乡程司令长官、林参谋长、汾阳阎司令长官、卫总司令、开封刘主任、商主席、西安蒋主任、兰州朱副司令长官、贺主席：

南京决守城抗战，图挽战局，一月以后，国际形势必大变，中国当可转危为安……”

① 经盛鸿著：《战时中国新闻传媒与南京大屠杀》，第796页。

蒋介石在关于南京撤退一事上所作出的反应和淞沪战役中是一样的。撤还是不撤，蒋介石也无法给出一个确切的答案。而在这决策者的左右摇摆之间，却是会贻误战机或是撤退时机。战场上最忌命令朝发夕改，尤其是关于守或是撤的命令，最容易搅乱军心。

唐生智的艰难抉择

据唐生智回忆，早在12月11日中午，他就接到第三战区副司令长官顾祝同打来的电话，顾祝同转告他蒋介石关于撤退的命令，要他渡江向津浦路撤退，军队相机突围。但唐生智没有同意。下面是他们之间的电话对话：

顾祝同说："委员长已下令要你那叫守军撤退，你赶快到浦口来，我现在要胡宗南在浦口等你。"

唐生智说："前线如此紧急，被突破的地方很多，如何撤退？"

顾祝同说："你今晚务必撤退过江。"

唐生智说："有许多事情应该与各部队长交代清楚，才能撤退。不然，以后责任，由谁来负？"

顾祝同说："你留个参谋长交代一下就行了，今晚赶快过江吧！"

唐生智说："那不行，最早也要到明晚才能撤退。我不能只顾一人的死活，不顾军队。"

顾说："敌人已到六合，情况非常紧急。"

唐生智仍说："今晚要我过江是不行的。"

唐生智并不同意当晚过江。鉴于此，11日晚，蒋介石亲自发来"相机撤退"的电报，电令唐生智，表示南京保卫战已经发挥了牵制日军的作用，"兹为尔后继续抗战计，如情势不能久持时可相机撤退[①]"。同时命令守城部队

① 张秉钧：《中国现代历次重要战役之研究——抗日战役述评》（一），第157页。

主力从正面突围向宣城、浙西方向集结，无法突围的部队依次渡江至徐州，已令第一军胡宗南在浦口担任渡江掩护。

当天夜里，唐生智便与副司令长官罗卓英、刘兴等人研究撤退的问题，并在次日凌晨召集参谋人员制订撤退计划及命令，包括参谋长周斓，参谋处处长廖肯、副处长林维周，参谋处第一科科长谭道平等人。

唐生智对与会人员说："现在城已被击破，无法守卫了，委员长已有命令，叫我们撤退，你们赶快去准备撤退命令吧！"随后，参谋处负责起草撤退命令《首都卫戍司令长官作战命令特字第一号》，并制定《南京卫戍军突围计划》和《各部队转进时联络信号规定表》。

自 12 日一早开始，日军 5 个师团集中炮兵及航空兵火力对南京复廓阵地及城垣发动持续猛攻，试图在当天摧毁南京守军的防御。城东方面，日军第十六师团继续与守军教导总队在孝陵卫西山及紫金山一带激战。城南方向，第九师团在光华门一带与守军第八十七师兄苦战中。城西方向，日军已经突破雨花台阵地，日军第六师团先头部队在中华门外准备总攻击，第八十八师、第五十一师陷入恶战。中午前后，在日军猛烈炮火攻击下，中华门城防被撕开一个缺口，日军蜂拥而入。第八十八师师长孙元良率领余部 2000 余人向下关方向溃逃，企图渡江，但被三十六师阻止。大批逃难居民与溃退的散兵拥挤在街道上，城内的秩序出现混乱状况。

此时，唐生智已经决定奉命"相机撤退"。下午，城垣战斗情况已经极度危急，唐生智召集卫戍司令部召集罗卓英、刘兴、周斓、佘年慈及南京守军师长以上高级将领在唐公馆开会。这是南京保卫战中以南京卫戍司令长官部名义组织召开的最后一次会议。

会上，唐生智首先简要地说明了当前战况，询问大家是否还能继续坚守。

他说道:“……南京现在已经十分危急,少数敌人业已冲入城内,在各位看来,尚有把握再行守卫否[①]?”

与会将领彼此面面相觑,无一人发言。唐生智向大家出示了蒋介石命令守军相机撤退的两份电令。随后,他吩咐参谋长周斓把参谋处事前油印好的撤退命令及突围计划分发给与会将领。

他说:“为了尊重各位意见,特请大家来共同商讨,凡列席将领,同意于今日分别即行撤退的,请在会议记录簿上签名盖章。”

唐生智毕竟做过表态“要与南京共存亡”的,如今,事已至此,他也不想独自承担撤守的责任。在座各人听后都默然不语。唐生智又催促说:“事机迫切,不容迟疑,希望迅速表态[②]。”随后,与会将领陆续签了名,只有桂永清表示反对,他说:“一个国家的首都,固守未到半个月就拱手让给敌人么?况我们左翼并无多少敌人,紫金山制高点及其山麓大部分都在我们总队固守中;中山门外自四方城、卫岗以东到白骨坟之线未失尺寸,光华门仍十分坚固,我们已调部队协助,至于中华门虽然危急,我们可以调紫金山北的预备队去支援他们嘛,不能这样就撤退。”但他的意见并未得到响应。

撤退命令及突围计划原文如下:

卫戍作战命特字第一号(地名参看三十万分之一图)命令

一、敌情如贵官所知。

二、首都卫戍部队决于本日晚冲破当面之敌,向浙、皖边区转进。第七战区各部队刻据守安吉柏垫(宁国东北)、孙家铺(宣城东南)、杨柳铺(宣城西南)之线,牵制当面之敌,并准备接应我首都各部队之转进。芜湖有我第七十六师、其南石炮镇有我第六师占领阵地,正与敌抗战中。

① 唐生智、刘斐等著:《南京保卫战》,第32页。
② 刘庸诚:《上海、南京抗战亲历记》,载《江苏文史资料选辑》第十六辑。

三、本日晚各部队行动开始时机、经过区域及集结地区，如另纸附表规定。

四、要塞炮及运动困难之各种火炮并弹药，应彻底自行炸毁，不使为敌利用。

五、通信兵团，除配属外部队者应随所属部队行动，其余固定而笨重之通信器材及城内外既设一切通信网，应协同地方通信机关彻底破坏之。

六、各部队突围后运动务避开公路，并须酌派部队破坏重要公路桥梁，阻止敌之运动为要。

七、予刻在卫戍司令部，尔后到浦镇。

右令。

计附表第一第二两纸［略］[①]

其中，对于该命令中第三项所说的“各部队行动开始时机、经过区域及集结地区”进行了单独附表规定，这是一份显示“卫戍作命特字第一号附件表一”的《南京卫戍军突击计划》，以表格形式对各部队突围时的地境区分、开始时间、行军地境、集结地和连络法均作了详细说明[②]。

根据该计划表，各军的突围计划具体为：

（一）第七十四军由铁心桥、谷里村、陆郎桥以右地区突击，向祁门附近集结。

（二）第七十一军、第七十二军自飞机场东侧、高桥门、淳化镇，溧水以右地区突击，向黟县附近集结。

（三）教导总队、第一〇三师、第一一二师、第六十六军、第八十三军依次自紫金山北麓、麒麟门、土桥镇、天王寺以右地区突击。教导部队向昌化附近集结，第一〇三师、第一一二师向于潜附近集结，第六十六军

① 二史馆编：《抗日战争正面战场》（上），第 401、402 页。
② 二史馆编：《抗日战争正面战场》（上），第 403 页。

向休宁附近集结，第八十三军向歙县附近集结。

以上各部队除第八十三军突击开始时间为13日晨6时外，其余部队突击开始时间均为12日晚11时。

另有一份12日下午3时在南京司令部发布的命令，内容为：

命令

一、本部各部队奉命向徽州附近地区转进。

二、本司令部直属部队及第三十六师着于今（十二）日晚渡江，向乌衣、花旗营附近先集结待命。

三、各部队之行动，如另表规定。

右令

附各部渡江次序规定表一份［略］①

从这两份命令上看，南京卫戍长官司令部决定组织大部守军突围，一部渡江，实施计划并没有什么问题。

与会将领拿到撤退命令和突围计划后，都默不作声。在这样的气氛下，唐生智又说："战争不是在今日结束，而是在明日继续；战争不是在南京保卫战中结止，而是在南京以外的地区无限地延展，请大家记住今日的耻辱，为今日的仇恨报复！各部队应指出统率的长官，如其因为部队脱离掌握，无法指挥时，可以同我一起过江②。"

接下来，唐生智在撤退部署会议上的最后一席话，使他在部署撤退工作中犯下了一个致命错误。据《南京卫戍军战斗详报》中的记载，下达命令后，"又最后口授命令要旨：87D、88D、74A、教导总队诸部队，如不能全部突围，有轮渡时可过江，向滁州集结"。他的这个口头命令与书面命令不符，大大降低了书面命令的严肃性。这样一来，纸面命令成了一张

① 二史馆编：《抗日战争正面战场》（上），第402页。
② 唐生智、刘斐等：《南京保卫战》，第32页。

废纸，反而口头命令成了一令圣旨，直接导致了南京守军的溃退、挹江门拥堵、官兵望江兴叹、血洒长江的惨烈后果，多少官兵因为执行这一口头命令而成了牺牲品。

按照常理，将领和官兵都更加热衷于撤退，而不是突围。因为撤退是前往敌人后方，敌人要少一些，官兵的生命就有保障一些。而突围则往往凶多吉少，即使一部分突围出去，接下来会否遇上敌军仍属未知之数。

南京卫戍司令部长官会议尚未结束，会场即遭到了日军的炮弹轰击。各军师长随即抛下各自部队而自行解散。撤退命令并没有完全分发到各个一线战斗的部队手中。于是，突围部队除了一部按照计划实施外，其他部队都是随大部队盲目地蜂拥向下关方面撤退。

巷战与突围

南京城失陷前后，守军部队的撤退呈现出慌乱无序的局面，造成了巨大的人员伤亡。但在这里，具有高度爱国主义精神的广大中国官兵，出于对祖国的热爱和对日本侵略者的愤恨，仍然与日军在城内外展开了顽强的抵抗。

构筑巷战工事

《辞海》字典对“巷战”的定义是：巷战，并不是单纯指在街巷发生的战斗，它一般发生在城镇或村落的街巷内，通常是对建筑物、街垒、制高点进行争夺，形成许多独立的短兵相接的战斗[①]。按照这个概念界定，南京守军在城陷前后的撤退过程中，在城内并没有与日军进行大规模的街巷争夺战，但负责掩护主力撤退的后续部队及突围部队还是与日军展开了激烈的巷战。

南京沦陷前，唐生智曾命令各部加强城防，准备巷战。南京的各城门也被沙袋堵了起来，城门外公路挖上了壕沟，各交通要道设置沙包电网，准备守卫[②]。南京城内山西路、鼓楼、大行宫、新街口一带，十字路口都在构筑工事，工事都用沙袋堆起，做好巷战准备。

广东部队第八十三军在放弃句容阵地后，经下蜀、龙潭向南京转进，7日午后，到达南京城内，奉命以第一五四师位置于水西门附近归第七十二军军长孙元良就近指挥，其余各部进入南京，驻守水西门、玄武门一带担任巷战工事的构筑。由于缺乏木材、铁丝、铁钉之类的材料，整个巷战工事构筑工作进展极为缓慢。

11日中午，负有掩护任务的第三十六师集结在南京挹江门为总预备队，也做过巷战的准备，“11日，（第七十八）军奉令增厚城防，作巷战准备[③]”。另外，在金陵大学附近的士兵也在校园围墙内挖战壕，增筑巷战工事[④]。

当城门已有部分日军攻入时，唐生智立即命令第三十六师的一个团开到城中，准备巷战。“12日，三十六师一团被调入城内，第一六〇师及军属炮工兵营也集结于玄武门、水西门一带，构筑工事，准备巷战[⑤]。”直到

---

① 《辞海》注释，第3522页，上海辞书出版社，1999年版普及本。

② 《南京防务加强》，马振犊等编：《南京大屠杀史料集》，第2册，《南京保卫战》，第86页，江苏人民出版社、凤凰出版社，2005年版。

③ 二史馆编：《抗日战争正面战场》（上），第423页。同见，马振犊等编：《南京大屠杀史料集》，第2册，《南京保卫战》，第187页。

④ （美）明妮·魏特琳：《魏特琳日记》，第187页，江苏人民出版社，2000年版。又见：马振犊等编：《南京大屠杀史料集》，第2册，《南京保卫战》，第214页

⑤ 马振犊等编：《南京大屠杀史料集》，第2册，《南京保卫战》，第164页。

12日下午8时，中国士兵也支持着最后一两个据点[①]。

12日下午，卫戍司令长官部撤退命令下达后，南京守军主力部队开始撤退。日落之前，日军的旗帜已经插上南京城南的城墙。“日军首先占领光华门及其西部地带，然后是中华门及其周边地带[②]”。

值得提及的是，日军在迅速攻入城内时，敌我双方在城南附近确实开展过激烈战斗，而且在守军突围撤退时与前进的日军也曾发生了多次遭遇战或者突围战[③]。

勇敢的巷战

12日下午开始，按照撤退命令，南京守军开始全面撤退，仅留有少量部队坚守阵地以掩护主力转移。

为了掩护战友与民众的撤退，12日晚至13日，南京守军的后卫部队勇敢地与日军展开激烈巷战，以自己的血肉之躯阻挡日军的前进。

正在南京城进行采访的英国路透社记者史密斯，在12月19日的《北京时报》（英文版），以《目击者诉说南京的陷落》为题，这样写道：

担任后卫的部队勇敢地战斗，阻遏日军前进。机枪通宵达旦地猛烈地扫射，在午夜时分达到最高潮，许多城防部队的军人在城外战死，目击者后来在那儿见到上千具中国军人的尸体[④]。

12日晚上，南京城东南区域发生了激烈巷战。德国档案中保存了一份英国路透社记者史密斯关于南京战情的报告摘要。史密斯报告了发生在南京城南方向的巷战情况：“（12日）下午晚些时候，部队从南城总撤退。

---

① “南京大屠杀”史料编辑委员会等编：《侵华日军南京大屠杀史料》，第142页，江苏古籍出版社，1985年版。

② 张宪文，吕晶主编：《见证与记录：南京大屠杀史料精选》（西方史料），第323页，江苏人民出版社，2014年版。

③ 遭遇战是指敌我双方部队在运动中相遇时发生的战斗，氛围预期遭遇战和不预期遭遇战。
突围指突出敌人包围的作战行动，目的是保存力量，以图再战。

④ 张宪文主编：《南京大屠杀史料集》6，第81页，江苏人民出版社，2007年版。

日军攻破中山门进入南京城内

整个师（第八十八师）秩序井然地被撤。只有一千人留在南城。他们勇敢地坚持巷战，到了午夜，他们全部被歼[①]。”

从城门附近到城内中心，从城南到城北，从城东到城西，局部巷战几乎遍及全城各处。中外记者对南京城失陷前后的战斗情况进行了追踪报道，撤退出来的参战官兵也对此进行了回忆和记录。

中央社记者采访了从南京逃出来的难民，报道说：“军人爱国，杀敌心切，于是十三日晨曦中，城内外各处枪声大作，敌我巷战开始，冲锋肉搏，我孤军均作壮烈卫士之牺牲[②]”。记者范式之报道称：“十三日拂晓，敌我已在城内各处发生巷战[③]。”日方特派员浮岛在13日从南京发出急电：

① 孙宅巍著：《南京保卫战史》，第217页。
② 《失守后的南京》，《闽政与公余》，1938年1月。
③ 《侵华日军南京大屠杀档案》，第120页，江苏古籍出版社（现为江苏凤凰出版社），1985年版。

“今天早晨以来，为完成南京攻击战的最后阶段，展开了壮烈的大街市战、大歼灭战”，中国军队“继续作垂死挣扎[①]。”

中方官兵中一位炮兵副连长沈咸曾经亲自指挥了南京市中心附近的巷战。据他在《高炮连参加南京保卫战简记》中的回忆：“（12月13日）下午，我们官兵十九人，多次绕过敌人火力网撤退到太平北路莲花桥一带，向江边靠拢，途中又牺牲了三个兄弟。这时，来人报告：“有六个敌兵在杀害近百名的老百姓”。我当即命令：“向敌人袭击！”终将敌兵统统杀死，收缴了武器，我们也有两名士兵阵亡[②]。”

从中山门进入南京城的日军第十六师团部队，在位于城东的国民政府一带，遭到了南京守军的顽强抵抗。据前田雄二在其所著的《在战争的激流中》一书中所描述情况，这支部队“在攻入城内时遭到了顽强的抵抗，从政府大楼的门窗内和屋顶上不断有机枪子弹飞来[③]。”

美国派拉蒙新闻电影社的摄影记者阿瑟·B.门肯在《目击者描述中国军队溃退时南京的恐怖景象》一文中，向我们描述了南京城陷落之际，一位中国二等兵的守军的最后一刻：

对我来说，南京城陷落之际，未被颂扬的英雄是位无名的中国二等兵。他的行为也许救了我和来自德克萨斯州的《纽约时报》记者弗兰克·提尔蔓·德丁的命。我们在中央饭店附近的中山路上行走，这位二等兵示意我们到路边去，他正合一群士兵进行最后的抵抗战斗。我们弯腰钻进安全地带后，日军的坦克在街上隆隆驶来，机枪喷着火舌。坦克走后，我们发现二等兵和他的战友都倒在街头牺牲了[④]。

① （日）本多胜一：《通向南京之路》，《朝日周刊》，1984年。转引自：孙宅巍：《南京保卫战史》，第217页。
② 唐生智、刘斐等：《南京保卫战》，第253、254页。
③ （日）田中正明：《“南京大屠杀”之虚构》，第148页，世界知识出版社，1985年版。
④ 张宪文主编：《南京大屠杀史料集》，第104页，江苏人民出版社，2007年版。

13日下午，日军第十六师团一部为攻占位于中山北路的首都饭店，与南京守军展开了激战。他们“攻占这座饭店而同少数顽强抵抗之敌进行激烈的枪战[①]。”

在城西的三汊河地区，也发生了激烈巷战。一位外侨在写给友人的信中这样写道：

“一支由三个连组成的小部队在当官的指挥下，越过长江上游离南京三英里远处的三汊河，去迎击正朝着这个方向前进的日本军队。可由于人数悬殊，这三个连的中国士兵事实上全被日军消灭了，成功地生还的似乎只有一个人。这个人恰恰是我的一个朋友的兄弟，他第二天上午便出现在我的办公室里，向我讲述了事情的经过[②]。”

美国记者哈立德·阿本德在12月13日的《纽约时报》上，以《南京被包围》为题对南京城内的战斗进行了报道，里面有一个片段专门写到南京守军情况，标题为《中国守军表现勇敢》，他对中国守军部队的英勇战斗行为作了“自杀性的战斗”的评价：

南京的中国守军再次展现了他们敢于承担可怕的后果和在困难条件下毅然坚持的超强能力。而这种困难条件通常都会令任何战斗人员丧失斗志。

大多数情况下没有报酬，也吃不饱，受伤了也得不到任何医院救治，但即便是这样，中国守军还是让日军在城门周围每前进一步就付出了惨重的代价。

这就像1900年时的情形，当时中国清朝军队一直占据着天津城墙，直到7000多具尸体堆积如山。也非常像1928年山东济南发生的事情，当时中国军队也是这样英勇作战，让日军寸步难行。

日军从光华门城墙的多个制高点，从紫金山以及其他城市周边的高处，

① （日）田中正明：《“南京大屠杀”之虚构》，第148页。
② （澳）廷珀利：《侵华日军暴行录》，第14、15页，新华出版社，1986年版。

用各种口径的炮，用机关枪向南京城内地区猛烈开火，持续时间长达近50个小时。还有空中几乎每小时一次的轰炸。但所有这些都没能阻止中国守军继续他们自杀性的战斗[①]。

广东佬不做衰仔

在南京城沦陷前后，参加南京保卫战的广东部队用严格奉命展现了军人天职，也为进一步抗战保存了有生力量。守卫南京的广东部队共有两个军，即第六十六军叶肇部和第八十三军邓龙光部，各辖两个旅四个团。在南京守军大部分选择沿江撤退时，只有这两支广东部队遵照命令选择从正面突围。他们亦是南京保卫战中惟一一支幸存而保存建制的部队。

12日早上7时，第六十六军第一六〇师奉令构筑玄武门至水西门之南正面阵地，准备巷战。下午，叶肇和邓龙光参加了南京卫戍司令长官部撤退部署会议，接到撤退和突围命令要旨为："军即按一六〇、一五九、一五六、一五四师之顺序，由太平门突围，经汤水、句容向安徽、宁国集中[②]。"两军决定以第六十六军叶肇部作先锋，第八十三军邓龙光部作后卫，抢先突围。

第六十六军接到撤退命令后，因为时间仓促，便先用电话告知各部队命令要旨，命令各部队立即将所有辎重完全毁弃，剩余枪支"分发夫役实用，士兵一律轻装，即至太平门内集合[③]"。第八十三军军长邓龙光立即派员通知各部到中央党部集中。

晚上6时，城垣部队纷纷退入城内。这时的南京城内已经形势大乱，广场上、马路上都是人潮汹涌，万头攒动，车辆根本无法通过。将军的怒吼，汽车的喇叭，都起不到任何作用；军官们只好下了汽车，改为骑马，结果

---

① 张宪文、吕晶主编：《见证与记录：南京大屠杀史料精选（西方史料）》，第324页。
② 二史馆编：《抗日战争正面战场》（上），第443页。
③ 二史馆编：《抗日战争正面战场》（上），第444页。

马也没有回旋的余地，又只好改成步行。这时候的民众都准备轻装逃命，不少珍贵行李都成为多余。邓龙光的几支人参浸制的酒和几盒头号的高丽参也都丢弃在路旁，无人问津。

当第六十六军抵达东小营中央军校门口时，与先期撤退进城的第八十三军部分官兵会合。两支部队列成长队开往太平门。

当时据守富贵山太平门岗子村一线的第八十七师五二一团团长陈颐鼎看到这支部队打算开出城，很是吃惊。他向叶肇将军询问他们为何迎着日军进攻的方向行军？叶肇考虑到如果据实相告他们两个军选择突围，可能会令陈颐鼎部的官兵军心动摇，便含糊的说是执行作战任务，两支部队因此只是擦肩而过。

晚上 7 时，第六十六军各部在太平门内集合完毕，叶肇随即召集连长以上下达口头命令如下：

（一） 敌情如贵官所知。

（二） 师以突破重围、集中宁国之目的，拟由太平门经紫金山北麓东西流镇、汤山、句容、溧水、郎溪，向宁国集中。

（三） 逐日行进目标如左：

第一日（十三）句容东南地区。

第二日（十四）溧水东南地区。

第三日（十五）郎溪东段地区。

第四日（十六）宁国附近。

（四） 九五六团为第一线，循师行进路向当面之敌攻击前进。

（五） 九五五团委预备队，随师部行进。

（六） 行进时，余在师部先头[1]。

---

① 张宪文、吕晶编：《见证与记录：南京大屠杀史料精选（中方史料）》，第 122 页。

罗策群

姚中英

司徒非

广东部队在突围过程中，与日军在太平门外岔路口、孟塘一带发生了激烈的遭遇战。晚上 7 时 30 分，第六十六军军长兼一六〇师长叶肇、一五九师代师长罗策群亲自指挥部队拆除堵塞城门的沙包。9 点左右，先头部队开路出城，后续部队争先恐后继续跟上，从城门夹缝之中挤出去。

当时紫金山的日军炮火不断向太平门盲目射击，大量集结在太平门等待出城的士兵多有死伤，士兵们出城的心情也越发迫切。由于互相拥挤，造成了互相践踏，弱者多有踩伤踩死。

出城后，先头部队沿着宁杭公路向南行进。一路上，由于不断有此前为对抗日军而挖好的堑壕、埋设的地雷，部队小心翼翼，行进极为缓慢。夜里 12 点左右，部队到达岔路口，先头部队与据守该处的日军发生交火，第一五九师代师长罗策群几次督促部队发起进攻，结果都没有成功。最后，他举起马鞭，大呼："跟我来，几大就几大，唔好做衰仔呀？"（广东话，不要丢脸的意思）在岔路口的战斗中，第一五九师代师长罗策群、第一五六师少将参谋长姚中英都在指挥部队冲击、为两军主力杀出血路的战斗中壮烈牺牲。

罗策群，广东兴宁人，保定陆军军官学校第六期工科毕业，历任参谋、营长、团长、军师参谋长而至旅长、副师长等职。自“八一三”事变扩大以后，第六十六军奉命北上参加战斗，罗策群时任第一五九师四七五旅旅长。9月17日，罗策群奉命开抵刘行，开始与日军接触，激战9个昼夜。其中在杨水桥的战斗中，他率部队将日军久留米师团击破，日方报纸纷纷报道称遇到了“老虎军”。罗策群带兵注重以诚相见，对官兵感情深厚、爱护有加。9月25日，四七五旅奉命开回方泰镇整理，在检阅士兵时，他发现部队伤亡惨重，不禁黯然。30日下午在召集全旅官兵训话时，“环睹萧条，咽不成声久之，因即命全体肃立，为刘行战役死难同志默哀[1]”，全体官兵没有不肃然动容的，有的泣不成声。罗策群因战功卓著升任副师长后，辗转率部战斗在吴福、锡澄等国防线上，12月4日，第六十六军奉命转进占领汤山阵地，因为汤山形势重要，日军志在必得，并以主力部队来攻击。已经升任副师长的罗策群“目不交睫，昏晓巡视，不遑宁处，与敌血战两昼夜”。12日，罗策群率领全师官兵经太平门冒弹突围，不幸殉国，年仅44岁。

姚中英，字若珠，广东平远县人。黄埔军校第2期毕业，参加北伐战争，建立战功。后进入陆军大学深造，抗日战争爆发后，1937年时任陆军第一五六师团长职务的姚中英参加淞沪会战，屡立战功，擢升陆军第八十三军第一五六师少将参谋长。淞沪会战失利后，退守南京并参加南京保卫战。12月12日与日军在太平门激战时率部杀敌，壮烈殉国，时年41岁。

13日拂晓前，叶肇率领余部经尧化门向汤山方向穿插，目标只有一个：突出日军包围，在绝境中求生存。在东流村附近，这支队伍见到还保持着

① 胥兆梅选辑：《南京保卫战第六十六军阵亡将士殉国事略》，第40页，《民国档案》，2007年第4期。

黄纪福

陈节

较为完整的战斗序列的邓龙光部，该部还拥有几十挺轻重机枪和2门迫击炮。两支部队稍作休整，继续列队出发。队伍已经壮大为7000多人。

早在12日晚，龙潭、栖霞山两处军事要地已全被日军大部队控制，重镇汤山也沦入敌手，集结了大批日军。因此，在第六十六军和第八十三军从汤山突围的时候，遭到了日军的猛烈攻击。部队被打散，官兵只能各自为战，并分头向指定地点转进。叶肇和邓龙光两位军长也已走散，后来换了便衣突过日军包围圈，向安徽宁国突围。

在整个突围战斗中，两支部队均损失惨重，共有54名军官壮烈殉国。

司徒非，男，汉族，广东开平人，时任第一六〇师少将参谋长。保定陆军军官学校第六期骑兵科毕业，与叶挺、邓演达等人士同学，他学习勤奋，精通战略战术，为人正直，性格刚强，“尤以能见委受命见知于侪辈”。在“一·二八”事变中，司徒非作战英勇，被赞为“大胆将军”。抗战爆发后，司徒非还在广东，“闻杀敌心痒”，便自动请缨，要求上前线杀敌。在上海刘行、广福等战斗中都立下功劳，从淞沪战场撤退后随即参加南京保卫战，奉命驻守汤山、青龙山一带，后退守紫金山东北一线，击退日军的一次次进攻，但在突围中不幸殉国，后被国民政府追认为陆军中将。

黄纪福，男，汉族，广东梅县人，时任第一五九师第四七七旅副旅长。黄纪福从小聪颖过人，北伐战争前忧虑国家，应征入伍，后被选送进入十一师教导队肄业。毕业后，派充排长，因表现突出、频繁立功而升为连营长，1936年提拔为团长，在上海、南京战役中，黄纪福“每战必身先士卒”。太平门突围牺牲时仅仅35岁。

陈节，男，广东梅县人，第一五九师参谋处长。黄埔军校高级班毕业，历任队附、队长、团附、营长、参谋处长等职务，“治事精密，思虑过人，抗战诸役，擘划尤多”。第六十六军退守南京时，陈节对他人说：“吾宁死于大南京，不复再退矣[①]！”突围中以身殉职，时年42岁。

蔡如柏，九五六团团长，平生慷慨好义，不拘小节，对上毕恭毕敬，对下和气待人，深得上峰的器重和同袍的爱戴。虽然升任团长，仍然两袖清风，家境萧条，牺牲后，留下年迈的父母、少妻孤儿。

在突围过程中，还有一些文职和后方人员，他们多是没有军事知识和战斗经验的，加以身上没有武器，手上没有地图，不知道怎样去“突围”。他们所能做的只是盲目跟着大部队向前移动，但依然与日军展开了英勇斗争。

一六〇师副官陈寿川，在日军炮火之下仍能安然处理副官处事务，“井然有序，夜以继日，数夕不得一眠”。作为后勤保障人员，上阵杀敌也毫不逊色。在南京保卫战中，陈寿川已经有了要与首都共存亡的决心，从太平门冲出后，他拿着手枪与其他士兵一起，数次冲锋喊杀，杀死多名日军，非常勇敢。不幸腹内中弹，为国殉职。他家中一共是兄弟三人，他为老大，二弟陈砚团也在副官处工作，在战斗中也不幸牺牲。三个孩子都很年幼[②]。

还有一个名叫麦汉生的上尉附员，为人诚恳，不苟言笑，中学毕业后就入伍参军。已经30岁了还没有成家，别人问他为什么不娶老婆，他回答说：

---

① 胥兆梅选辑：《南京保卫战第六十六军阵亡将士殉国事略》，第41页。
② 胥兆梅选辑：《南京保卫战第六十六军阵亡将士殉国事略》，第42页。

“国难当头，军人生死，朝不虑夕，设一旦捐躯，岂不误人，因此不娶。”如此看来，以身殉国的决心早已定下。在部队中，他深得人心，“薪俸所得，多半用诸士卒”。南京保卫战开始后，麦汉生奉命由芜湖解运平射炮弹到南京。12 日晚奉命突围时，因为要留守弹药，责任重大，事务繁琐，没有能够突围出去，以身殉国。

第六十六军牺牲的军官还有：副官处长容正平（33 岁）、团附张驾英（37 岁）、团附邓启　（31 岁）、政训员刘泽三（35 岁）、营附曾振川（34 岁）、政训员李奕传（35 岁）、连长方奇伟（27 岁）、廖平山（31 岁）、李华标（32 岁）、陆赞（38 岁）、杨震（36 岁）、李拔文（29 岁），排长陈志才、卢辉廷，排附潘伯山，还有军医数名，梁伯始、傅俊英、文职人员有上尉书记袁耀庭、中尉书记洪运儒、副官翁兆年、刘汉华、特务长张志新、邓固础，电务员叶畅如等。

另外，东北方向的固守乌龙山要塞的第二军团徐源泉部渡江突围成功。因战况混乱，该部当时并未接到撤退命令，为保存战力起见，徐部决心渡江北撤。“迨午夜，先令一部向东开一通道，对敌严密警戒，嗣由周家沙、黄泥荡两码头乘夜暗渡江，分向长江左岸之望江亭、通江埠等处集合。至 13 日 7 时，全部渡江完毕[①]”。下午 3 时，部队向来安转进。

城东方向的教导总队也有部分部队突围成功。12 日晚撤退命令下达后，教导总队总队长桂永清没有回到指挥部，教导总队旅以上的指挥所全部失去联络，而在紫金山鏖战正酣的部队，对撤退一无所知，情势紧迫，混乱不堪。深夜，战斗到最后的第三旅在旅长马威龙率领下，瞄准日军的间隙正面突围，前往安徽南部，其余各部队蜂拥向下关方向撤退。14 日在滁县

① 张宪文、吕晶编：《见证与记录：南京大屠杀史料精选（中方史料）》，第 137 页。

集结地，教导总队仅收容官兵4000多人。

江边的悲歌

南京守军在城垣附近与日军激战的同时，渡过长江前往江北的一支日军部队已经占领了浦口。日军占领了浦口，也就意味着切断了南京及其附近地区中国守军的最后一条逃生退路。

挹江门陷入混乱

12日下午，形势突变。南京保卫战接近尾声，撤退命令正在逐级发出，守军部队渐次放弃阵地，全线后撤或突围。因为卫戍司令长官唐生智口头允诺的“如不能突围，有轮渡时可过江”，使得大批撤退部队向挹江门集结。

南京守军部队除了驻守乌龙山炮台的第二军团徐源泉部以及城内的第六十六军和第八十三军外，几乎全部涌向城北下关码头，力图渡江北撤。市区民众也在向下关江边奔逃……通向江边的挹江门，这时成了“逃生之门”。

由于战时方方面面的原因，导致撤退命令传达不畅、撤退组织没有秩序，出现了有的部队收到撤退命令而有的部队还没有收到撤退命令的情况，结果导致守军部队误与撤退过友军发生交火的惨剧。

当时还在南京的作家王余杞亲历了这一幕：

城破关头“城里的部队得到了撤退的命令，守城门的可没有；一边要退，一边不要退；双方没弄明白就自己跟自己打起来，打了一阵才拿出命令来看，可已经迟了，双方牺牲不少[①]！”

---

① 赵伟：《抗战文学与南京保卫战》，《福建师范大学学报（哲学社会科学版）》，2014年第3期。

谢承瑞（教导总队第一旅第二团上校团长）

组织无序、指挥失灵，令将士白白送了性命，唐生智及其领导下的卫戍司令长官部确实难辞其咎。

据英国路透社记者莱斯利·史密斯的报道《目击者叙说南京的陷落》中写道：

12日晚10时，紧邻着通往江边唯一干道中山路的那座交通部具有中国风格的华丽大楼被火点燃。储存着弹药的大楼熊熊燃烧，释放出强大的热浪，使得街上的车辆无法通行。结果，道路拥塞，大火蔓延到一连串汽车、炮车、高射炮、自行车和三轮车上。

中国军队步行前往通向江边的挹江门。这里通道狭窄，一次只能过一辆车。很快，这通道也被堵塞，着了火，堵住了通往江边的道路。

许多中国军人在此丧身，烧焦的尸体留在那儿形成一条穿越城墙的道路。

数以百计的中国军人被困在城内，他们用绳梯，甚至用衣服结成的绳索缒城而出①。

这时的挹江门，作为通向下关江边的主要通道，已经陷入一片混乱。

“逃难的人挤满了城门洞，都想抢先出去，都拥挤的出不去，人一挤，被挤躺下去的就爬不起来，给踩死在下面。这就是人重人，尸首重尸首，堆了半城门洞②。”

教导总队第一旅第二团团长谢承瑞便是在这场混乱的撤退中被失控人

① 张宪文主编：《南京大屠杀史料集》6，第81页，江苏人民出版社，2007年版。
② 赵伟：《抗战文学与南京保卫战》，《福建师范大学学报（哲学社会科学版）》，2014年第3期。

群踩踏而死。撤退前谢承瑞团长一直在指挥战斗，因多日连战，且身体负伤，体力不支，在混乱的撤退过程中被活活踩死，年仅32岁。

谢承瑞（1904—1937），字苍荪，江西南康人，中央军校高等教育班第四期，1937年卢沟桥事变后任国民革命军中央军校教导总队第一旅第二团上校团长。12月，谢承瑞率部参加南京保卫战，所部与沈发藻八十七师二六〇旅（旅长刘启雄）防守工兵学校。9日，防守淳化的第五十一师败退回城，在尾追的日军第九师团的猛攻下阵地失守，遂退入光华门与第八十七师、第一五六师（师长李江）、宪兵教导二团等坚守城垣，并迫退城外日军。10日，光华门两次被突破，但入城日军均被歼灭，有少量残敌隐藏于城门洞内。遂建议组织敢死队清除残敌获准。半夜，从箭楼上将汽油桶摔到门洞口，点燃烧敌，并亲率教导二团敢死队打开城门，与从城上缒下的一五六师敢死队前后夹击，敌人悉数被歼，且俘获一人，原本抱病参战的谢承瑞为火焰灼伤。此后坚守光华门。13日凌晨奉命撤往下关，在挹江门因身体虚弱被拥挤失控的人群踩倒身亡。

数万官兵血洒长江

不论是官兵，还是民众，城破在即，大多数人陷入了恐慌溃败、夺路失序的状态。即使勉强挤出挹江门，等到了江边，仍然有更大的灾难等着他们。

早在几天前，卫戍司令长官部为显示“背水一战”的决心，撤走了几乎全部的船只，撤退命令虽然发出，但是运输工具却没有保障，大量守军就这样被阻挡在长江边上。

渡江无望，一时民心士气崩溃，奔逃场面混乱凄惨。士兵为了找船，

民国警察

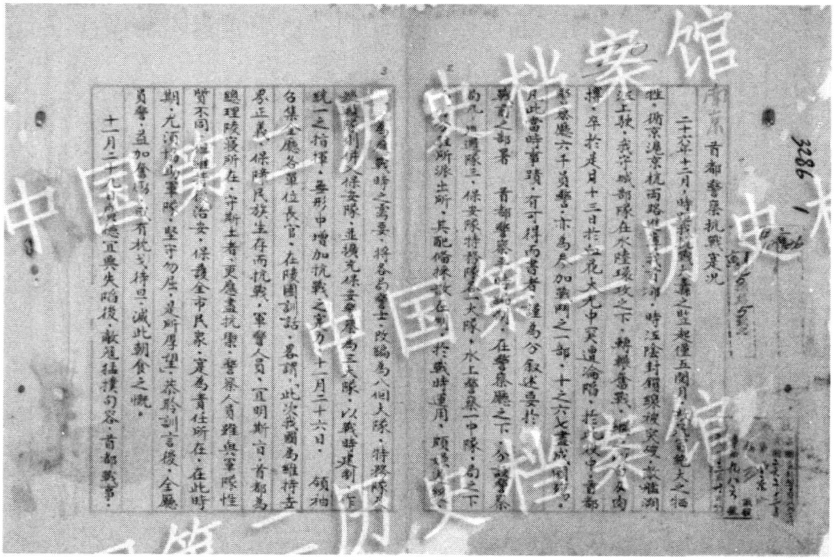

首都警察抗戰實況

二十六年十二月，時首都抗戰[illegible]之壯烈僅五閱月[illegible]
牲，於京滬京杭兩路[illegible]時江陰封鎖線被突破，我嘉湖
[illegible]，我守城部隊在水陸環攻之下，轉輾奮戰，[illegible]
擇，卒於是日十三日於[illegible]花大[illegible]中突遭淪陷，[illegible]首都
警察廳六千員警，亦為參加戰鬥之一部，十之六七[illegible]
於此當時事蹟，有可得而書者，並為分敘述要於
戰前之部署　首都警察[illegible]在警察廳之下，分[illegible]
局九、[illegible]隊三、保安隊特務隊各一大隊、水上警察一中隊，局之下
[illegible]所派出所，其配備[illegible]於戰時運用，頗[illegible]

[illegible]戰時之需要，將各局警士，改編為八個大隊，特務隊[illegible]
[illegible]保安隊，並擴充保安[illegible]為三大隊，以戰時建制[illegible]
統一之指揮，無形中增加抗戰之實力。十一月二十六日，領袖
召集全廳各單位長官，在陵園訓話，略謂，此次我國為維持世
界正義，保障民族生存而抗戰，軍警人員，宜明斯旨，首都為
總理陵寢所在，守斯土者，更應盡抗禦，警察人員雖與軍隊性
質不同，[illegible]治安，保護全市民眾，實為責任所在，在此時
期，尤須協助軍隊，堅守勿懈，是所厚望，恭聆訓言後，全廳
員警，益加奮[illegible]有枕戈待旦，滅此朝食之慨。
十二月二十九[illegible]宜與失陷後，敵[illegible]猖獗句容，首都戰事，

首都警察抗战实况

忽而向东，忽而向西，来来去去，加上后有日军追击，不断放枪，“更使大股人流拼命夺路奔走，军队的建制也被打乱，官不识兵，兵不识官，致智者不能尽其谋，勇者不能竭其力[①]。”现场混乱不堪、惨不忍睹。

部队已经没有秩序，民众就更不要说了，军民乱成一团。也有人不甘坐以待毙，开始寻找出路。有的选择撤到秦淮河边，通过浮桥渡过秦淮河。然而，浮桥并不坚固，人多桥毁，不少人便坠入河中。有的选择走上新河附近，寻找木排、圆木等渡江工具，然而遭到幕府山高地日寇的炮兵射击……

江边出现了自己人不顾自己人甚至损人利己的惨状。逃出来的幸存者爬上筏子、船只试图过江，但大家争着抢着上船，结局只有一个，船因承担不了载重而沉入江中。因此，有的人只好对自己人痛下黑手，抓住船沿不放的，“该船负责军官手执马刀，乱砍攀船人的手指，断指落在舱中，人皆随江水漂去[②]”。兵书上所谓的“船中剁指盈舱”便在此真实地上演了。一位现场目击的中国人说：“成百上千的人淹死了[③]。”然而，死者何止成百上千。

参加南京保卫战的宪兵部队和警察部队也在撤退和渡江中损失惨重。

12 日下午，南京宪兵司令部副司令兼首都警察厅厅长萧山令正率部在上新河、中华门一带与日军激战，随后被通知参加卫戍司令长官部撤退会议，根据撤退命令，“所有驻京军警，向花旗营集中待命”。萧山令领命后，命令宪兵和警察集结下关江边渡江，由宪兵第二团团长罗友胜负责督导，同时，命令宪兵教导团派兵二营，进占蛇山龙蟠山、五台山一带，掩护宪警部队转进，并限于当晚 10 时前到达江边。

随后，宪兵和警察部队沿着中山路出了挹江门，发现沿途都是一些没

① 万式炯：《忆一〇三师参加南京保卫战》，《贵州文史天地》，1995 年第 6 期。
② 唐生智、刘斐等著：《南京保卫战》，第 98 页。
③ 张宪文主编：《南京大屠杀史料集》6，第 81 页。

民国时期的宪兵部队

萧山令

有来得及撤退的民众和车辆拥塞着道路，在这样的情况下，宪警部队行军速度十分缓慢。等到了江边，发现根本没有渡江船只可乘，要想整支部队一次过江更是不可能了。部队只好采取“化整为零”独立过江的方式，大家开始自行寻找渡江工具，有的乘坐木筏、木板、圆木等简陋工具渡江，仓促之间，官兵落入江中的不计其数。

12 日晚，部队奉命撤退时，萧山令率领部下拆屋扎筏，掩护军民渡江。整个夜晚，他数次被部下推到筏上，但都挣脱上岸，指挥部队掩护扎筏抢渡。13日清晨，日军的骑兵已经蜂拥跟至，并用机枪向撤退的官兵和民众疯狂扫射……瞬时，无辜的同胞们，“亦罹浩劫”。萧山令亲眼看到了日军灭绝人性、滥杀无辜的举动，顿时怒从中来，当即振臂高呼杀敌，率先领导军警部队，与日军奋勇冲杀，振臂高呼“成功成仁，今日是也”，率领所剩无几的官兵与敌人展开白刃格斗。萧将军身中数弹，半截身子立于江水之中，仍高呼“中国不会亡！”壮烈殉国。

萧山令，湖南益阳人，保定军校第三期毕业，时任宪兵司令部副司令，兼任警备司令部防空司令和首都警察厅长，是南京保卫战城垣战中牺牲的最高级别指挥官。

在南京保卫战中，宪兵部队共动员官兵近6500人。宪兵部队在增援光华门、坚守清凉山、明故宫等战斗中，血战4个昼夜，痛歼顽寇……到最后生还的仅有数百人，其余自宪兵副司令萧山令及以下官兵，都为国捐躯。

在渡江无望的情况下，下关江边的不少官兵决定返回城内，与日军背水一战。据刘树梵在《战车第一连在下关》①一文中的回忆，有的官兵在下关江边选择不撤退，回到城内继续与日军战斗。12日晚，中国部队战车第一连的战车和汽车都集中在下关江边。该连的官兵找到了一艘小火轮及其拖运的小木船，准备将木船两只一排用跳板连起来，让战车开上去，运送过江。可是由于车重，船的吨位小，船与船之间又连接不牢，因此战车一开上跳板，船即倾倒，反复多次，仍无效果。于是，由指挥官决定，将战车与汽车炸毁，人员全部上船。这时，有两名驾驶兵和坦克兵站出来说：“我们4人决计留在这里打日本鬼子。”军官说：“上面给我们的命令是去浦镇后方。”驾驶兵坚持说：“不，我们是打日本鬼子的，敌人已经到了面前，

① 唐生智、刘斐等著：《南京保卫战》，第216-217页.。

应该打了再说。”两位坦克兵说：“我们的战车上还有武器，与其破坏，不如和鬼子干一场。”指挥军官被他们的精神感动了，叮嘱他们选好武器，带足弹药，并给他们发了几天伙食费。这 4 名士兵怀着巨大的勇气和决心，去和敌人做拼死的决斗。

据瀛云萍在《坚守乌龙山炮台》[①]一文中的叙述，有一位逃出南京的士兵讲到，13 日敌军即进城，拥挤在下关的散兵不计其数。敌军向下关追击，一路遭到零星抵抗。有一位身着黄呢军服的上校军官被身边的大群散兵团团围住。大家喊着：“长官！你指挥我们回击抵抗一下不好吗？不然，咱们只有死路一条了。”上校说：“我是军医，不懂军事。”士兵们说：“只要您命令我们打就行。”上校同意了，于是他振臂高呼：“弟兄们，向鬼子打呀！”士兵们就这样向敌人的追兵开火了。敌人没有想到，在江边还会遭到如此勇猛的抵抗。

13 日拂晓，乌龙山要塞的守军撤走后，日军山田支队未经战斗即占领了乌龙山，同时，日军海军舰艇也通过封锁线到达了下关江面，日军第十六师团一部乘快艇随后进入八卦洲附近江面。他们发现，宽阔的长江江面上满是漂浮着的中国军队的小船，以及抱着木板泅渡的老百姓。日军毫不犹豫地向他们扫射，并用舰艇冲撞，数不胜数的中国军人就这样毫无反抗之力，被江水吞没。

根据战后的统计报告，守军在撤退、突围、抵抗过程中损失极其惨重。第七十四军俞济时部第五十一师和第五十八师共同努力，突破城南日军的包围线，“激战良久，卒排除敌军阻力，到达双闸镇”。到 13 日拂晓，除第五十一师残余官兵大部渡江外，第五十八师“到达长江左岸者，仅得三分之一[②]”。

---

① 唐生智、刘斐等著：《南京保卫战》，第 237 页。
② 张宪文、吕晶编：《见证与记录：南京大屠杀史料精选（中方史料）》，第 136 页。

1. 日军攻入南京
2. 坦克攻进南京
3. 日军占领中山门

唐生智身为司令长官，撤退过程也是十分狼狈。在唐公馆下达完撤退命令后，唐生智便着手准备司令长官部撤退事宜。他叮嘱参谋处谭道平、李仲辛等人将重要作战文件、地图资料等搜集好、把不用的需要遗留的文件销毁掉，并交给卫士们500元钱和20瓶汽油，告诉他们等参谋人员退出后就一把火把唐公馆烧掉。

部队在撤退沿途中，也奉命将一些重要资料、物品以及建筑物进行放火焚烧，不给日军留下可用的资料或物品。城内部队第三十六师也奉命将位于中山北路的军政部、铁道部、交通部等大楼奉命烧毁。

12日晚9时，唐生智仓促坐上一艘汽艇。这艘汽艇原是用于运输战时物资的，被私留放在煤炭港。过江时，这艘汽艇遭到日军的机枪扫射。汽

日军屠杀

艇到了浦口，唐生智此时身体比较虚弱，但是受现实条件限制，找不到汽车，不得已只好坐上一辆沾着牛粪的板车，狼狈撤离到安徽滁县。在醉翁亭开会时，唐生智叹了一口气说："我打了一辈子仗，从来没有打过这样糟的仗。"又说："我对不起国人，也对不起自己[①]。"

唐生智在安徽滁县开会时，曾把运输司令周鳌山找来大骂了一通，对他喝道："你干什么的！你把我的几千伤兵都丢在江那边被日本人杀了！"周鳌山吓得不敢讲话，支支吾吾地说："我有什么办法呢？情况变得太快了，我有什么办法？"

由于战局变化迅速、撤退安排失当，加之长江阻隔、日军残暴，致使成千上万官兵和民众血洒江边，酿成了人间惨剧。

日军屠杀军民

中国军队撤退后，日军各师于12月13日凌晨分别由中山门、光华门、中华门、水西门等处进入南京城：

第十六师团第十九旅团的第九联队（片桐部队）于深夜零时占领中山陵，第二十联队（大野部队）于凌晨3时20分占领中山门，然后这两部自中山门攻入城中，进占国民政府及军事委员会、中央军校等机关所在地。

第十六师团第三十旅团一部在城外沿玄武湖东岸绕向城北进攻。

第九师团一部在晨6时占领光华门，一部自光华门与中山门间城墙炸开的缺口中攻入城中。攻入光华门的日军误将日本随军记者比山冈雄击毙。

第六师团一部自中华门、水西门攻入城中，一部沿水西门、江东门外城墙向北推进。

第一一四师团自中华门、水西门攻入城中[②]。

---

① 唐生智、刘斐等：《南京保卫战》，第40页。

② 经盛鸿著：《战时中国新闻传媒与南京大屠杀》，第799-800页。

江面屠杀惨状

江面屠杀惨状

攻入城中的各路日军沿着城内的马路向城北一路追击，屠杀马路上逃跑的中国军民。撤退至江边的官兵在渡船难寻、渡江无望的情况下，有的陆续返回城内继续与日军对抗，有的不得已脱下军装，躲入安全区，以保存力量，寻机返回部队。日军进入南京城后，对无辜的民众和放下武器的士兵，采取集中枪杀、活埋，或以汽油焚烧等方式，进行了长达六个星期的野蛮而残忍的屠杀。古城内外，尸横遍野。

13 日上午，日军第六师团一部兵力在城外西部，沿水西门、汉中门外城墙向北推进至下关长江边，与从太平门外沿玄武湖东岸向北推进的日军第十六师团一部会合，完全包围了正拥堵在长江边、无法渡江的中国官兵，截断了南京守军的退路。下午，日本海军第十一支队舰艇越过乌龙山炮台

已解除武装的中国军人被日军押往郊外准备集体屠杀

即将遭杀害的中国战俘

封锁线，于午后2时溯江抵达下关，封锁江面，扫射屠杀正游江北逃的中国军队。

午后3时3分，日军第一一四师团第一二七旅团第六十六联队第一大队从联队长处接到如下命令：

根据旅团部命令，俘虏全部杀掉。其方法可以十几名为一组枪杀[①]。

日军第十六师团师团长中岛今朝吾在12月13日的日记中记载：

① 经盛鸿著：《战时中国新闻传媒与南京大屠杀》，第800页。

“基本上不实行俘虏政策，决定采取全部彻底消灭的方针。……仅佐佐木部队就处理掉约15000人，守备太平门的一名中队长处理了约1300人。在仙鹤门附近集结的约有七八千人。……处理上述七八千人，需要一个大壕，但很难找到。预定将其分为一两百人的小队，领到适当的地方加以处理[①]。”

第三十旅团旅团长佐佐木到一在同一天的日记中记载：

“今天，在我支队的作战区域内，遗弃的敌人尸体达一万几千具。此外还有在江面上被装甲车击毙的士兵和各部队捉到的俘虏，合在一起计算，仅我支队就解决了敌军两万以上。……情绪亢奋的士兵丝毫不理睬上级军官的劝阻，将俘虏一个个地杀死[②]。”

上述两名日军指挥官的日记都明确记载了日军屠杀俘虏、实施“膺惩”的事实。

日军第十六师团第二十联队的士兵北山于12月14日的日记中记载：“子时从清剿战场返回。他们解除了大约八百名残敌的武装，而且把残敌全部枪杀了[③]”，士兵牧原信夫同日写道“上午8时30分，第一分队协助第十二中队，去扫荡马群方面的残敌……敌人也不过就是一个步枪中队，只有三百一十多人，武装已经被解除了，正在听候处置。马上赶过去，全部枪杀。”以上士兵的日记证明日军对俘虏的所谓“处理”办法就是屠杀。

15日，松井石根在汤山通过方面军参谋长冢田攻发出指令：“两军在各自警备区内，应扫荡败残兵。”即在南京全城搜捕与屠杀溃败隐匿的中国军队官兵。从当日下午开始，日军在南京城内外对中国战俘进行大规模的屠杀[④]。

日本同盟社上海15日电称：“我们军攻占南京后，在城内外，仅从大野、

① 王卫星编：《南京大屠杀史料集．日军官兵日记与书信》，第288页，江苏人民出版社、凤凰出版社，2005年版。
② 王卫星编：《南京大屠杀史料集．日军官兵日记与书信》，第316页。
③ 王卫星编：《南京大屠杀史料集．日军官兵日记与书信》，第515页。
④ 经盛鸿著：《战时中国新闻传媒与南京大屠杀》，第808–809页。

大批青壮年被日军捆绑着押往南京郊外准备集体屠杀

野田、助川、片桐等由右翼北面进攻的各部队来看，被俘或被歼的中国军队也不下一万名，总人数估计至少有六七万名”，日军第十六师团第二十联队伍长林正明在12月15日的日记中记载“在南京城外和第六中队一起看守7000名俘虏”，24日的日记则写道“可怜的支那兵都要送进扬子江喂鱼……前述的7000名俘虏也喂了鱼”[①]。

阿垅在1939年写作的《南京》一文中也提到，守城士兵姚法勤、何兴常被日军俘虏后，与四百多军民未经讯问即遭到机枪扫射，后被焚尸灭迹。对放下武器的国军，日寇“以极不人道的刑法使他们慢慢死去的”，牺牲者痛苦的哀嚎，令闻者仿佛置身无边地狱。为掩盖罪行，日军遮蔽刑场场面禁止进去探视，否则一体杀戮，“我们所知道的是活的进去，而出来的呢？则是一堆肉一束骨与一滴滴的鲜血而已[②]”。

① 王卫星编：《南京大屠杀史料集．日军官兵日记与书信》，第630页。
② 阿垅：《南京血祭》，宁夏人民出版社，2005年版。

屠杀过后南京城已经十室九空

失去亲人的南京孤儿

与日军一道进城的《东京日日新闻》随军记者铃木二郎，在中山门附近，见到了发生在城墙上的一幕奇异情景。

一队中国士兵，被日军押上25米高的中山门城墙上，排成一列。一群日本兵端着插上刺刀的步枪，齐声大吼，向着中国士兵的前胸或腰部刺去，一个接着一个地被刺落到城外的城墙脚下。铃木说："只见飞溅的血雨喷向半空，阴森的气氛使人汗毛直竖，浑身颤栗。"

可是，就在那些中国士兵被屠杀的时候，他们的态度和表情令人永远难忘。他们那对侵略者蔑视的神情，令敌军胆寒。铃木叙述了这批中国军人在生命最后一刻视死如归的表现，他这样写道："他们站在死神面前，有人脸上浮泛着冷笑；有人若无其事的大笑，等待着死亡[①]。"

14日，日本《东京日日新闻》特派记者铃木二郎亲眼目睹了日军在中山门残酷地屠杀中国被俘官兵的恐怖情景，他描述到：

"在那里，我第一次遇上毫无人性的大屠杀。在25米高的城墙上站着排成一列的俘虏，他们一个接着一个被刺刀捅落到城外。许多日本并提起刺刀，呐喊一声往城墙上的俘虏的胸、腰刺去，鲜血溅向空中。这情景阴森可怕，看着这情景，我久久茫然呆立在那里[②]。"

① 《日中战争全貌》，《丸》1971年11月特大号。
② 经盛鸿著：《战时中国新闻传媒与南京大屠杀》，第805页。

日军华中方面军司令官松井石根及部属沿中山东路进入南京城

从这些史实记录可以看出，中国士兵在捍卫祖国领土、反对日军侵略的战争中，即使已经失去自由，但在面对死亡时，仍然保持着大无畏的气概和视死如归的勇气。

松井石根骑马准备“入城”

松井石根入城

为向中国政府显示日本攻无不克、战无不胜的威力，炫耀日军对中国首都南京的军事占领，并进一步加强对中国政府和中国军民的恫吓与威慑效果，作为“华中方面军”

日海军官兵从挹江门入城，参加南京入城式

最高指挥官的松井石根决定，在武力攻入南京城后的第5天，即12月17日，组织一场盛大的入城仪式。

松井石根的“入城式”

日军攻入南京城时，日“华中方面军”司令官松井石根因为肺炎发作，正在苏州静养。而此时的南京城内，日军正在疯狂屠杀中国平民、抢掠财物、奸淫妇女，无恶不作。松井石根对于自己部下的所作所为，已经有所知晓，但却放纵不管。

12月15日，松井石根一行开始从苏州指挥部向南京进发。下午1时，松井石根携带幕僚，乘坐飞机离开苏州，飞往句容机场降落，然后乘坐汽车前往南京以东约30千米的汤水镇（今汤山），约在下午3时到达汤水镇军司令部，并在此住宿。在汤水镇，松井石根安然享用起著名的温泉。在16日这一天的日记里，松井石根写道：

“今天，我还在汤水镇。此地有蒋介石的别墅，还是有名的温泉场所。蒋介石的别墅已被战火完全烧毁，不过还残留着俱乐部的部分建筑物。于是，泡了一次久违的温泉[①]。”

此时，日军在南京城外的“扫荡”、在南京城内的大规模屠杀都还在进行，“现在俘虏数量已超过万人”。扫荡工作还未彻底，俘虏尚待处置，松井石根感到，“这样看来，明天（17日）举行入城仪式还为时尚早。”不过，他又写道，“可是入城仪式过于延迟也不行，于是果断地决定明天就举行入城仪式。”

16日，松井石根针对攻打南京后全军的状况以及今后作战准备下达了如下命令。他认为，“这个命令可能不仅关系到攻占南京后的部队配置和调整，根据将来形势的发展，还关系到将来占领浙江省以及江北地区时的方方面面。根据此前传达过的命令，总之，先命令所有部队向长江右岸、杭州、芜湖和南京以东地区集结。总之是沉稳地按照先前制定的计划在实行。我打算今后根据形势变化，再考虑提出新的建议，增加所需配置。”

12月17日，一切准备就绪后，日军耀武扬威地举行了南京入城式。

17日中午12时30分，松井石根一行乘坐汽车从汤水镇出发，沿京沪国道，于下午1时25分抵达南京中山门外。这时，先前入城的两军司令官，即日“上海派遣军”司令官朝香宫鸠彦亲王中将和日“第十军”司令官柳川平助中将已经率领众幕僚们在这里等候迎接。两军的数万名部队，也在从中山门到国府路国民政府的道路两侧武装列队，接受最高司令官的检阅。

---

① 张宪文，吕晶编：《见证与记录：南京大屠杀史料精选（日方史料）》，第52页。

下午1时30分，入城仪式正式开始。松井石根下了汽车，换乘一匹栗色高头大马，“以骑马的形式实施入城仪式[①]”。

在军号声中，松井石根在朝香宫鸠彦王、柳川平助及其幕僚的陪同下，趾高气昂地踏进了南京城。

从中山门到国民政府的道路两边，站满了参加南京攻略战的日“上海派遣军”和“第十军”代表的队伍。他们在师团长的指挥下，列队排在道路两旁。其中，日“上海派遣军”部队官兵代表站在道路北侧，“第十军”部队官兵代表站在道路南侧。排在各部队最前列的是胸前捧着阵亡官兵骨灰盒的士兵。此外，日军还强迫一些被抓来的中国民众手拿小的太阳旗站立在路边，表示对日军进城的欢迎。松井石根一边对两侧部队进行检阅，一边驱马前进。两军司令官及其幕僚随行其后。在三名指挥官的后面，间隔一段距离，是由200名高级指挥官组成的四列纵队的马队。松井石根在当天的日记中详细地记录了这一天的“盛况”，并感慨“对于眼前从未经历过的盛大场面，真是感慨万千啊”。

下午2时左右，松井石根一行到达国府路国民政府。

此前，中国方面[②]舰队司令长官长谷川清海军中将、上海海军特别陆战队司令官大川内传七大佐和第三水雷战队司令官近藤英次郎中将等海军将领，已由下关挹江门先行入城，并对海军部队进行了检阅。随后，长谷川清一行直达国民政府等候。在此期间，日本海军航空队与陆军航空队的数十架战斗机组成大编队，飞过南京上空，盘旋示威。飞机轰鸣声与地面部队震耳欲聋的军号声、疯狂的欢呼声遥相呼应，践踏着南京人民流血的心灵。

松井石根一行到达后，在国民政府会见了长谷川清等海军长官。他们

① 张宪文，吕晶编：《见证与记录：南京大屠杀史料精选（日方史料）》，第52页。
② 此支部队不是从日本国内开拔部队，而是驻扎中国上海的部队，故称作“中国方面”部队。

首先互相祝贺，然后一起来到前庭集合。接受检阅完毕的两军所属各部队长，也随之进入国民政府。

当全体将领在国民政府前庭集合完毕后，松井石根、朝香宫鸠彦亲王、柳川平助和长谷川清四个高级指挥官，自右至左，一字排开，站在前庭中心位置上，主持了国旗升旗仪式。在日本国歌《君之代》的乐声中，松井石根亲自将一面太阳旗升到了国民政府大门楼中央旗杆的顶端，象征着南京城已被日军完全占领。全体日本官兵唱起了日本国歌。

升完国旗后，松井石根率领全体日本官兵面向东方举行遥拜仪式。身材短小的松井石根，用微弱的尖嗓门带领全体人员高呼三声“大元帅陛下万岁！”松井石根的心情是极度激动的，在这一天的日记里，他写道“由于感慨至极，以至于在高呼第二声时，竟然因哽咽而发不出声了。于是在喊第三声时，我运足劲头高亢洪亮地高呼出来。全体人员随同我完成了历史性的庆典仪式[①]。”

随后，师团长以上的高级指挥官在一起合影留念，并和参加列队的队长欢聚一堂，高举酒杯共饮“圣上赐予的清酒”。这时，由海军长官长谷川清带头高呼三声“大元帅陛下万岁！”胜利的喜悦冲昏了侵略者的头脑，恶魔张牙舞爪、得意忘形，而这时，南京人民正继续经受着他们历史上最为悲惨和痛苦的时刻！

全部仪式结束后，松井石根一行又穿过大街，在成千上万士兵的欢呼中，抵达了位于城北中山北路的首都饭店。这里已经成为日“上海派遣军”司令部所在地。松井石根下榻在此，并准备在这里举行宴会，庆祝入侵南京的成功。

对“南京入城仪式”，松井石根得意忘形治愈，还为此赋诗一首：

---

① 张宪文、吕晶编：《见证与记录：南京大屠杀史料精选（日方史料）》，第53页。

日军攻占国民政府大楼

紫金陵在否幽魂，
来去妖氛野色昏。
径会沙场感慨切，
低徊驻马中山门[①]。

“忠灵祭”为谁而祭

18日，松井石根又开始马不停蹄地准备“祭奠忠魂仪式”。18日一早，天空下起了小雪，松井石根认为“这正是祭奠忠魂的日子，好像老天也在为忠魂哭泣。”

下午1时，松井石根一行从城北首都饭店出发，来到城东中山门附近的明故宫飞机场，参加“祭奠忠魂仪式”，即对在上海、南京及其沿线战

① 张宪文、吕晶编：《见证与记录：南京大屠杀史料精选（日方史料）》，第54页。

斗中死去的二万多官兵亡灵进行祭奠。

这里，日军已经事先将忠魂祭奠场布置完毕。场中央东侧设有铺着白布的祭坛，四方木上面写着“华中方面军陆海军阵亡将士灵位”。

参加祭奠仪式的人员包括担负海上作战任务的舰队司令官长谷川清，陆上作战任务的两军将士以及上海军官兵，人数有一万多名。松井石根和长谷川清分别代表陆军和海军，担任主祭人。举行祭奠前，松井石根对参加仪式的陆上两军参谋长、师团长发表训示，随后站到了祭奠队列里。

祭奠仪式完全按照神道的仪式进行。首先由松井石根和长谷川清宣读祭文。随后，由日高信六郎参事官代读川越大使的悼词，再由两位主祭人敬献“玉串”。期间，陆海军号手吹奏《国家之安泰》等乐曲，全体官兵均行持枪礼。

松井石根作为祭主，首先走到阵亡者灵前诵读祭文。他认为，他是怀着某种勇气和豪情来宣读祭文的，以告慰那些为侵略中国而丧生的官兵。在日记中，松井石根坦言“尽管诵读时我百感交集，但没有像以往那样声音哽咽并禁不住痛哭流涕。不知为何，此时只觉得心中充满勇气和豪情，高声朗读着祭文，得以告慰忠魂。”“大概此时英灵们鼓励了我，真令人无限感慨啊。”

松井石根同时作了一首《攻克南京有感》的诗文供于灵前，以示“祭奠忠魂、慰藉英灵”：

灿矣旭旗紫金城，
江南风色愈清清。
貔貅百万旌旗肃，
仰见皇威耀八纡[①]。

① 张宪文、吕晶编：《见证与记录：南京大屠杀史料精选（日方史料）》，第54页。

这首诗表现了日军对于攻克南京这一巨大胜利的肆意炫耀，充满了对日本发动侵华战争的厚颜无耻“赞扬”，充满了对日本军国主义的吹嘘，也显示着日本将霸占亚洲和世界的野心。

晚上，松井石根召来“华中方面军”报道部长，向其详细说明了作为一名最高指挥官所感受到的攻克南京后的部队态度，并要求将其谈话作为司令官访谈发布出去。

松井石根在讲话中首先炫耀了日军攻占南京的巨大胜利，说：“现在太阳旗在南京上空飘扬，皇道在扬子江南闪耀着光辉。复兴的曙光即将来临[①]。”

紧接着，他指出“未来的军事行动如何，全然取决于蒋介石和国民党政府的态度[②]。”同时，还假惺惺地表示“本人对于遭受战祸的数百万江、浙地方无辜民众的损失，实不胜其同情之念。在这样的时候，特别期望中国四万万人民加以反省[③]。”

松井石根发布讲话的用心不难得知。这篇讲话也是日本当局继续实施的武力征服与恐怖威慑政策的反映。“未来的军事行动如何”是取决于我们的态度，而他们所希望看到的“我们的态度”，就是“认识到日本是强大的，是坚不可摧的”，应该“对日本有求必应”，“停止抵抗、求和乞降”。

松井石根一手导演的“入城”和“祭奠”闹剧终于结束，但是南京军民的苦难才刚刚开始。南京城失陷后，日本官兵疯狂地对中国军民实施了惨绝人寰、震惊中外的为期六周的“大屠杀”，造成30万中国同胞惨遭杀害。历史将永远铭刻这段悲惨史，中华民族更会永远铭记这段屈辱史。唯有民族复兴、国家强盛，才能避免历史重演、永葆国泰民安。

---

① （美）约翰·托兰著，李伟亮译：《日本帝国梦》，第60页，四川人民出版社，1997年版。
② （美）戴维·贝尔加米尼著：《日本天皇的阴谋》上册，第90页，商务印书馆，1984年版。
③ 张效林译：《远东国际军事法庭判决书》，第486页。

第七章

公正评判 告慰在天英灵

7

亲历者眼中的南京保卫战

中国抗战文学中的南京保卫战

南京保卫战爆发后，不少作家从不同侧面对南京保卫战的细节进行了描写。有的作品描绘了战前南京的军民城防及城内居民疏散撤离的情景；有的作品以直接或间接形式表现了国民党军队的英勇抗战；有的作品控诉了日军种种惨绝人寰的暴行；有的作品分析了中国军队在南京保卫战中的功过得失。作品内容不一而足，文体形式也多种多样，诸如散文、诗歌、战地报道等。通过文学作品形式，较为立体地呈现了南京保卫战，生动形象再现了那段悲壮的历史，使得当年战前的部署、战斗的壮烈、战后的惨烈与血性历历在目。

透过文学作品，我们看到了战前中国军队进行的积极布防。日军逼近南京时，尚未离开南京的王文杰先生描写了南京闭城前的一番紧张景象。12 月 4 日，中山门附近“城门只剩半扇开着，其余的都用麻袋，水泥管、钢条”填充堵塞；孝陵卫、麒麟门等沿途高地，“我军已布置好坚固的阵地，炮手在那里试炮，传来隆隆的响声，京汤路的中心，埋了很多地雷，预料敌人进攻时，至少可以给他一个重大的打击”；虎踞关内“工兵们正在挖掘工事，前进曲唱得贯彻云霄[①]”。这些描写见证了以唐生智为首的南京卫戍司令长官部留守南京后，对城外城内进行的层层设防。王文杰先生还对汤山一位周姓乡长组织民众竭力配合守军进行布防的情况做了记录，“一方面，忙于调遣村上的壮丁，协助驻军守哨；另一方面，绘画村庄附近的地形，指示给那位姓刘的连长做作战参考”。家国破碎，普通乡民也有抗

① 王文杰：《闭城之前》，《文艺月刊·战时特刊》第一卷第五期，1938 年 1 月。

敌的意志，并付诸了实际行动。王文杰先生还借用“周乡长”之口，道出了“若无政府有效组织，民众不得其用只是散沙”的道理。

透过文学作品，我们感受到了战前南京从繁华到凄凉的巨大转变。大战在即，昔日喧闹的首都街市大多已经人去楼空，人员物资大部分已经转移。举目所至，“各商店各银行的门上，贴了‘暂停营业’的封条。太平路，中华路，不见一个行人，夜风吹着柏油路上的纸屑率率作响，着实令人可怕。灯红酒绿的夫子庙，只留着一泓清水，听不到秦淮河上的歌声，也听不到明远楼上的钟声[①]”。

透过文学作品，我们发现了国民政府在疏散民众方面存在的管理疏漏。王文杰先生于 12 月 7 日踏上了逃亡之旅。晨起上路，发现“沿中山路出挹江门，马路上铺了一层薄霜，留了许多不规则的足迹”，不少市民已经连夜转移了。逃难的民众大多都是肩上挑着手上提着、扶着老人抱着孩子。是啊，战争受苦的先是老人和孩子。跟随作家视角，我们看到了平头老百姓的漫漫苦途，也看到了还有一些丢了良心、利字当头借机敛财之徒。下关江边，渡江的船票已是水涨船高，船家开始漫天要价，而囊中羞涩的难民只能哀告无门、望江兴叹。舟子渔人财迷心窍，生命之舟延误生命，多少也反映了政府在民众撤离工作上的组织无序、管理无方。“等到下午四点多钟，路轨上开来一列客车，月台上的人，你推我挤，毕竟是车少人多，容纳不下，女人、孩子都徘徊在车门口，幸亏有几辆装伤兵的车厢，还有几个空位，就让这些难民蜂拥而进”。

透过文学作品，我们感受到了守城将士坚持抗敌的决心和勇气。在万千民众大逃亡的洪流中，许多勇于裹伤再战的将士令人动容。“我亲眼看见几个伤痕未愈的伤兵，不忍离开南京，向他们的长官要枪，上前线杀

① 王文杰：《闭城之前》，《文艺月刊·战时特刊》第一卷第五期，1938 年 1 月。

敌，经长官好言安慰，才肯爬进车厢[①]”。负伤的战士饮恨撤离，而此刻南京仍有大批“佩戴了‘卫戍’两字黄臂章的守城士兵，街头巷尾，来往巡逻，他们个个具有与城存亡的决心。”面对民族家国，大批抗战将士坚守在这座城市里，以阻击来犯敌人，掩护民众安全撤离。

日本随军记者眼中的南京保卫战

在日本政府的指示下，日本国内各大报刊、通讯社与《中央公论》《文艺春秋》等重要杂志社，组织派遣了100多位记者、作家、评论家到南京前线进行采访与报道[②]。

不过，当时日本大本营曾经对宣传工作进行了专门指示，下令：“宣传谋略及一般谍报由方面军司令部所属少将负责，但报道以‘报道部发表’的形式，谋略将另作指示。”稍后，在“对外宣传”的“具体宣传纲要”中又规定：“应宣传帝国军队有纪律的行动、武士道的态度以及在占领地的仁慈行为。”所以，这一时期的日本方面的宣传并非是从实事求是的角度出发，而是以“为我利用”并服从政治需要的原则，因此，这一时期日本媒体的宣传报道无法真实反映当时的战争实际情况，特别是无法真实反映日军的残暴行径和滔天罪行。然而，虽然这些宣传是站在中国对立面进行的战地报道，但是这些文章在一定意义上还是为我们全面了解抗战提供了一些参照。

在日本派出的一大批随军记者中，许多人撰写发表了大批战地报道，这其中包括浜野嘉夫、小坂英一等人。上海失陷后，小坂英一从上海赶往南京，根据战地见闻写了《南京大攻略战从军私记》[③]。按其所见所闻所记，

① 王文杰：《闭城之前》，《文艺月刊·战时特刊》第一卷第五期，1938年1月。
② 经盛鸿著：《战时中国新闻传媒与南京大屠杀》，第772页。
③（日）小坂英一：《南京大攻略战从军私记》，原载于日本《文艺春秋》1938年2月特刊。《世界展望》1938年第2期转载，英译。

自南翔、嘉定、太仓至常州一线，“沿途都有炮垒、战壕、火迹、弹痕，使人如亲见激战的面目”，断壁残垣战火未息、壕沟弹片鲜血尤殷。中国军队进行了拼死抵抗，致使日本部队开进速度较为缓慢，所以日军转而企图在精神上瓦解我军的战斗意志。小坂英一也记录了12月9日日本在南京城空投了“劝降书”一事，“9日下午，松井和松本雄孝曹长和粉川宗三伍长从飞机上向南京城内掷下劝降文”。10日，小坂英一到达接近前线的麒麟门车站，耳畔随即响起“猛烈炮声——似在破天裂地，不，这个形容词仍未能描写出来呢，这是一种可怕的交射。”亲眼目睹中国军队的抵抗，小坂英一也表示“出乎意料”。看到阵亡的人，小坂英一忧心忡忡，日本军人在震颤人心的厮杀中情绪低落，战友沦为一具具异乡枯骨，不免也为自己的前途和命运担忧，“火葬别人的人也不知道什么时候会被人火葬自己的。”有了这种情绪，日本士兵也更加希望尽快结束战事早日回国与亲人团聚。《世界展望》认为小坂英一的报道“相当忠实”。借此，我们不仅可以看到中国军队“英勇牺牲的情况”，还可以看到一部分日本士兵“厌战心理和思乡的伤感主义”。

小坂英一的军中见闻反映了中日难解难分的激战情形，情景交融。前苏联作家协威列夫的《南京之战》[①]则更直观地报道了交战双方的军事行动。在南京外围，中国军队“镇江炮台上的三十生的大炮”动地吼叫，致使日军动弹不得，直至重炮队登场，“在扬子江北岸的中国军队利用野战炮反抗日本军舰”。向来横行霸道的日本海军只有求援，紫金山一带“日军的先锋团企图以袭击夺取工事，终被击退，且受很大的损失”。到了晚上，日军出动坦克冲轧过去，中国守军只好以血肉之躯抵抗，多少英勇的将士阵亡在坦克隆隆的履带之下。中国军队的殊死战斗，令日本军队每前进一步，

① （苏联）协威列夫：《南京之战》原载1938年2月21日苏联《红星报》，《时事类编》1938年第14期转载，李孟达译。

都要付出巨大的代价。日本“突击队的冲锋团于十二月九日早晨进抵光华门，遇到了最猛烈的炮火，因受巨大损失，不得不在城下休息”，其炮队向城门接连轰击，经“十日晚间工兵在炮弹所穿的孔中放上炸药才破坏了城门”，而此时迎接日军的又是一场残酷的短兵战。紫金山教导总队奋勇反击令日军错愕不已，光华门守军部队深夜缒城奇袭也让日军有来无回。

借助日本随军记者的报道可以看出，南京保卫战期间，中国军队浴血鏖战，抵抗之顽强出乎日本军队的意料，而牺牲之大更令人扼腕。南京保卫战以中国军队惨败收场，但大部分守军的确做到了尽忠职守，战斗到最后。小坂英一详细记述了战地见闻和感受，从其叙述中依稀感受到其对南京战事和战地生活的复杂的感情。

西方新闻报道中的南京保卫战

南京保卫战爆发前后，西方媒体特别是美、英等国的媒体记者对首都南京经历战乱始末进行了深度聚焦，报道了日军战机对南京的轰炸，报道了日军从上海向南京的包抄进攻，也从中立视角报道了中国军民英勇悲壮的坚守抗战。

西方媒体记者对南京保卫战的采访报道大体上可以分为两种类型：一是在日军的战略后方，间接通过日方的战报及西方传教士、商人等提供的消息，报道日军的侵略进程及其暴行，如英国《曼彻斯特卫报》记者哈诺德·约翰·田伯烈、美国《纽约时报》驻华首席记者哈雷特·爱德华·阿本德、上海《密勒氏评论报》主笔约翰·B.鲍威尔等；二是留驻或赶往南京冒险进行实地采访报道，如美国《纽约时报》记者弗兰克·蒂尔曼·德丁、英国路透社记者L·C.史密斯、美国《芝加哥每日新闻报》记者阿奇巴尔德·特洛伊·司迪尔、美联社记者查尔斯·叶兹·麦克丹尼尔等。特别是后者冒着生命危险，深入战争最前线，对南京保卫战进行了全程采访以及较为及时准确地报道，并对中国守军的得失进行了客观、尖锐的评论。这两方面报道构成了西方媒体关于南京保卫战的完整新闻内容。

西方媒体记者深入前线采访报道南京保卫战实况，冒险获取了大量第一手也是最为真实的战地报道。12 月 5 日，美联社记者麦克·丹尼尔自行驾车，从南京城出发到“南京城以东地区”的最前线采访，在战火中出没。他在一篇题为《战地记者的日记描绘恐怖的南京》的报道中写道：“我开车到南京城以东地区采访战事的发展，相互矛盾的报道使我吃惊。一发炮弹在车前方爆炸并将我的车子掀起来之际，我寻获了战争的进程，并发现已开车穿越了日军防线[①]。”美国《纽约时报》记者德丁于 6 日和 1 位中国助手及 3 位美国新闻电影摄影师，自行驾车冒险深入到汤山最前线。他们也经历了血与火的生死考验，采访了大量可贵的战地新闻。他在《中国人为减缓侵略者推进而继续战斗》一文中这样写道：

昨天，记者近距离观察了前线战斗……记者于正午驱车前往句容，未曾想到刚驶出南京城不远就到达了前线阵地。蒋介石委员长近年来在汤山温泉大修军事设施和夏季军事总部。在汤山外的一座石桥前，我们被迫停车，因为桥上设置了地雷……绕过一座山脚，我们来到一个可以将战线一览无遗的地方。在前方 1 英里远的地方，中国和日本的机关枪手正隔着一条狭窄的山谷进行激烈的枪战。在左侧，双方的炮兵部队隔着一道有三座山峰的山梁互相炮击。在右侧，我们可以听见日军大炮正在从远处炮轰汤山附近阵地的中国军队[②]……

在采访过程中，西方媒体记者见证了中国军队不为日军诱降所惑、坚

① 张宪文主编：《南京大屠杀史料集》6，第 115-116 页，江苏人民出版社，2005 年版。
② 张宪文主编《南京大屠杀史料集》29，第 417-419 页，江苏人民出版社，2007 年版。

持浴血抗战的经过。美国记者司迪尔在12月9日从南京发出电讯，报道日军飞机向南京城内散发《劝降书》：“今天日军飞机投下了最后通告，命令（明天）正午之前交出南京。如果不按通告所说的办，将会引起无法控制的灾难[①]。”但南京的守军对松井石根的《劝降书》不仅不予理睬，而且以顽强的战斗给日军诱降以有力地回击。松井石根恼羞成怒，于10日午后1时下达总攻命令。司迪尔在《大炮集中攻击南京，防卫已放弃》一文中报道了日军在10日猛烈炮轰南京城、中国守军英勇抵抗以及南京城内军民死伤的景况：

这个处于包围下的首都，由于日军的重炮袭击，受到了严重的损害。今天我在一个易于眺望的地方观察到炮弹一个接一个地落在南京的中央以及南部地区，继而纷纷爆炸，平均一分钟四回这样的比例。整个城市都弥漫着浓重的烟雾，很难判断战况。日军好像是想把城南部的城墙炸出个孔，从那里突入市内，所以全力地在攻那个地方。

据我的判断，现在还没有突入市内。由蒋介石委员长最好的部队和最差的部队混合而成的，还包括数千名新兵的中国部队的官兵们，只要有城墙在他们和日军之间存在，就顽强抵抗着。中国军队的炮口，炮弹一个接一个地打出。南京最艰难的时刻来临了……夜幕低垂时，充满持续不断的轰炸、机枪扫射的一天终于落下了帷幕。一天的轰炸、扫射，将数以百计血肉模糊、肢体破碎的人送进医院，将其他残缺不全、失去生命的躯体奇形怪状地散落在弹坑四周[②]。

12月11日，南京被日军几乎完全包围，战斗更加激烈。美联社从上海发出报道《南京四面战火迭起，给中国人设下陷阱》，文中指出：“南京已经处在日军除西北长江正面以外全方位的猛烈的攻击之下。今晚，南京

① 张宪文主编《南京大屠杀史料集》，第67页。
② 张宪文主编：《南京大屠杀史料集》，第55、61页。

已经完全被包围了。中国军队誓死抵抗，阻止了日军进一步扩大上周星期五开始在城内准备的落脚之处的范围。但是，卫戍军的撤退路线正在被完全地、一点点地切断[1]。”南京内廓防线即将被日军突破。当日午后，蒋介石从武汉两次致电唐生智，指示“如情势不能久持，可相机撤退，以图整理，而期反攻”，但中国守军仍在各自阵地上坚守。12日，中国守军利用城墙阵地进行最后的也是最顽强的抵抗。美国记者阿本德当日从上海发出电讯《城墙阻挡止日军》，对此进行了报道：

日军对南京的进攻继续进行，但毫无结果。这是因为高13米，厚9米的南京古老城墙上，中国军队星罗棋布地建起了强化水泥制的机关枪座、炮座和各种掩体战壕。

“我们用血肉和钢铁作战”，南京卫戍司令唐生智将军在从南京发往汉口的一份引人注目的报告中这样写道。在这份报告中，唐将军强调，虽然中国军队损失惨重，但依旧保持着昂扬的士气[2]。

美国合众社当日发自上海的电讯《南京筑起血肉城墙阻止日军进攻》中报道：

震耳欲聋的日军炮火今天清晨震撼着南京城，步兵则在18 座城门上短兵相接，进行着中国历史上空前惨烈的血腥攻防战……

火焰映红了首都四周的城墙。炮弹在城中央和城南地区爆炸，日军猛烈的炮火估计以一分钟四发炮弹的频率持续着。中国的大炮进行反击，隆隆之声震耳欲聋。显然，日军正努力炸开南京的城墙，然后攻击城内人口稠密的地区[3]。

12月13日，日军攻陷南京。中国抗战进入困难时期。美、英记者以其丰富的阅历与敏锐的新闻眼光，以其可贵的对中国人民的理解与同情、对

---

① 张宪文主编：《南京大屠杀史料集》，第68页。
② 张宪文主编《南京大屠杀史料集》，第459页。
③ 张宪文主编《南京大屠杀史料集》，第70、71页。

人类正义事业的执著与支持，在报道中对中国政府与军队在南京保卫战失败后，坚持长期抗战，仍充满了信心与期待。

1937 年 12 月 15 日，美国《纽约时报》报道在日军攻占南京后，中国政府军事委员会委员长兼行政院院长蒋介石从“战线后方某处”向全中国民众“发出宣言，轻视日本占领南京的意义”。17 日，美国《华盛顿邮报》也报道了中国政府与中国军民“不能投降”的抗战决心：

日本陆海军司令准备在今天举行沦陷的中国首都南京的入城仪式。另一方面，蒋介石委员长在内陆地区以不同的渠道向中国人民传达以下的信息：“我们不能投降”……

被逐出南京的中国政府领导者蒋介石从华中司令部里向国民发出号召：虽受极大损害，仍要坚持抗战。投降必将遭到灭种的危机。不管国家形势如何变化，吾等应全国抗战，不依赖任何外力。日本战斗力枯竭，中国最终获胜的时刻必将到来[①]。

西方特别是美、英等国的记者对南京保卫战的报道与评论，视角独特，立场客观，分析深刻。他们中的大多数人能坚持人类的正义与良知，坚持西方传统的人道主义与新闻道德，客观公正地报道了南京保卫战的真实情况，同时将日本侵略者的凶暴野蛮公诸于世。

南京保卫战的定位分析

南京保卫战的历史地位

在中国长达八年浴血抗击日本侵略者的战争中，国民政府军队与日军进行了 22 次大会战，较大规模的战役 1117 次，较小规模的战斗 38931 次[②]，就

① 张宪文主编《南京大屠杀史料集》，第 99、100 页。
② 马振犊著：《惨胜：抗日正面战场大写意》，第 291 页。

南京保卫战的规模，理应属于国民政府正面战场“较大规模战役”的1117分之一。发生在1937年冬天的这场南京保卫战，是中国人民抗日战争史上牺牲巨大、教训深刻的一战。

对于战争中的某一次战役或战斗来说，其所要达到的战略与战术目标是多方面的，在许多情况下，一场战役或战斗并不以一城一池的得失为目标。在敌强我弱、敌优我劣极其明显的客观条件下，战役或战斗的目标就不单单以某一城市或阵地的守弃为准，而应着眼于作战全局，树立“持久抗战”思想，采取“以退为进”策略，为最终打败敌人创造条件。因此，此类战役或战斗需要达到较多消灭敌人、较少地损耗自己以及较长时间固守阵地等战略目标。

根据已有资料分析，在南京保卫战中，“中国军队大约消灭了一万名左右的敌军[①]”，显然这个数字算不上“较多消灭敌人”。而守卫南京的部队自己却损失极为惨重，虽然大部分守军不是战死，而是被日军作为俘虏屠杀的，但终归都算不上“较少损耗自己”。

部队整顿收容后，只有广东部队第六十六军还保留建制，其他部队全部不成建制，短时间内根本无法恢复战斗力。另外，战役也没有实现“较长时间固守阵地”的目标，唐生智原本计划守卫南京六个月，白崇禧回忆“粮、弹、金钱之准备可供守城三月之久[②]”，蒋介石认为“南京东南一带山地利于防守，别有长江依托，形成天然要塞，至少可守两个多月[③]”，然而，实际情况是，从12月4日左右日军抵达南京外围阵地开始算起，南京守军仅仅守了一个多星期便仓皇撤退，首都遂告失陷。因此，就战役本身而言，南京保卫战没有实现歼灭或大量消耗敌人、破坏敌人军队建制等目的，在撤退过程中自身损失惨重，战役也没有能够争取到足够的时间来为政府

① 孙宅巍著：《南京保卫战史》，第318页。
② 《白崇禧回忆录》，第121页，解放军出版社，1982年版。
③ 《抗战纪实》，二史馆馆藏。

准备新的战场，从以上意义上讲，南京保卫战是一场失败的战役。

另外，更为悲哀的是，南京保卫战惨败后，日军制造了了震惊中外的“南京大屠杀”，对手无寸铁的南京民众和放下武器的中国官兵，以极其残忍、灭绝人性的种种手段，实施了大规模疯狂屠杀。

综观亲历者的口述和历史研究者的研究，对南京保卫战的观点主要围绕以下几个方面进行：从战略上看，上海失陷后，南京已无再守的必要；从兵力上看，敌强我弱，敌攻我防，南京外围抗战节节败退；从指挥上看，指令频发，朝令夕改，导致军心混乱；从部署上看，撤退无序，传达无方，最终无谓地葬送了大批士兵宝贵的生命……

国内各界普遍认为，南京保卫战可圈可点的优点实在难挑，留下的不是痛心的教训就是深刻的启示。然而对于任一事物，只有进行辩证的分析，才能得出客观而公正的评判。南京保卫战的历史正面作用不能完全忽视，为守卫南京献出宝贵生命的革命先烈更不能被我们忘却。

南京保卫战的正面意义

南京不仅是中国历史上最有影响的古都之一，而且滨江临海，地处中国最富饶的江南经济带，遏制着津浦、沪宁、宁芜三条铁路线与长江的交汇点，具有极为重要的军事战略地位与经济价值；更重要的是，南京是中华民国的首都，是中国的政治、军事中心，是指挥中国军队与中国人民抗击日本侵略的司令部与大本营；同时它又是各国驻华外交使节的集中地，是国际观瞻所在地。

对日本而言，攻占南京的意义不言而喻。一旦成功占取南京必将在中国国内与国际上产生极大的震撼力与极大的政治、军事影响，使中国在失掉了经济中心上海后，又失掉了政治中心与首都南京，从而对政府与广大军民的心理产生巨大的冲击与压力，也使中国方面进一步认识到抗战是没有前途的。

对中国而言，从政治意义上讲，南京是中华民国的首都，具有经过十年建设和发展的精华，若将其拱手相让，“有失国体与国威”；从军事意义上讲，南京地形上“是个绝地，敌人可以三面合围，而北面又阻于长江，无路可退[①]”，对防守不利。而且，敌我力量悬殊明显，敌强我弱。但中国政府为持久抗战需要，仍决定以部分兵力作短期防守，在一定程度仍然显示了中国军民捍卫民族尊严的决心和勇气。

11 月 24 日，南京国民政府正式任命唐生智为南京卫戍司令长官的公告以及首都卫戍部队最初的战斗序列，这是国民政府进一步向中国广大军民、向日本乃至全世界公开表明中国不畏强敌、坚持抗战与保卫首都南京的实际行动。

一场战役的胜与败，是由多方因素造成。纵然失败，我们也应看到积极的方面，肯定其应被赋予的正面意义和历史价值。

从正面意义上讲，南京保卫战显示了中国政府积极抗日的决心，坚定了军民的抗日意志，进而掀起了全民族同仇敌忾、抗击日寇的热潮。

北京大学历史学系教授徐勇曾讲过：“南京保卫战，它有它的正面的意义。最重要的正面意义，首先中国政府在这个地方，实行了抵抗，这显示了中华民族、中国政府不投降、坚持抗战的政治上的决心。而且留守南京地区的中国军队，十几万人，前面经过三个多月的淞沪血战，已经是伤残累累。用伤残累累的这样一些部队，来继续进行这样一些抵抗。而我们担负这样一个沉重任务的中国军队呢，确确实实，是恪尽职守，尽了自己

① 李宗仁口述，唐德刚笔录：《李宗仁回忆录》下册，第 490 页，广西人民出版社，1995 年版。

最大的决心[1]。”

南京保卫战应当给予正视。这场首都保卫战，是中国近现代史上少有的悲壮之战，值得中华民族载入史册。虽然南京保卫战最终以中国失败告终，然而，中国政府、中国人民在捍卫自己首都时没有丧失尊严，守城军队在这场首都保卫战中谱写了一部英勇而悲壮的史诗。

事实上，国民党军队的广大爱国将领和士兵，在前线与日本侵略者冲锋厮杀，不怕流血牺牲，表现出强烈的爱国主义和军人气节。他们的抵抗是顽强的，他们的表现是英勇而悲壮的。南京保卫战中，守军的英勇抵抗，是国家和民族的光荣。战役中涌现出了一大批为国捐躯的爱国将军，其中高级将领有 24 名，包括上将 1 名，中将 4 名，少将 19 名。对后人来说，纵然随后的南京大屠杀给这座古城再一次涂上了浓重的“悲情”色彩，但是，“悲情”之余，我们不能忘记南京守军“血屠”前的“血战”……

长期被“弱视”的南京保卫战，应还原其真实价值。“八一三”淞沪战役是国民党部队的一次有准备的主动出击，将国民政府“引敌南下”的目的得以实施。而南京保卫战是“八一三”淞沪战役的延续，从战略意义上讲，此战一定程度上牵制了日军在华东、华中方面的兵力，也间接影响着日军在侵华方针和战略部署上的持续转变。国民政府“短期固守”南京有继续“引敌南下”的意图，而且从实际效果看，短期内也在一定程度上做到了这一点。日本大本营持续增派陆军作战部队到华东战场，并在攻占上海后，继续突破“苏嘉制令线”，持续增加华东、华中作战部队，一路持续向西进攻南京，南京保卫战虽然时间短暂，但对华中方面军的在华东战场的兵力牵制，起到了一定的迟滞作用。南京失陷后，日本方面没有乘胜追击已经撤至浙、皖的中国部队，而是调兵北上，攻击津浦线。所以，

① 徐勇：《南京保卫战的正面意义》，2007 年 12 月。

南京保卫战短期内客观上延续了国民政府“引敌南下”并作持久战的意图。

诚如苏联协威列夫在其著作《南京之战》中所说，南京一役让日军“耗费了很多的力量”，而且“基本的目的——在扬子江包围和消灭中国军队并没有达到”，中国军队虽然失败却“保存了自己的战斗力①”。

战役失败的罪与责

一场战役的战果如何，与战役指挥官的才能和水平密切相关。南京保卫战的失败，蒋介石应负战略主要责任，唐生智应该负战术指挥失误的责任。

从战略上看，蒋介石具有不可推卸的决策责任——他时刻等待国际风云变化、企图依靠国际伸出援手的心态一直左右着南京保卫战的战略部署。

“八一三”淞沪战役一开始，蒋介石就不惜调动大量部队在上海拼，还曾经说过“上海这一仗，要打给外国人看看②”，作为最高统帅，期望其他国家能够站出来缓和局面也无可厚非，但也反映他在做军事决策的时候，还带着一点玩过家家的游戏心态，因过多考虑国际因素，而忽视了自身作战计划部署和实力考量。同时，自“七七”卢沟桥事变发生后，国民政府就开始派人游走国联，以九国公约等由头请求国际声援。狡猾的日本也许猜到了蒋介石的心思，同时为了抵挡国际联盟的压力，为自己调整布局赢得周旋时间，派出德国来与中国“和谈”。11 月中旬，日本华中方面军毫不理会九国公约的决议，亦不顾及德国的中间调停，一路追杀中国军队，进逼南京。这时，遭受上海战场惨败打击之后的蒋介石仍没有从幻想中清醒过来，他仍然寄希望于德国大使陶德曼的调解，以制止日军继续深入。他过于乐观地认为，日方在议和的同时决不会不留一丝情面地攻下中国首都，基于这一认识，加上其他种种原因，蒋介石决定拼凑起 10 万军队交给

---

① （苏联）协威列夫：《南京之战》原载 1938 年 2 月 21 日苏联《红星报》，《时事类编》1938 年第 14 期转载，李孟达译。
② 唐生智、刘斐等：《南京保卫战》，第 4 页。

唐生智来固守南京，背水一战。

从当时的战场形势及敌我力量的对比两方面来说，南京保卫战是注定要失败的。与“八一三”淞沪战役的积极准备、主动出击相比，国民政府最高统帅部并没有像对待“八一三”淞沪战役那样来对待南京保卫战，整个南京战役也没有制订一份像样的周密的作战计划。而且，很不幸的是，作为最高统帅蒋介石的“国际主义幻想”一直没有熄灭，不仅不能公开自己的作战意图，而且不能正视现实，听取正确的建议，做好应变善后工作，只是原则上做出了“要守”“准撤”的命令。从南京保卫战前的蒋介石系列训话、讲话到后期下令撤退的时间来看，蒋介石对于南京守城一战必然失败是心中有数的，他冀望坚守两个月的意图和答应带兵来援的允诺都是难以实现的。

12 月 6 日，蒋介石在给李宗仁等人的致电中称“南京决守城抗战，图挽战局，一月以后，国际形势必大变，中国当可转危为安[①]”。11 日，南京保卫战战场局势非常不利，蒋介石先是委托顾祝同给唐生智打电话指示“撤退过江”，并随后两次发出“相机撤退”的电令，但很快却又再次发出了“如能再守半月以上，则内外形势必一大变[②]”的电令。这种前后矛盾、左右摇摆的命令在战场上是很容易扰乱军心的。

另外，淞沪战役期间的一场陶德曼调停，可以说自始至终就是一出日本人导演的骗局。德国人的调停在客观上对中国抗战起到了负面影响。因为顾及国际形势、外交因素以及德国调停，蒋介石在上海、南京等战役中做出了一系列脱离实际的错误决策，结果直接导致了“八一三”淞沪战役的失败和南京保卫战作战计划的失误。战争就是战争，应遵循其战场为第一需要的规律，如果过多地以政治、外交等非军事因素来指导战争，结果

① 秦孝仪主编：《中华民国重要史料初编——对日抗战时期》，第二编，作战之经过（二），第 219 页。
② 秦孝仪主编：《中华民国重要史料初编——对日抗战时期》，第二编，作战之经过（二），第 220 页。

必然是造成军令朝令夕改，前方将士无所适从。两军交战，靠的是指挥、意志和战斗力，如果总把希望寄托于战场之外，结果显而易见。

从战术上看，唐生智负有部署不周、指挥失误的责任。

既然坚持的是所谓“短期固守”方针，就应考虑到“短期”之后的退路。南京保卫战是一场被动防御战。南京保卫战只能是在较短时间内给敌人以沉痛打击，并做好掩护撤离等准备工作。而对于实际指挥南京保卫战的最高指挥官来说，指令下达不到位、撤退组织无秩序、渡江运输无保障，这几点唐生智有着不可推卸的责任。一方面，应该坚持“大部突围、一部渡江”的命令而不可随意更改。唐生智对后勤、运输等保障情况应该是心里有数的，既然这样，就不应该允许“应该突围的部队也可以渡江”的情况出现。在当时情况下，突围比渡江要更为可行。第二，发布撤退命令，但对撤退的相应保障却没有安排到位。基于“短期固守”方针，唐生智却自绝退路，几乎撤走了一切可以渡江的船只，断绝了守城部队的最后一线生机。他或许原本指望这破釜沉舟之举能够激发士气，从而制造出一个“置之死地而后生”的神话，而实际上却以撤退部队被日军肆意屠杀的悲剧收场。

无谓的牺牲乃兵家之大忌。“背水一战”究竟是为了什么？第七十四军第五十一师第一五一旅第三〇六团团长邱维达在过江渡船上遇到卫戍司令部的高级参谋何无能，邱问何：“为什么一点渡江器材都不控制在江南沿岸？”何答：“我只听说指挥部为渡江船只一律不留在江南，开会研究过一次，有位军事家据说是老保定的高材生，他说孙子兵法有那么一条：‘用兵之道，置之死地而后生’，用在南京守城，使守城将士断绝后逃念头，下定决心与城共存亡，不是‘置之死地而后生’吗？这样就能打胜仗。”真是可悲又可叹。

因为思想上抱有幻想、战略上决策不当、战术上指挥失误等原因，结果导致南京保卫战在自绝后路的情况下遭到空前惨败，大批放下武器的中国士兵被日军屠杀，造成震惊中外之血案。这些教训对于决策者、指挥者在领导抗战初期的其他战役应是有深刻警醒作用的。

英灵不该被遗忘

客观认识守军面临的险境

中国政府出于种种考虑，在3个多月的上海阵地战失败后，紧接着又进行了一场南京阵地战。守城将领、兵士心中都很明白，“保卫南京”所处的困局险境。

张恨水在其《大江东去》一文中这样写道：“我们是个工业落后的国家，我们不能自造飞机与坦克，四个月的东线鏖战，已把我们所买来的那些重兵器，都相当的消耗了，我们将恃着血肉之躯，与极少数的重兵器，来守这大南京，虽然这是个龙盘虎踞的所在，在立体战争下，这是一个精神与物质对比的断拼了[①]”。张恨水一语道出了南京守军的艰难境地。

南京保卫战打响后，蒋介石先后调集了15个师10余万人参与守城。然而，此时参与南京作战的国民政府军各部队，不管是兵员素质还是士气，均已与“八一三”淞沪战役时难以相提并论，老士兵伤残累累，新士兵来不及训练，部队战斗力严重下降，而各阵地的防守工事也是仓促完成，工事质量很不理想。

《南京卫戍军战斗详报》对南京守军所处境地进行了客观剖析：

一、此番防护首都部队，多系历经战斗损失重大，老兵缺少，新补士

① 张恨水：《张恨水全集》，第142页，北岳文艺出版社，1993年版。

兵未受训练即加入火线，官兵多不认识。

二、各部到达南京为时过迟，对于地形之认识、工事之赶筑，皆迫不及待。官兵体力精神俱感疲弊（惫），故对于敌情搜索，殊欠周密。而旺盛企图心及机动力更为缺乏。

三、……各项交通器材，……亦所存无多。

四、……临时土工兴筑不多，新兵又不知利用，处处呈遭遭状态……

五、……此外部队对新兵器使用之知识缺乏，每遇敌之特种兵器，即形慌乱，无所措置。

……

从上述资料中可以看出，守军部队面临如下的困难境地：

一是新兵补充不足、部队严重缺编。参加保卫南京的部队，大多都是从淞沪战役战场上撤退下来的部队，经过上海3个多月的战斗，各部队损失都较大，侥幸没有战死的老兵作战经验丰富，但因体力消耗大、受伤严重等原因，也都急需休整。部队兵力严重不足，都需要尽快补充兵源。以教导总队为例，参加上海战役后，扩编为3个旅和3个特种兵直属团，需要补充大量新兵。兵役署对教导总队的兵源补充，安排在淮阴地区。扩编后接兵人员领回的新兵，不够补充上海作战后的缺额，“平均各连约缺少编制定额的百分之五十[①]”。名义上是3个旅，却只有6个团的兵力。第七、第八、第九共3个团，在江西、湖南两省境内接兵，并未回京。其他负责保卫南京的部队也存在类似问题，部队番号有名无实的情况屡见不鲜。

二是新兵缺少培训，部队战斗力严重下滑。因战事紧急，新兵刚补充完毕，便投入了战斗，没有时间进行专门的军事训练。大部分士兵都是在刚加入部队，便发了装备，临时教授射击等训练，而战场上也没有过多的

① 唐生智、刘斐等著：《南京保卫战》，第203页。

子弹供新兵练习，很多情况是，上了战场的新兵只知道埋头乱打一气，有时甚至会伤到自己。新士兵对兵器、阵地工事尚不熟悉，对日军的现代化装备更是闻所未闻。

三是工事质量较差。国民政府早在1934年就出台了《南京防守计划》，并着手开始建设防御工事。但是在南京保卫战打得最为激烈的时候，有个部队在守城时发现他们的水泥防御掩体，除了表面有一层水泥之外，里面竟然尽是竹竿等物品，工事质量太差，根本抵挡不住日军的子弹和隆隆战车。守城士兵直骂蒋介石和当官的是“拿我们的性命来养肥他们的家业和狼心狗肺”。

四是日军装备精良，海陆空协同优势明显。中国的空军力量在“八一三”淞沪会战中几乎消灭殆尽，只能依靠陆军独立作战。我们从西方新闻传媒和记者的报道中可以看出，他们对中国军队给予了极大的同情。有的记者描述日军的武力装备时候，使用了“倾泻”这个词，而且提到“每一个小时都有空袭轰炸”……美联社记者麦克丹尼尔在报道中写到“炮击可怕极了，甚至1400英尺高的紫金山山峰上也溅落着弹片”，“日军猛烈的炮火估计以一分钟四发炮弹的频率持续着[①]”……可以想象，日军的火力的猛烈程度。

中国守军面临如此艰难境地，也意味着南京保卫战必然是一场悲壮的战役。

还需要提及的是，“八一三”淞沪溃退后，日方军队依旧有源源不断的调兵，具有强大的战斗士气。有人把南京沦陷、南京大屠杀归罪于国军抵抗不力，致使三十多万军民惨遭杀戮。这种看法是有失公允的。在南京保卫战中，守军将士以自己的血肉之躯，与日军进行着坚决的拼搏与抵抗。在紫金山、中华门、雨花台等阵地，守军将士与日军发生的激烈交战悲壮

① 张宪文主编：《南京大屠杀史料集》6，第116页。

惨烈，一万余名将士为国捐躯，仅少将以上军官就牺牲了 11 名，这对于抗战初期的一场中等规模战役来说，牺牲是极为巨大的。南京保卫战是一场“明知必败”但又“不得不战”的战役，这也在一定程度上体现了中国军民不畏强敌、英勇抗战的爱国主义精神。

二、24 名将军血洒金陵

1935 年 3 月，国民政府在既定的陆、海、空军《官制表》和《士兵登记表》基础上，颁布了国民党军队新的军衔等级表，把上将分为第一、第二两级并增设特级上将，整个军衔等级分为五等十八级，具体为：将官（特级上将、一级上将、二级上将、中将、少将），校官（上校、中校、少校），尉官（上尉、中尉、少尉、准尉），军士（上士、中士、下士），兵（上等兵、一等兵、二等兵）。军官军衔与军队职务之间有一定的对应关系，通常是上尉（中尉）为连长，中校（少校）为营长，上校（中校）为团长、旅长，少将为师长，中将（少将）为军长，上将（中将）为方面军（或战区）司令官①。

根据中国第二历史档案馆与侵华日军南京大屠杀遇难同胞纪念馆主编的《南京保卫战殉难将士档案》、各部队战斗详报等有证可查的资料，可以汇总得出国民党军队在南京保卫战外围阵地和复廓阵地的军官和士兵的大致伤亡情况。

外围阵地方面。国民党军队在句容战场上共牺牲了 10 位校官、9 位尉官②。在汤水镇以北的孟塘、大胡山一带，伤亡官兵 786 人。其中校官 6 名，尉官 30 名，士兵 750 名③。在湖熟、淳化一带，伤亡数字为：连长及连长以上军官 30 名左右，排长及排长以下的士兵伤亡 3200 名左右④。在牛首山

① 曹建浪：《国民党军简史》上册，第 12 页，解放军出版社，2004 年版。
② 《南京保卫战殉难将士档案》，第五册，第 1396–1444 页，南京出版社，2007 年版。
③ 《南京保卫战殉难将士档案》，第一册，第 76–158，166–208 页；《南京保卫战殉难将士档案》，第五册，第 1428 页。
④ 朱红蕾：《南京保卫战部分伤亡将士名录考证》，第 14 页，南京师范大学硕士学位论文，2010 年。

阵地官兵伤亡达 1289 人，包括：将官 2 名（中将 1 名，少将 1 名），校官 42 名（上校 4 名，中校 10 名，少校 28 名），尉官 93 名，军士及兵 1152 名[①]。另外，镇江战斗中，第一〇三师伤亡校官 1 名，尉官 3 名，军士 58 名，兵 166 名，共计 341 名[②]。

复廓阵地方面。紫金山阵地教导总队伤亡情况为：上将 2 名，校官 98

表 1 南京保卫战各阵地将兵伤亡统计表

<table>
<tr><th>伤亡数字</th><th>阵地范围</th><th>防守部队</th><th>将官</th><th>校官</th><th>尉官</th><th>军士及士兵</th><th>小计</th></tr>
<tr><td rowspan="7">外围阵地</td><td>句容汤山</td><td>160 师</td><td></td><td>10</td><td>9</td><td>≥ 300</td><td></td></tr>
<tr><td>孟塘大胡山</td><td>41 师、36 师、160 师</td><td></td><td>6</td><td>30</td><td>750</td><td>786</td></tr>
<tr><td>湖熟淳化</td><td>51 师</td><td colspan="3">30</td><td>3200</td><td></td></tr>
<tr><td>牛首山</td><td>58 师
88 师</td><td>2</td><td>42</td><td>93</td><td>1152</td><td>1289</td></tr>
<tr><td>镇江线</td><td>103 师</td><td></td><td>1</td><td>3</td><td>337</td><td>341</td></tr>
<tr><td>广德、泗安</td><td></td><td>1</td><td></td><td></td><td></td><td>不详</td></tr>
<tr><td>江阴</td><td></td><td></td><td></td><td></td><td></td><td>不详</td></tr>
<tr><td rowspan="11">复廓阵地</td><td>紫金山阵地</td><td>教导总队</td><td>2</td><td>98</td><td>334</td><td>112</td><td>546</td></tr>
<tr><td>杨坊山</td><td>48 师</td><td></td><td>3</td><td>13</td><td>330</td><td>346</td></tr>
<tr><td>光华门</td><td>教导总队</td><td colspan="4">不详</td><td></td></tr>
<tr><td></td><td>156 师</td><td colspan="4">敢死队 10 人</td><td></td></tr>
<tr><td></td><td>87 师 259 旅</td><td>1</td><td>4</td><td colspan="2">30</td><td>35</td></tr>
<tr><td></td><td>88 师 534 团</td><td colspan="4">官兵 300</td><td>300</td></tr>
<tr><td></td><td>宪兵第二团</td><td></td><td>10</td><td>20</td><td>35</td><td>65</td></tr>
<tr><td>雨花台</td><td>88 师</td><td>4</td><td>42</td><td>47</td><td>不详</td><td></td></tr>
<tr><td>中华门</td><td>58 师</td><td></td><td>3</td><td colspan="2">连长以下 1300</td><td></td></tr>
<tr><td>水西门</td><td></td><td colspan="4">2000</td><td></td></tr>
<tr><td>赛公桥</td><td>58 师</td><td>1</td><td colspan="2">连长及以上 18</td><td>2100</td><td></td></tr>
<tr><td></td><td>小计</td><td></td><td>11</td><td>219</td><td>598</td><td>10051</td><td>10868</td></tr>
</table>

① 《南京保卫战殉难将士档案》，第二册，第 375–478 页。
② 《南京保卫战殉难将士档案》，第三册，第 783–926 页。

名（上校 2 名，中校 20 名，少校 76 名），尉官 334 名，军士 84 名，士兵 28 名，共计 546 名[①]。杨坊山阵地伤亡官兵 346 人，其中校官 3 名，尉官 13 名，军士 68 名，士兵 262 名[②]。光华门阵地伤亡官兵不完全统计 410 人，包括敢死队员 10 名，少将 1 名，校官 14 名（上校 1 名，中校 4 名，少校 9 名），尉官 20 名，军士 32 名，其他无法考证级别官兵 333 名[③]。雨花台阵地牺牲军官 101 名，包括中将 2 名，少将 2 名，校官 42 名，尉官 47 名，军士 8 名，士兵人数不详[④]。中华门阵地官兵伤亡不完全统计 1300 余人。赛公桥阵地官兵伤亡不完全统计 2100 余人 。[⑤]

从表 1 统计可以看出，在南京保卫战中，共有伤亡将士一万多人，包括将官 11 名阵亡，至少 219 名校官、598 名尉官受伤或阵亡。后经其他研究者考证，共有 17 位将官在南京保卫战中阵亡[⑥]，包括牺牲后追晋为将官的将领。笔者认为，南京保卫战中牺牲的将士统计不应仅局限在南京外围和复廓阵地的各个战场，还应该包括那些为保卫首都南京在空战中牺牲的空军，以及外围战斗如江苏江阴、浙江广德、长兴等沿线阵地上牺牲的官兵。总计以上，在参考各种关于南京保卫战的史料、文献和档案的基础上[⑦]，经过详细考证与鉴别，笔者认为，据目前掌握资料看，参加南京保卫战而牺牲的国民党将官至少有 24 名。现对其主要情况进行简单梳理，见表 2 说明如下：

以上 24 名将军中，年龄最大的是 45 岁，最小的只有 32 岁，他们大多

① 《南京保卫战殉难将士档案》，第六册，第 1620–1912 页。
② 《南京保卫战殉难将士档案》，第一册，第 216–318 页。
③ 《南京保卫战殉难将士档案》，第一册，第 589–704 页，第三册，第 633–697 页；《南京保卫战殉难将士档案》，第八册，第 2325–2394 页。
④ 《南京保卫战殉难将士档案》，第三册，第 756–779 页。
⑤ 朱红蕾：《南京保卫战部分伤亡将士名录考证》，第 20 页。
⑥ 朱红蕾：《南京保卫战部分伤亡将士名录考证》，第 23 页。
⑦ 朱成山：《为未来讴歌——朱成山研究和平学文集》上册，第 249 页，新华出版社，2009 年版；朱红蕾：《南京保卫战部分伤亡将士名录考证》，第 23 页。

表 2 南京保卫战中牺牲的 24 名高级将领情况

序号	姓名	级别与职务	牺牲地点	年龄	追晋级别
1	饶国华	第 21 军 145 师师长	安徽广德	42 岁	上将
2	夏国璋	第 7 军 172 师副师长	浙江吴兴	41 岁	中将
3	曾庆敏	第 66 军 159 师 457 旅副旅长	江阴牺牲	39 岁	少将
4	萧山令	南京卫戍军宪兵司令部副司令兼代理首都警察厅厅长	南京下关	45 岁	中将
5	朱　赤	第 88 师 262 旅少将旅长	南京雨花台	34 岁	
6	易安华	第 87 师 259 旅少将旅长	光华门	37 岁	
7	高致嵩	第 72 军 88 师 264 旅旅长	南京雨花台	39 岁	中将
8	姚中英	83 军 156 师少将参谋长	突围	41 岁	
9	李兰池	第 57 军 112 师 336 旅少将副旅长	突围牺牲	39 岁	少将
10	司徒非	第 66 军 160 师少将参谋长	突围牺牲	44 岁	中将
11	罗策群	第 66 军 159 师少将副师长	突围中牺牲	44 岁	
12	刘国用	第 74 军 58 师 174 旅少将副旅长	水西门外	39 岁	
13	蓝运东	预备第 10 师少将参谋长		38 岁	
14	万全策	教导总队第 1 旅少将参谋长	紫金山	35 岁	
15	谢彩轩	第 66 军 159 师 477 旅旅长	突围牺牲	41 岁	少将
16	李绍嘉	第 83 军 156 师 468 旅少将副旅长		41 岁	
17	雷　震	教导总队第 3 旅上校副旅长	掩护撤退	36 岁	少将
18	谢承瑞	教导总队第 1 旅第 2 团上校团长	撤退中牺牲	32 岁	少将
19	华品章	第 88 师 262 旅上校副旅长	雨花台	35 岁	少将
20	韩宪元	第 88 师 262 旅 524 团上校团长	雨花台	35 岁	少将
21	黄纪福	第 66 军 159 师 477 旅上校副旅长	太平门	35 岁	少将
22	蔡如柏	第 66 军 160 师 956 团上校团长	突围牺牲	39 岁	少将
23	倪寿龄	第 66 军 159 师 475 旅少将主任参谋		40 岁	
24	程　智	第 74 军 51 师 302 团团长	赛公桥		少将

都是黄埔军校的高材生。抗战伊始，他们就抛头颅洒热血，勇往直前，牺牲了年轻的生命。这对抗战初期的国民党军队来说，不能不说是件令人痛惜的事情，因为此时正是国家急需军事人才的时候。

用行动缅怀先烈

从某种意义上说，南京保卫战是一场“知其不可为而为之”的战争，然而这也正体现出中华民族保家卫国、不惧强敌的英勇气概和民族气节。在南京保卫战中，成千上万名中国官兵血洒金陵。他们为保卫南京献出了宝贵的生命，对国家、对民族尽到了军人的职责。这些将士牺牲时，尸体大多被迫抛尸荒野，少数被草草掩埋。然而中华民族理应始终铭记并深切缅怀这些浴血奋战甚至牺牲生命的仁人志士。

早在国民政府时期，南京保卫战部分牺牲将士就已记入国防部史政局抗战将士忠烈录名单。其中，萧山令将军牺牲后，为表彰其壮烈殉国的爱国主义精神，国民政府特追赠萧山令将军为陆军中将。蒋介石训导手下军官时，常称“抗倭之战，能与城共存亡者，实以萧副司令为巨擘”。1945年底，南京收复，萧山令的名字刻在了雨花台抗日军人纪念碑上。饶国华将军也受到了国民政府高度评价。1940年，成都市中山公园内铸造了饶将军铜像，并竖立了由时任国民政府主席林森所题的“饶上将国华纪念碑”。

早在1932年，南京国民政府在紫金山北麓建设了南京航空烈士公墓，并在随后陆续安葬了170余名在中国抗日战争时期牺牲的中国和援华的前苏联、美国、韩国航空人员。抗战胜利后，国民政府还都南京，又专门将南京保卫战等抗战期间牺牲的部分航空人员遗骨迁至该公墓。

1946年春，在南京保卫战中幸存、后升任第七十四军军长兼首都警备司令的张灵甫驱车来到城西赛虹桥边，缅怀为抗日而英勇捐躯的昔日袍泽。次年，第七十四军第五十一师奉命在赛虹桥东南桥墩边建造了一座纪念碑，以纪念 1937 年南京保卫战赛虹桥战斗中殉国的第五十一师将士。碑名为“五十一师殉国官兵纪念碑”，是张灵甫特地请监察院院长于右任题写的。据当地老人回忆，“塔基为圆形，占地 10 平方米，高约 1 米；塔身成八角形，是用八块大青石做成，大青石上刻有纪念性文章，塔高 5 米左右。因该塔无人维护，‘文化大革命’期间又遭人为损坏，后拆除[①]。”这是曾经存在过的唯一一座“南京保卫战”纪念碑。

新中国成立后，国民党军队的抗战英雄同样得到了中央政府的承认和褒奖。经民政部批准，一大批在南京保卫战中牺牲的国民党军队将士被追认为革命烈士。1957 年 9 月，姚中英被追认为抗战烈士，名字被镌刻在家乡广东平远县人民政府修建的革命烈士纪念碑上。1983 年 9 月，饶国华被四川省人民政府追认为革命烈士，并拨款修葺了饶国华将军陵墓。1984 年 7 月，纪念抗战 40 周年前夕，萧山令将军被民政部追认为抗日革命烈士，《人民日报》用史料介绍了萧山令将军以身殉国、血洒南京的英雄事迹。1986 年 3 月，高致嵩将军被浙江省人民政府追认为革命烈士。1985 年，侵华日军南京大屠杀遇难同胞纪念馆落成开放，1995 年扩建后，该馆陈列有“人类的浩劫——侵华日军南京大屠杀史实展”共 11 个部分，其中第二部分为“日军入侵南京与中国守军南京保卫战”，以图文并茂的形式简要陈述了日军侵占南京战斗序列、南京保卫战中国军队战斗序列、中国守军在城墙上抗击日军等情况。

2014 年 8 月 29 日，中华人民共和国民政部以公布的第一批 300 名著名抗日英烈和英雄群体名录（民政部公告第 327 号），其中就有 10 名当年参

① 曾立平：《不该遗忘的“南京保卫战”——抗战阵亡将士英灵值得永远纪念缅怀》，载《东方收藏》，第 69 页。

加南京保卫战的国军将领，分别是（按姓氏笔画顺序）：朱赤、李兰池、易安华、罗策群、姚中英、饶国华、夏国璋、高致嵩、萧山令、谢彩轩[①]。还有为保卫南京牺牲的普通军官，如空军第四航空大队第二十二中队分队队长乐以琴，牺牲时年仅 23 岁。

这些都充分反映了中国共产党和政府对这段全民族抗战历史的尊重。抗战不分党派、民族、地域，只要是保家卫国、英勇牺牲的中华儿女，都会得到国家的承认和全民族的纪念。

学术界也对南京保卫战给予了重视，开展了大量研究。20 世纪 80 年代，国内掀起历史研究热潮，南京保卫战相关史料汇编和学术研究成为其中的热点之一。原国民党军队将领参加抗战的回忆文章陆续公开发布，其中有关参加南京保卫战的口述史和回忆录在《江苏文史资料选辑》陆续刊载。2013 年，中国文史出版社对史料和回忆文章进行了选择和核实，汇编成《正面战场·原国民党将领抗日战争亲历记》丛书，《南京保卫战》作为丛书之一出版。在个人学术研究方面，也不断有成果问世。1996 年，江苏省社会科学院研究员孙宅巍，集十年心血，出版专著《南京保卫战史》一书，首次对南京保卫战进行了系统研究。2005 年，南京师范大学经盛鸿教授出版《南京沦陷八年史》一书，对南京保卫战及沦陷后的状况进行了研究。2011 年，南京大学叶皓博士出版《重读南京》一书，对“南京保卫战”设有专节论述。这些史料汇编和研究成果，为后人深刻认识和客观评价南京保卫战提供了重要参考。

事实上，不仅是南京保卫战中的国民党军队将士受到中共中央和中国政府的承认，整个抗战中的国民党军队的抗战英雄都普遍得到了认可。国民政府领导开展的淞沪会战、枣宜会战等，在中小学的历史和语文教科书中，

① 民政部门户网站．民政部公布第一批著名抗日英烈和英雄群体名录。

得到了公正的介绍和评价。2005 年，抗日战争胜利 60 周年，包括在正面战场抗击日军的国民党军人在内的抗日老战士们都收到了中共中央和中国政府赠予的一份特殊礼物——一枚抗战胜利纪念章。2012 年，中华人民共和国第十二届全国人大常委会第七次会议决定：12 月 13 日确定为南京大屠杀死难者国家公祭日。2014 年 12 月 13 日，国家举行首个南京大屠杀死难者国家公祭仪式，缅怀南京大屠杀的无辜死难者，缅怀所有惨遭日本侵略者杀戮的死难同胞，缅怀为中国人民抗日战争胜利献出生命的革命先烈和民族英雄。

这种铭记和认可更是在一些地方被固化下来：

在北京，直到今天仍然保留着佟麟阁路、赵登禹路、张自忠路等，以纪念在抗战中为中华民族作出贡献的国民党军队将士。

在南京，国民政府纪念抗战烈士的灵谷寺、灵谷塔一如当年，国民党抗战烈士的英名罗列其上，青天白日的徽章、“总理遗嘱”和“天下为公”的训言镌刻在牌坊上。

在云南，腾冲县城西侧的国殇墓园被列入全国重点文物保护单位，评为国家级爱国主义教育基地。这里安葬着 3000 多名中国远征军将士和 19 名盟军官兵，是目前全国最大、保存最完整的抗战时期正面战场阵亡将士纪念陵园。

……

南京保卫战已然过去 79 年，但浴血奋战、英勇牺牲的守城将士至今仍然让人肃然起敬。无论是国民政府时期，还是新中国成立以来，政府都通过不同形式对他们进行纪念和缅怀。国家没有忘记他们，人民没有忘记他们。这些英烈的事迹不仅不能被淡忘，还需要更好地纪念、更深地缅怀。

要进一步加强南京保卫战纪念阵地建设。紫金山保卫战遗址群是当年南京保卫战的主战场之一。紫金山现存南京保卫战遗址 40 处[①]。建议有关方面考虑在此处修建南京保卫战遗址公园，树立起南京保卫战烈士纪念碑。修建遗址公园，树立烈士纪念碑，其意义不仅在于纪念先烈、寄托哀思，更是为了让人们认识到南京不单是一座“悲情的城市”，更是一座“勇敢的城市”。

要进一步加强南京保卫战宣传平台建设。政府应发挥在宣传南京保卫战中的主导作用，应与媒体加强合作，通过在重要时间节点推出专刊、专题、专栏，讲述英烈情怀，展示英烈精神。应联合纪念馆、图书馆、档案馆等公建“英烈微课堂”，运用新媒体和线下活动等形式，广泛传播烈士事迹、弘扬先烈精神。

要进一步加强南京保卫战学术研究工作。政府应注重对南京保卫战研究人才的培养，将其纳入文化人才培养范畴。应将南京保卫战相关研究列为社科规划等课题领域，通过社会公开招标等方式，扩大社会影响并集聚专业力量。应通过举办全国性“南京保卫战”论坛，扩大英烈精神研究在全国的影响力。纪念馆和高校可以合作共建研究中心，政府与社科部门发起成立研究会，集中相关专家学者，研究揭示烈士崇高的精神世界。

要进一步加强南京保卫战文艺作品创作。要加强相关图书出版，组织创作烈士事迹连环画。撰写烈士小传。研究编写南京保卫战烈士事迹读本，推动英烈事迹走进课堂。要组织史料征集，进一步扩大英烈史料征集的范围，抢救性地开展口述史征集活动，为丰富南京保卫战英烈事迹奠定基础。

要进一步深化南京保卫战主题纪念活动。抓住南京大屠杀死难者公祭日、清明节等重大节点，组织开展英烈事迹流动展览、集中宣讲、记忆寻

---

① 丁进：《紫金山南京保卫战遗址知多少？》，《钟山风雨》2012 年第 2 期。

访等系列纪念活动，扩大英烈精神影响力。特别是要在国家公祭日系列活动中，对纪念南京保卫战烈士予以体现。中小学生是学习和弘扬烈士精神的骨干力量，要通过组织中小学生开展先烈书信诗抄朗诵会、讲故事大赛等活动，使学生群体领会精神、继承遗志。

前事不忘，后事之师。毋忘真实的抗战史、纪念抵御外辱的先烈、弘扬忠勇奋发的民族精神，意义重大而深远。一个民族，只有铭记历史，才能更好地开创未来。南京保卫战需要铭记，南京保卫战英烈闪耀的爱国主义精神更加值得铭记。作为后人，我们应时刻怀有对他们的崇敬之情和感恩之心，努力继承他们爱国精神和强国遗志，共同致力于民族复兴的伟业。只有这样，才能使屈辱史一去不返，使中国梦早日成真。